本丛书出版得到以下研究机构经费资助：

嘉应学院客家研究院

梅州市客家研究院

广东省客家文化研究基地—嘉应学院客家研究院

广东省非物质文化遗产研究基地—嘉应学院客家研究院

理论粤军 · 广东地方特色文化研究基地—客家文化研究基地

广东省粤台客家文化传承与发展协同创新中心—嘉应学院客家研究院

广东省普通高校人文社会科学省市共建重点研究基地—嘉应学院客家研究院

本书为广东省高校“创新强校工程”特色创新项目“客家学学科建设”的前期成果之一

客家学研究丛书·第二辑编委会

客家学研究丛书

第二辑

客家文化多样性与客家学学科理论体系建构研究

肖文评　钟晋兰　主编

暨南大學出版社
JINAN UNIVERSITY PRESS

中国·广州

图书在版编目（CIP）数据

客家文化多样性与客家学学科理论体系建构研究 / 肖文评，钟晋兰主编．—广州：暨南大学出版社，2017.5
（客家学研究丛书．第二辑）
ISBN 978-7-5668-1976-5

Ⅰ.①客… Ⅱ.①肖… ②钟… Ⅲ.①客家人—民族文化—研究—中国 Ⅳ.①K281.1

中国版本图书馆 CIP 数据核字（2016）第 261508 号

客家文化多样性与客家学学科理论体系建构研究
KEJIA WENHUA DUOYANGXING YU KEJIAXUE XUEKE LILUN TIXI JIANGOU YANJIU
主编：肖文评　钟晋兰

出 版 人：徐义雄
策划编辑：李　艺
责任编辑：颜　彦
责任校对：邓丽藤
责任印制：汤慧君　周一丹

出版发行：暨南大学出版社（510630）
电　　话：总编室（8620）85221601
营销部（8620）85225284　85228291　85228292（邮购）
传　　真：（8620）85221583（办公室）　85223774（营销部）
网　　址：http://www.jnupress.com　http://press.jnu.edu.cn
排　　版：广州市天河星辰文化发展部照排中心
印　　刷：佛山市浩文彩色印刷有限公司
开　　本：787mm×960mm　1/16
印　　张：17.625
字　　数：310 千
版　　次：2017 年 5 月第 1 版
印　　次：2017 年 5 月第 1 次
定　　价：48.00 元

总　序

客家文化以其语言、民俗、音乐、建筑等方面的独特性，尤其是客家人在海内外社会经济发展中的突出贡献，引起了历史学、人类学、民俗学和语言学等诸多学科领域内学者的关注。而随着西方人文学科理论和研究方法在20世纪初传入我国，客家历史与文化研究也逐渐进入科学规范的研究行列，并相继出现了一批具有开创性的研究成果。1933年，罗香林《客家研究导论》的出版，标志着客家研究进入了现代学术研究的范畴。20世纪80年代以来，著作、论文等研究成果的推陈出新，也在呼吁学界能够设立专门的学科并规范客家研究的科学范式。

作为国内较早成立的专门从事客家研究的机构，嘉应学院客家研究院用二十五载的岁月，换来了客家研究成果在数量上空前的增长，率先成为客家学研究的重要阵地，也引起了国内外学术界的高度关注。但若从质的维度来看，当前的客家研究还面临一系列有待思考及解决的问题：客家学研究的主题有哪些？哪些有意义，哪些纯粹是臆测？这些主题产生的背景是什么？它们是如何通过社会与历史的双重作用，而产生某些政治、经济乃至文化权力的诉求与争议的？当代客家研究如何紧密结合地方社会发展的需要，又如何与国内外其他学科对话与交流？诸如此类的疑惑，需要从理论探索、田野实践和学科交叉等层面努力，以理论对话和案例实证作为手段，真正实现跨区域和多学科的协同创新。

一、触前沿：客家学研究的理论探索

当前的客家学研究主要分布在人文社会科学的诸多学科范围之内，所以开展卓有成效的客家研究自然需要敢于接触不同学科领域的学术理论。比如，社会学科先后出现过福柯的权力理论、布尔迪厄的实践理论、吉登斯的结构化理论、鲍曼的风险社会理论、哈贝马斯的沟通行动理论、卢曼

的系统理论、科尔曼的理性选择理论和亚历山大的文化社会学理论。[1] 社会科学研究经常需要涉及的热点议题，在客家研究中同样不可回避，比如社会资本、新阶层、互联网、公共领域、情感与身体、时间与空间、社会转型和世界主义。[2] 再比如，社会学关于移民研究的推拉理论、人类学对族群研究的认同与边界理论以及社会转型与文化变迁的机制，都可以具体应用到客家研究上，并形成理论对话而提升客家研究的高度。在研究方法上，人文社会科学提倡的建模、机制与话语分析、文化与理论自觉等前沿手段，[3] 都可以遵循“拿来主义”的原则为客家研究所用。

可以说，客家研究要上升为独具特色的独立学科，首先要解决的便是理论对话和科学研究的范式问题。客家学作为一门融会了众多社会人文学科的综合性学科，既不是客家史，也不是客家地区政治、经济、文化等内容的汇编或整合，而是一门以民族学基础理论为基础，又比民族学具有更多独特特征、丰富内容的学科。[4] 不可否认的是，客家研究具有自身独特的学术传统，但要形成自身的理论构架和研究方法，若离开历史学、文献学、考古学、人类学、语言学、社会学、民俗学等诸多学科理论的支撑，显然就是痴人说梦。要在这方面取得成绩，则非要长期冷静、刻苦、踏实、认真潜心研究不可。如若神不守舍、心动意摇，就会跑调走板、贻笑大方。在不少人汲汲于功名、切切于利益、念念于职位的当今，专注于客家研究的我们似乎有些另类。不过，不管是学者应有的社会良知与独立人格，还是人文学科秉持的历史责任与独立思考的精神，都激励我们坚持实事求是的原则，在触碰前沿理论上不断探索，以积累学科发展所需的坚实理论。

要做到这一点，就得潜下心来大量阅读国内外学术名著，了解前沿理论的学术进路和迁移运用，使客家研究能够进入国际学术研究对话的行列。

---

① DEMEULENAERE P. Analytical sociology and social mechanisms. Cambridge：Cambridge University Press，2011.

② TURNER J H ed. Handbook of sociological theory. New York：Kluwer Academic Publishers，2001.

③ JACCARD J & JACOBY J. Theory construction and model-building skills. New York：Guilford Press，2010.

④ 吴泽：《建立客家学刍议》，载吴泽主编：《客家学研究》（第2辑），上海：上海人民出版社，1990年。

二、接地气：客家研究的田野工作

学科发展需要理论的建设与支撑，更离不开学科研究对象的深入和扩展，而进入客家人生活的区域开展田野工作，借助从书斋到田野再回到书斋的螺旋式上升的研究路径，客家研究才能做到“既仰望星空又能接地气”，才能厚积薄发。

人类学推崇的田野工作要求研究者通过田野方法收集经验材料的主体，客观描述所发现的任何事情并分析发现结果。[①] 田野工作的目标要界定并收集到自己足以真正控制严格的经验材料，所以需要充分发挥参与观察、深度访谈和问卷调查的手段。从学科建设和学科发展的角度，客家族群的分布和文化多元特征，决定了客家研究对田野调查的依赖性。这就要求研究者深入客家乡村聚落，采用参与观察、个别访谈、开座谈会、问卷调查等方法调查客家民俗节庆、方言、歌谣等，收集有关客家地区民间历史与文化丰富性及多样性的资料。

而在客家文献资料采集方面，田野工作的精神同样适用。一方面，文献资料可以增加研究者对客家文化的理解，而且还可以对研究者的学术敏感和问题意识产生积极影响；另一方面，田野工作既增加了文献资料的来源，又能提供给研究者重要的历史感和文化体验，也使得文献的解读可以更加符合地方社会的历史与现实。譬如，到图书馆、档案馆等公藏机构及民间广泛收集对客家文化、客家音乐、客家方言等有所记载的正史、地方志、文集、族谱及已有的研究成果等。田野调查需要入村进户，因此从具有深厚文化传统的客家古村落入手，无疑可以取得事半功倍的效果。

在客家地区开展田野调查，需要点面结合才能形成质量上乘的多点民族志。20 世纪 90 年代，法国人类学家劳格文与广东嘉应大学（2000 年改名为嘉应学院）、韶关大学（2000 年改名为韶关学院）、福建省社会科学院、赣南师范学院、赣州市博物馆等单位合作，开展“客家传统社会”的系列研究。他在长达十多年的时间里，辗转于粤东、闽西、赣南、粤北等地，深入乡镇村落，从事客家文化的田野调查。到 2006 年，这些田野调查的成果汇集出版了总计 30 余册的“客家传统社会”丛书，不仅集中地描述客家地区传统民俗与经济，还具体地描述了传统宗族社会的形成、发展

① 托马斯·许兰德·埃里克森著，周云水、吴攀龙、陈靖云译：《什么是人类学》，北京：北京大学出版社，2013 年，第 65－67 页。

和具体运作及其社会影响。

2013 年以来，嘉应学院客家研究院选择了多个历史悠久、文化底蕴深厚的古村落，以研究项目的形式开展田野作业，要求研究人员采用参与观察、深度访谈、文献追踪等方法，对村落居民的源流、宗族、民间信仰、习俗等民间社会与文化的形成与变迁进行深入的分析和研究，形成对乡村聚落历史文化发展与变迁的总体认识。在对客家地区文化进行个案分析与研究的基础上，再进行跨区域、跨族群的文化比较研究，揭示客家文化的区域特征，进而梳理客家社会变迁和文化发展过程。

闽粤赣是客家聚居的核心区域，很多风俗习惯都能够找到相似的元素。就每年的元宵习俗而言，江西赣州宁都有添丁炮、石城有灯彩，而到了广东的兴宁和和平县，这一习俗则演变为“响丁”，花灯也成了寄托客家民众淳朴愿望的符号。所以，要弄清楚相似的客家习俗背后有何不同的行动逻辑，就必须用跨区域的视角来分析。这一源自田野的事例足以表明田野调查对客家学研究的重要性。

无论是主张客家学学科建设应包括客家历史学、客家方言学、客家家族文化、客家文艺、客家风俗礼仪文化、客家食疗文化、客家宗教文化、华侨文化等，[①] 还是认为客家学的学科体系要由客家学导论、客家民系学、客家历史学、客家方言学、客家文化人类学、客家民俗学、客家民间文学、客家学研究发展史等八个科目为基础来构建，[②] 客家研究都无法回避研究对象的固有特征——客家人的迁徙流动而导致的文化离散性，所以在田野调查时更强调追踪研究和村落回访[③]。只有夯实田野工作的存量，文献资料的采集才可能溢出其增量的效益。

三、求创新：客家研究的学科交叉

学问的创新本不是一件易事，需要独上高楼，不怕衣带渐宽，耐得孤独寂寞，一往无前地上下求索。客家研究更是如此，研究者需要甘居边缘、乐于淡泊、自守宁静的治学态度——默默地做自己感兴趣的学问，与两三同好商量旧学、切磋疑义、增益新知。

---

① 张应斌：《21 世纪的客家研究——关于客家学的理论建构》，《嘉应大学学报》1996 年第 4 期。

② 凌双匡：《建立客家学的构想》，《客家大观园》1994 年创刊号。

③ 科塔克著，周云水译：《文化人类学——欣赏文化差异》，北京：中国人民大学出版社，2012 年，第 457－459 页。

客家研究要创新，就需要综合历史学、人类学、语言学、音乐学、社会学等学科理论和方法，对客家民俗、客家方言、客家音乐等进行综合分析和研究，以学科交叉合作的研究方式，形成对客家族群全面的、客观的总体认识。

客家族群作为中华民族共同体的一个重要支系，在其形成和发展过程中融合多个山区民族的文化，形成独具特色的文化体系。建立客家学学科，科学地揭示客家族群的个性和特殊性，可以加深和丰富对中华民族的认识。用客家人独特的历史、民俗、方言、音乐等本土素材，形成客家学体系并进一步建构客家学学科，将有助于促进中国人文社会科学本土化的发展，从而为中国人文社会科学的发展和繁荣作出应有的贡献。客家人遍布海内外80多个国家和地区，客家华侨华人1 000余万，每年召开一次世界性的客属恳亲大会，在全世界华人中具有重要影响。粤东梅州是全国四大侨乡之一，历史遗存颇多，文化积淀深厚，华侨成为影响客家社会历史和文化发展的重要因素。建立客家学学科，将进一步拓宽华侨华人研究领域，有助于华侨华人与侨乡研究的深入发展。

在当前客家学研究成果积淀日益丰厚、客家研究日益受到社会各界重视的情况下，总结以往研究成果，形成客家学学科理论和方法，构建客家学学科体系，成为目前客家学界非常紧迫而又十分重要的任务。

嘉应学院客家研究院敢啃硬骨头，在总结以往研究成果的基础上，完成目前学科建设条件已初步具备的客家文化学、客家语言文字学、客家音乐学等的论证和编纂，初步建构客家学体系的分支学科。具体而言，客家文化学探讨客家文化的历史、现状和未来并揭示其发生、发展规律，分析客家族群的物质文化、制度文化和精神文化的产生、发展过程及其特征。客家语言文字学探讨客家方言的语音、词汇、语法、文字等的特征，展示客家语言文字的具体内容及其社会意义。客家音乐学探讨客家山歌、汉剧、舞蹈等的发生、发展及其特征，揭示客家音乐的具体内容和社会意义。

客家族群是汉民族的一个支系，研究时既要注意到汉文化、中华文化的普遍性，又要注意到客家文化的独特性，体现客家文化多元一体的属性。客家学研究的对象，决定客家学是一门融合历史学、民俗学、方言学、音乐学、社会学等众多社会人文学科的综合性学科。如何形成跨学科的客家学研究理论与方法，是客家研究必须突破的重要问题。唯有明确客家学研究的基本概念、理论和方法，通过广泛的田野调查和深入的个案研

究，广泛收集关于客家文化、客家方言、客家音乐等各种资料，从多角度进行学科交叉合作的分析和研究，才能实现创新和发展。

嘉应学院地处海内外最大的客家人聚居地，具有开展客家学研究得天独厚的地缘优势。1989 年，嘉应学院的前身嘉应大学率先在全国建立了专门性的校级客家研究机构——客家研究所。2006 年 4 月，以客家研究所为基础，组建了嘉应学院客家研究院、梅州市客家研究院。因研究成果突出、社会影响大，2006 年 11 月，客家研究院被广东省社会科学界联合会评为“广东省客家文化研究基地”；2007 年 6 月，被广东省教育厅评为“广东省普通高校人文社会科学省市共建重点研究基地”。之后其又被广东省委宣传部、广东省社会科学院评为“广东地方特色文化研究基地——客家文化研究基地”，被广东省文化厅评为“广东省非物质文化遗产研究基地”，被广东省教育厅评为“广东省粤台客家文化传承与发展协同创新中心”；还经国家民政部门批准，在国家一级学会“中国人类学民族学研究会”下成立了“客家学专业委员会”。

2009 年 8 月，在昆明召开的第 16 届国际人类学大会上，客家研究院成功组织“解读客家历史与文化：文化人类学的视野”专题研讨会，初步奠定了客家研究国际化的基础。2012 年 12 月，客家研究院召开了“客家文化多样性与客家学理论体系建构国际学术研究会”，基本确立了客家学学科建设的基本途径和主要方法。另外，1990 年以来，嘉应学院客家研究院坚持每年出版两期《客家研究辑刊》（现已出版 45 期），不仅刊载具有理论对话和新视角的论文，也为未经雕琢的田野报告提供发表和交流的平台。自 1994 年以来，客家研究院承担国家社会科学基金项目 2 项，广东省哲学社会科学规划项目等 20 余项，出版《客家源流探奥》① 等著作 50 余部，其中邱国锋等的著作《兴宁市总体发展战略规划研究》② 获广东省哲学社会科学优秀成果一等奖，肖文评的专著《白堠乡的故事——地域史脉络下的乡村建构》③ 获广东省哲学社会科学优秀成果二等奖，房学嘉的专著《粤东客家生态与民俗研究》④ 获广东省哲学社会科学优秀成果三等奖。

---

① 房学嘉：《客家源流探奥》，广州：广东高等教育出版社，1994 年。

② 邱国锋等主编：《兴宁市总体发展战略规划研究》，广州：广东教育出版社，2010 年。

③ 肖文评：《白堠乡的故事——地域史脉络下的乡村建构》，北京：生活 · 读书 · 新知三联书店，2011 年。

④ 房学嘉：《粤东客家生态与民俗研究》，广州：华南理工大学出版社，2009 年。

深厚的研究成果积淀，为客家学学科建设奠定了坚实的理论基础。经过几代人的不懈努力，嘉应学院的客家研究已经具备了在国际学术圈交流的能力，这离不开多学科理论对话的实践和田野调查经验的积累。

客家学研究丛书的出版，既是客家研究在前述立足田野与理论对话"俯仰之间"兼顾理论与实践的继续前行，也是嘉应学院客家学研究朝着国际化目标迈出的坚实步伐。"星星之火，可以燎原"，这套丛书包括学术研究专著、田调报告、教材、译著、资料整理等，体现了客家学学科建设的不同学术旨趣和理论关怀。古人云，"不积跬步，无以至千里；不积小流，无以成江海"，我们愿意从点滴做起。希望丛书的出版，能引起国内外客家学界对客家学学科体系建设的关注，促进客家学研究的科学化发展。

嘉应学院校长兼客家研究院院长　邱国锋教授、博士

于 2014 年 8 月 30 日

自 序

客家民系是当代汉民族中人数最多、分布范围最广、社会影响最为深远的分支之一。自徐旭曾发表客家研究破题之作《丰湖杂记》至今已200余年，而现代客家学研究鼻祖罗香林的奠基之作《客家研究导论》（1933）提出建立客家学（Hakkaology）也已80余年。经过客家学界数代人的不懈努力，客家学研究不断推陈出新，至今仍然方兴未艾。

当今关于客家学的论著，可谓汗牛充栋。而关于客家人的来源、发展、分布，客家文化的种种表现，以及客家精神的种种特点，参与著述者人数之多，各家意见之纷纭多歧，在各门各类的学术研究中也是罕见的。这种现象，从积极的方面来看，可以说客家学研究在学术界蔚为大观，成为一门显学；但从另一方面来看，也可以说客家学研究至今尚未成熟，在研究对象、范畴、理论、方法，以及史料的发掘、整理、运用方面，都还有待作出更大的努力。

为总结客家学研究成果，引导和规范客家学研究，促进客家学研究发展，建立客家学学科成为学界关注的重要命题。而且由于在国内学科设置中尚无客家学的一席之地，当前的客家学研究和教学面临发展瓶颈。因此当务之急是要回顾客家学研究的历程并总结经验得失，在此基础上就客家学研究的基本范畴、理论和主要研究方法等达成共识，科学地建构客家学的学科理论体系，争取早日建立和完善客家学学科，为客家学研究的深入发展奠定坚实的基础。

为此，2012年12月7日至10日，由嘉应学院主办，嘉应学院客家研究院、中国人类学民族学研究会客家学专业委员会承办的“客家文化多样性与客家学理论体系建构国际学术研讨会”在广东省梅州市召开。来自美国、英国、马来西亚、新加坡、日本等国家和台湾、四川、福建、江西、河南、广东、广西、北京、天津等地80多所高校、科研机构的150多名学者聚集一堂，就客家学问题进行专题研讨。

会议期间，与会学者就“客家学研究理论建构”“客家文化多样性研究”“交叉学科领域内的客家研究”“客家移民及海外客家文化研究”四

大专题组共 9 个场次，展开了深入研讨，引起学界的热烈反响。会后，一些会议论文在相关学术刊物陆续发表，引起学界的广泛关注。

为反映此次学术研讨会的主旨，推动客家学研究理论和研究方法的探讨，促进客家学学科建设，我们决定以“客家文化多样性与客家学学科理论体系建构”为主题，分“客家文化多样性研究”“客家学学科理论体系建构研究”“客家学研究方法”三个专题，从与会论文中挑选相关论文，编成此书。

一

众所周知，任何一门学科，都有自己独特的研究对象。罗香林在《客家研究导论》中为了说明客家人的渊源和属性，首创“民系”一词，并把“客家”人群界定为汉族的一个分支——“民系”，“是汉族里头一个系统分明的支派”。[①] 他认为客家人与汉族其他民系或其他民族相比较，有自己独特的语言、风俗、文化、艺术、建筑、服饰、心理情感、民系意识等。而这种独特性，源自客家文化的多元性和多样性。本书“客家文化多样性研究”收录了 8 篇相关论文。

客家文化的多元性和多样性，与历史上客家地区众多族群相互融合和发展密切相关。罗勇教授的《从客家文化的多元因素看汉、畲民族交融》、许怀林教授的《“客子”“畲客”与“棚客”的启迪价值》和吴永章教授的《从客家文化看南方少数民族对汉文化的影响》，认为长期以来，客家人和畲、瑶等族共居一地，形成互相影响、互相渗透的互动关系。汉、畲、瑶等民族交融的历史，也就是客家民系和客家文化形成和发展的历史。畲、瑶等土著文化是构成以汉文化为主体的客家多元文化的重要来源之一。客家文化是以汉文化为主体的吸收南方民族文化的多元一体文化，是我国多民族国家历史与文化发展的缩影。

而台湾联合大学刘凤锦教授的《客家文化多样性研究——以〈客家文化事典〉编撰为例》，依据自己所主持的“客家文化事典”项目，计划分饮食习俗、传统服饰、传统民居、客家话与民谚、客家民谣与山歌等 22 项，编写客家文化与其他民系相异的各类词条 2 000 条，从具体内容和数量上揭示客家文化多样性。

吴炀和在《台湾日据时期北部客家人南迁之文化变迁研究》中注意到，因生活、就业、交通等因素，闽客族群互动频繁，故屏东县南州乡客

① 罗香林：《客家研究导论》，台北：南天书局，2000 年，第 1 页。

家文化不断受到周边闽南文化渗透，有逐渐闽南化的迹象。

潘朝阳的《西湖溪谷地的客家聚落空间与宗教神圣中心》，根据在台湾西湖溪谷地的客家人聚落的实地田野调查和相关史料，认为客家人在当地的宗教信仰，其大传统是中国传统的儒学儒教，而其民间宗教大庙中的主神主要是天后、关帝、五谷大帝，此就小传统而言，依然是客家原乡本就具有的三教性质的宗教崇祀，揭示客家信仰文化的多样性。

丘昌泰的《多元文化主义视野下的台湾客家经济：如何兼顾传统与创新》指出，在多元文化主义架构下的客家经济，必须兼顾传统客家与创新客家的双重价值，不可偏废，客家传统经济必须强化其“特色化”与“加值化”，以提高客家传统经济的文化质感。

客家文化的多样性，不仅来自本地土著，而且来自福佬等汉族其他民系。王琛发在《分裂的认同：19 世纪围绕槟城国际港口的客家社群》中指出，自 20 世纪以来，南洋各地的海陆丰福佬人，往往不会讲客家话而以为自己讲的是某一种客家语，自称“福佬客”。他们踊跃参与属于客家各籍贯联合体的海珠屿大伯公庙祭祀，参加客属公会，甚至成为全国客属公会联合会的领导，从而使海外客家文化更为复杂和多样。

与其他民族和汉民族其他民系相比较，客家文化的多元性和多样性及其复杂的形成、发展和演变，成为客家学研究独特的研究对象。

二

任何一门学科的建立，都离不开该学科自身理论的建设和发展。罗香林先生早在 1933 年就提出了建立“客家学”的构想。随着客家研究的不断发展，客家学的理论建设问题突出地表现出来。1989 年 12 月，在广东省梅州市召开的客家学研讨会上，华东师范大学吴泽教授发表题为“群策群力，开创客家学研究的新局面”的演讲，提出“建立现代的、科学的、具有特色的客家学”的倡议。1990 年吴泽教授发表《建立客家学刍议》，系统论述了客家学研究方法、学科建设等重大问题，正式提出建立客家学的建议。根据吴泽教授的定义，客家学是一门运用科学的观点和方法去研究客家民系的历史、现状和未来并揭示其发生、发展的学问。① 此后，赣南师范学院万陆教授出版《客家学论纲》，华东师范大学王东教授出版《客家学导论》，台湾庄英章教授发表《试论客家学的建构：族群互动、认

① 吴泽：《建立客家学刍议》，载吴泽主编：《客家学研究》（第 2 辑），上海：上海人民出版社，1990 年，第 3 页。

同与文化实作》等，对客家学的理论建构进行了可贵的探索。

建立客家学的学科理论体系，成为当前客家学研究者的重要目标。本书挑选了相关论文7篇。张应斌的《客家学何为——客家学理论建构中的价值论思考》认为，客家学应是人类客居情景中的精神学。他指出，客家学应该总结客家人在闽粤赣三省交界穷困山区的客居环境中开山自立的生存经验，研究人类在困苦的客居情境中精神激扬的动力和精神焕发的过程，总结客居环境中的创业精神，探索人类精神潜能的激发和精神品种的问题，以丰富人类的精神哲学和主体能动精神。

而张英明的《客家研究从自我确证向开放的现代学科转型的趋势》认为，客家学首先就是一门现代的、开放的学科。20世纪80年代以来，经过海内外学者的努力推动，客家学研究已经取得了长足的发展。同时出现了新的发展趋势，就是从客家“中原汉室正统”的自我确证向一门开放的现代学科转型。

周润年在《从藏学学科的建立谈客家学理论体系建构》中则借鉴藏学学科建设的经验，认为建构客家学理论体系，必须牢牢把握两点：第一，客家学本科专业课程体系必须从当代广大客家人民群众的现实生活中和新的文化工作实践中吸取营养，反映新中国成立以来客家人新的文化成就；第二，客家学本科专业课程体系必须为广大客家地区的经济建设服务，为客家人民服务。

刘焕云的《论海峡两岸客家学之建构与客家学研究方向》认为，海峡两岸学者都非常重视客家学研究。在客家学建构方面，海峡两岸客家学研究的范畴都非常丰富，可继续深化研究，甚至筹组研究团队，以科际整合研究方法，共同合作，建构客家学知识平台，分享共同的研究典范，挖掘更多研究潜能。海峡两岸必须以批判地继承与创造地发展为途径，建构一套恢宏而又完整之客家学与客家文化发展方向，经由深化海峡两岸客家文化之交流，对中华文化之复兴作出贡献，最终促进中华民族之振兴、繁荣、富强。

陈世松的《四川客家建构论》以四川客家研究为例，认为四川客家族群的独特个性和存在价值，对于客家学理论体系在四川的建构具有重要意义。

洪馨兰的《台湾客家研究学科理论体系建构之跨界特色》认为，当代台湾的客家学研究是跨历史学、地理学、人类学、社会学、传播学、政治学、影像学、音乐学、建筑与设计等领域的新兴学科。这门“学科”一个世纪的建立过程，具有相当的跨界联结以及场域对话的特色。她从客家学研究理论建立的跨界面向，阐述了台湾客家学研究在其学科史建构过程中包括社会运动、社区大学、学院建置等方面的各类尝试。

房学嘉的《关于客家概念与客家思想的思考》，在总结多年客家研究成果的基础上，对客家、客家民系、客家族群、客家文化、客家思想等客家学基本范畴进行了探讨。

以上学者对于客家学研究理论的探讨，有利于该学科理论体系的建设和深入发展。

三

任何一门学科的建立，都有自身独特的研究方法。要在对历史悠久、文化复杂、地域性强、分布范围广、社会影响大的客家族群进行系统研究的基础上，建立客家学学科，形成客家学学科理论体系，独特的研究方法和研究范式相当重要。罗香林在《客家研究导论》中，就非常重视通过田野调查来收集各种研究资料。随着当代学术发展，客家学研究范式和研究方法的探讨取得了不少成果。本书收录了相关论文 7 篇。

周建新在《客家文化的研究历程与理论范式》中，根据对已有客家文化研究代表性成果的分析，认为客家文化研究主要经历了三大阶段，产生、形成了四种研究范式。第一个阶段（19 世纪中后期至 20 世纪 30 年代）形成以客籍人士、外国学者、传教士为主体，以赞美颂扬为主基调的“美化”，以及以非客籍人士为主体、以污蔑中伤为主基调的“丑化”交织和对立的早期客家文化研究范式。第二个阶段（20 世纪 30 年代至 80 年代）形成主要受历史学影响的“民系—文化论”研究范式。第三个阶段（20 世纪 90 年代至今），客家文化研究进入了“后罗香林时代”，随着中国的改革开放和祖国的统一大业的需要，客家文化研究再次兴起并繁荣至今，且朝着多学科参与的多元化方向不断发展，“赣闽粤边地域社会论”和“族群—认同论”两种研究范式齐头并进。进而提出“客家文化是一种地域文化，又是一种族群文化”的观点，将客家文化研究纳入族群人类学这一学科领域。

温宪元在《客家文化研究的三个向度》中提出，客家作为一个有着悠久历史文化的“民系”或“族群”，在当代要推进客家文化研究，必须关注在世界多元文化发展中重塑客家文化研究、在体现客家文化独特性与普遍性的统一中展示客家文化人文精神、在构建文化产业科学发展的运行机制中推进客家文化的创新发展三个向度。

邹春生在《从移民运动到文化传播——略论客家研究范式的转换》中

认为，以儒学为主的中原汉族文化之所以能够在赣闽粤边区广泛传播，并且成为客家文化的主体和核心，是文化本身的力量和文化外部的力量在当时的历史背景下得到了充分发挥的结果，而不是历史上中原汉人向赣闽粤边区大肆移民的结果。进而提出客家研究范式要由移民范式转移到文化传播范式。

肖文评在《粤东北客家地区文化资源的整理与研究——兼论客家学研究方法》中，以千年古村粤东大埔县百侯村的调查和研究为例，认为面对一直传承的活生生的客家历史、社会与文化，当代客家学研究选择适当的理论和方法相当重要。既要重视田野调查，注意收集各种文献、口述资料和实物史料等各种物质和非物质文化资源，又要有总体史的视野，采用历史学、民俗学、地理学等各种理论和方法，充分利用各种物质和非物质文化资源，同时进行跨文化的比较研究，从而形成关于客家人与客家文化特质的认识和理解，以更好地为社会文化建设和发展服务。

周晓平在《客家学的研究回顾与展望——基于对客籍作家文学与客家民间文学的研究》中指出，博大精深的客家文化内容与显著的地域文化特征，使客家学学科理论体系的构建成为可能。客家学构建已初见端倪，客籍作家文学、客家民间文学的构建与研究显得十分重要。

周云水的《记忆与重构：客家学研究的影像表达——对闽西客家民俗文化独立纪录片的分析》，以客家人宁元乖拍摄的 4 部记录闽西客家传统文化变迁的独立纪录片入手，从客家学方法论的角度讨论影视表达手段对于客家文化变迁研究的重要性，认为以可操作性强的独立纪录片作为载体，以影视表达的方式记录和分析客家传统社会和文化的变迁，在丰富客家学学科方法论方面将非常有价值。

邱荣裕、江长青的《客家学之家族史料与地方史料相关议题研究——以清代台湾南兴庄杨氏家族为例》，认为在把家族史料作为客家学研究资料的过程中，除了家谱外，还应收集各种老字据与碑碣、文物中的记录，以体现家族人物对于地方事务的参与，以及族内外之社会经济活动，从而更能揭示家族人物动态活动的历史。

以上学者在总结以往客家学研究范式的基础上，对未来客家学研究方法的发展进行了有益的探讨。

四

经过多年学术积累，把客家文化作为一门学科“客家学”进行研究，不仅条件齐备，而且意义重大。但客家学学科体系之所以长期没有建立起来，主要是因为构建客家学学科是一个庞大而复杂的系统工程。正如80多年前罗香林先生所说，“客家研究是一个极其繁重的工作，任是何人都没法一手包办”①。20多年前吴泽先生也指出，“客家学不是客家史，也不是客家地区政治、经济、文化等内容的汇编或整合，它是一门以民族学基础理论为基础，但比民族学具有更多独特特征、丰富内容的学科，是一门融汇了众多社会人文学科的综合性学科，所涉及的领域十分宽广，是一个庞大而又复杂的系统工程”②。

由于客家文化具有多元性和多样性，客家学是一门涉及多个领域的综合性学科，而不仅仅是客家史或客家地区的地方史。它要研究的内容除了客家民系的形成历史外，还包括客家的语言、风俗、文化、艺术、建筑、服饰、心理情感、民系意识等多个方面。因此又可以说它是一门边缘学科，涉及历史学、社会学、民族学、文化人类学、语言学、民俗学、建筑学、艺术美学、社会心理学等多个学科领域。这样一个庞大而复杂的系统工程，需要更多的专家、学者，甚至是普通百姓的参与。

由于客家学研究涉及领域太多，要真正达到学术上的逐个突破，乃至全面突破，绝非易事。如果没有学术上的突破，就难使客家学理论体系的构建达到高水平，也就没有高水平科学体系的成果。

作为一种文化，要发挥其应有的社会功能，理论体系的构建至关重要。客家学学科理论体系的构建，是客家民系文化建设的至要之本。本书作者对于客家学研究对象、研究理论和研究方法的探讨，是对客家学学科理论体系构建的理论自觉和有益尝试。但若要达到理论体系完善成熟，尚需全国乃至全球客家学者一代甚至几代人共同努力方能奏效。我们真诚希望全球的客家学者重视客家学理论体系构建，群策群力，加快步伐，为开创客家研究新局面而共同努力。这是当代客家学者的历史使命！

肖文评

2017年2月18日于嘉园

① 罗香林：《客家研究导论》，台北：南天书局，2000年，第24页。

② 吴泽：《建立客家学刍议》，载吴泽主编：《客家学研究》（第2辑），上海：上海人民出版社，1990年，第6页。

目 录

Contents

客家学研究方法

客家文化多样性研究

从客家文化的多元因素看汉、畲民族交融

罗　勇[1]

一、“一体多元”——客家文化的重要特色

中华民族的发展经历了约五千年的历史。在这漫长的历史里，以汉族为主体，先后融合了众多的兄弟民族，最终形成了包括56个民族在内的“一体多元”或者说“多元一体”的格局。这个“一体”，就是中华民族大家庭。“多元”，就是指56个兄弟民族。而作为中华大家庭主体民族的汉族，在漫长的发展史上，由于自然环境变化、民族迁徙以及其他社会历史条件的变动，其内部又衍生出众多的支脉。这些“支脉”，被罗香林先生称为“民系”。这些民系在总体上统一于汉民族共同体之中，但在语言、习俗、民情以及其他文化事务方面，又具有各自的特点，构成了一个又一个相对独立的单元，从而使汉民族及其文化呈现出多姿多彩、枝繁叶茂的动态格局。

“客家”是汉民族的一个重要支系。关于这一点，经过一个多世纪以来学者们的研究论证，目前已无疑义。但是，如何界定客家，至今学术界还存在着较大的分歧。例如，客家学研究开山鼻祖罗香林在其1933年所著的《客家研究导论》一书中，曾援引大量客家人的谱牒，反复论证“客家人的祖先都出于古代显赫家族”这一观点；在1950年出版的《客家源流考》一书中，他又重复了上述观点，并进而得出“客家是中华民族里的精华”的结论。由于罗香林在客家学研究中具有拓荒者和奠基者的权威地位，所以他的研究方法和学术观点产生了巨大而深远的影响。至今仍有人固守罗香林的这一观点，热衷于客家血统的追寻，进而以客家血统的高贵论证客家民系的优秀、客家精神的卓越。与上述传统观点对立，近年又有学者提出了客家“主体是生活在这片土地上的古越族人民，而不是少数流

① 作者简介：罗勇，男，江西南康人，赣南师范大学客家研究中心教授。

落于这一地区的中原人”[1] 的观点。还有人引用分子遗传学研究的成果，试图用客家人体内的 DNA 来证明客家民系族性的构成。[2] 实际上，以上观点都是不可取的。因为它们犯了一个共同的错误，就是从血统上去界定客家，这就不能不把“客家”混同于种族的概念。“客家”是汉民族的一个支系，它蕴含于汉民族之中，具有汉民族的特性。它不是种族，种族的概念是就血缘、体格特征而言的。作为民系，客家应该是一个文化上的概念，我们应该从文化上去认识它，把握它。关于这一点，早在二十世纪三四十年代，史学大师陈寅恪先生就有过精辟的阐述。在作于 1939 年至 1940 年的《隋唐制度渊源略论稿》中，陈寅恪说：“全部北朝史中凡关于胡汉之问题，实一胡化汉化之问题，而非胡种汉种之问题。当时之所谓胡人汉人，大抵以胡化汉化而不以胡种汉种为分别，即文化之关系较重要，种族（陈文中的‘种族’实际上是指民族，下同——注者）之关系较轻，所谓有教无类者也。”[3]

1941 年，在《唐代政治史述论稿》中，陈寅恪对其“种族与文化”观又加以进一步阐述。他说：“汉人与胡人之分别，在北朝时代文化较血统尤为重要。凡汉化之人即曰为汉人，凡胡化之人即曰为胡人，其血统如何，在所不论。”[4]

同年，在具体考证《魏书》中的江东民族时，他又一再强调：“北朝汉人与胡人之分别在文化，而不在种族。”

现代文化人类学、民族学的研究认为，文化特点可以毫无例外地作为任何民族区别于其他民族的主要标志。陈寅恪所提出的以文化来判别民族的观点，与现代文化人类学、民族学的研究是相吻合的。它为我们认识客家民系提供了一把钥匙。而当我们用这把钥匙去开启客家文化这座宝藏时，就会发现客家文化是多么丰富多彩：其中既有汉民族传统文化的成分，也有古越族或畲瑶等少数民族文化的因素，同时还混合着粤文化、闽文化、赣文化以及其他地域文化的斑迹。

例如，服饰方面，过去客家妇女“穿的是侧开襟上衣，衣领、袖口、

---

① 房学嘉：《客家源流探奥》，广州：广东高等教育出版社，1994 年。

② 叶智彰：《客家民系本质的自然科学证据》，《客家研究辑刊》1997 年第 2 期。孙朝辉、李辉等：《从基因族谱研究看客家人的源流——运用遗传学研究客家源流》，载世界客属第 25 届恳亲大会组委会编：《世界客属第 25 届恳亲大会国际客家文化学术研讨会论文集》，福州：福建教育出版社，2012 年。

③ 陈寅恪：《隋唐制度渊源略论稿》，上海：上海古籍出版社，1997 年。

④ 陈寅恪：《唐代政治史述论稿》，上海：上海古籍出版社，1997 年。

右襟沿及衫展四周，缀以花边，宽纹一寸，裤头阔大，裤裆较深，裤脚口亦缀以花边。着的是布鞋。鞋面由两片色布缝成，鞋端略向上翘，状似小船，上面用五彩绒绣了花。身上还系着围裙子，用银链子系结，裙子壮如‘凸’字，其上半部也绣有花卉或图案，如此等等。逢年过节或串亲走戚时脖子上挂着银项圈，手腕上戴着银镯子，打扮起来活像个畲族妇女”①。这样的穿着与汉族传统服饰“束发冠带”不同，显然是受畲族影响所致。

饮食方面，客家人有吃蛇的习俗，显然这一习俗是受古越族饮食文化影响形成的。《淮南子·精神训》里有“越人得髯蛇以为上肴”的记载，可见，早在汉代，越人就把蛇当作美味佳肴了。而汉人一般是不吃蛇的。汉应邵《风俗通义·九·怪神》记载的“杯弓蛇影”的故事，充分反映了汉人对蛇的恐惧心理。故吃蛇习俗与中原饮食文化无关。

又如，客家妇女从事田间地头劳动，少有缠足习俗，这与中原汉族妇女也是不同的。史载，畲族妇女“跣足而行”，她们“椎髻短裳，任田园诸务，采山负檐，逢跣往来，未免粗野，然而甘淡泊，服勤劳，其天性也”②。可见，客家妇女勤劳美德和不缠足的习俗，是吸收当地土著畲民族文化而来的。

再如，客家人喜唱高山歌，男女对歌斗歌早已形成传统风俗。这种民间娱乐形式，也是从畲瑶等少数民族中采借过来的。因为，对唱山歌，本来是青年男女求偶的一种形式，它产生和长期存在于不受儒家礼制约束的南方各少数民族中，如过去云南的傣族、纳西族等民族就常常以对歌来传情达意，以定终身。畲族也是“非常喜爱唱歌的一个民族，畲村处处有歌手，男女老少，人人爱唱，人人爱听。畲歌种类很多，题材广泛，他们以歌叙事，以歌咏物，以歌言情，简直到了以歌代替语言的地步”③。而在儒家礼制思想束缚下的中原汉民，有所谓“男女之大防”，是不可能男女在一起对唱情歌的。所以，客家山歌这一民间艺术形式毫无疑问是北方汉民族迁入大本营地区以后，接受了畲瑶等少数民族山歌形式产生并逐渐丰满的。

此外，在婚丧习俗和民间信仰等方面，我们都很容易找到畲瑶等少数

---

① 王增能：《客家与畲族的关系》，载吴泽主编：《客家史与客家人研究》，上海：华东师范大学出版社，1989 年。

② 王之正：乾隆《嘉应州志》卷 1《舆地部·风俗》。

③ 周立芳：《白砂客家与官庄畲族在民间宗教信仰上的同和异》，载刘义章编：《客家宗族与民间文化》，香港：香港中文大学、香港亚太研究所海外华人研究社，1996 年。

民族文化的踪影。

客家文化的多姿多彩还表现在与相邻民系文化的交融上。如妈祖原属于闽文化圈，沿着汀江流域传到闽西，再由闽西传到粤东及其他客家人居住区。于是，闽西、粤东、台湾、香港及东南亚的客家人也成了妈祖的虔诚信仰者。再如，许真君原是赣文化圈的祀奉神，由赣江流域逆向而传到赣南，再由赣南到粤北，也成了赣南和粤北客家人的保护神。

在列举了客家文化中古越族或畲瑶等少数民族文化的因素和相邻民系文化的斑迹后，让我们再回过头来看看客家文化中汉民族传统文化的成分。如客家方言因保留有较多唐宋中原古音和古汉语词汇，被语言学家们称为古汉语的“活化石”。如“耕读传家”“崇文重教”的社会风尚。如崇先报本的客家意识，表现在客家宗族制度的严整、续修家谱的热情和爱国爱乡的赤子之情。如客家人最讲尊老爱幼，孝敬父母，这便是汉民族的传统美德。如客家地区盛行的风水观念和风水术，也是唐代末年客家先民从北方带来并进行再创造的结果。还有宗教信仰中的普遍崇拜观音、关帝，婚丧喜庆中的传统礼节礼仪以及其他许多民俗文化事象，无不是中原传统文化的传承与体现。

通过以上的分析，我们可以清楚地看出，客家文化是“一体多元”的。这个“体”，就是客家文化这个整体；“多元”，就是客家文化构成的诸多因子或成分。而在诸多成分中，其主体成分则是中原传统文化，这一点是必须充分肯定的。“一体多元”是客家文化的重要特色，它使客家文化既多姿多彩又充满活力，焕发出无穷的魅力。

二、“一体多元”与汉畲民族的交融

客家文化的载体是客家民系。也就是说，客家文化的形成和发展是与客家民系的形成和发展同步的。所以，我们可以通过分析研究客家文化来观照客家民系的形成与发展。

如前所述，客家文化中蕴含着不少畲瑶文化的因子，由此我们可以推论出客家民族是南迁中原汉族与当地土著畲瑶等民族交汇融合的结果。关于这一点，我们可以从史实中找到根源。根据历史记载，赣南、闽西、粤东古代都属于“百越”的范围。“百越”又作“百粤”，是当时南方少数民族的总称，有东越、闽越、瓯越、于越、西越、骆越、南越之分，分布于今我国浙江、福建、广东、广西、安徽、江西、湖南、贵州的部分地区，以及越南的大部分地区。西汉王朝建立后，汉高祖刘邦封无诸为闽越王，统治闽中；封赵佗为南越王，统治岭南。西汉初期赣南、闽西、粤东

的居民均是百越民族。汉武帝时，越人所居的闽粤国和南海国被灭，其人民被强迫迁徙到江淮，一部分不愿迁徙的人民逃匿于深山密林之中。此后，整个三国两晋南北朝时期，赣闽粤交界区域的情况在史书中很少记载。直至唐代，在这一区域又出现诸如“蛮夷”“蛮僚”“洞蛮”等少数民族名称。例如，唐高宗永隆二年（681），潮州爆发“蛮僚”起义，“攻南海边邑，循州司马高啶受命专征”。唐昭宗乾宁元年（894），“黄连洞蛮二万围汀州”。

此外，唐宋时期，赣闽粤边区还有一种叫“山都木客”的古老民族。如《太平寰宇记》引《牛肃纪闻》云：“山东采访使奏于州南山洞中置汀州。州境五百里，山深林木秀茂，以领长汀、黄连、新罗三县，地多瘴疠，山都木客丛萃其中。”① 同书载赣州于都县“君山在县东南三百八十五里。《南康记》云：其山奇丽鲜明，远若台榭，名曰娲宫，亦曰女娗。石山去盘固山北五十里，上有玉台，方广树十丈，又有自然石室如屋形。风雨之后，景气明净，颇闻山上鼓吹之声，山都木客为其舞唱之节”②。又《太平御览》记云：“赣县西北十五里有古塘，名余公塘，上有大樟树可二十围，树老中空，有山都巢。南朝宋元嘉元年（424），县治民袁道训、道虚兄弟二人伐倒此树，取巢还家。山都见形，谓二人曰：我处荒野，何豫汝事，巨大可用，岂可胜数？树有我巢，故伐倒之，今当焚汝以报之。无道至二更中，内外屋一时火起，合宅荡尽。”③ “山都木客”主要聚居在赣闽粤交界地的原始森林里，由于隐形、罕睹，故被视为神鬼怪物，“其实它是我国南方的一种原始民族”，“是一个现已消亡了的古代民族”④。

宋代，“畲民”这一称呼开始出现于文献中。刘克庄《漳州谕畲》文曰：“凡溪洞种类不一……在漳曰畲。西畲隶龙溪，就是龙溪人也；南畲隶漳浦，其地西通潮、梅，北通汀、赣，奸人亡命之所窟穴。畲民拔止于机毒矣。汀、赣贼入畲者，教以短兵接战，故南畲之祸尤烈。二畲皆刀耕火耘，崖栖谷汲，如猱升鼠伏，有国者以不治治之。畲民不悦（役），畲田不税，其来久矣。”⑤ 可见，宋代赣闽粤边区已分布着不少的畲民，而且他们不向政府交税，还不断与统治者展开斗争。蒋炳钊先生认为“畲民即今畲族，其先民即唐代的蛮僚、洞蛮，汉代的越人。故畲民为闽粤赣交界

① 《太平寰宇记》卷一百二《江西东道十四·汀州》。

② 《太平寰宇记》卷一百八《江南西道六·虔州·雩都》。

③ 《太平御览》卷八百八十四《神鬼部四》。

④ 蒋炳钊：《古民族“山都木客”历史初探》，《厦门大学学报》1983年第3期。

⑤ 刘克庄：《漳州谕畲》，载《后村先生大全集》，上海：上海书店，1989年。

地的土著民族”。[①]

既然畲民是闽粤赣交界地的土著民族，那么，汉人迁入这个区域以后，为了生存和发展，就必然和他们发生这样或那样的接触和交往。这种接触和交往的过程，便是汉畲民族融合的开始。民族融合的规律告诉我们，在阶级社会里，被压迫阶级反抗统治的斗争往往成为民族融合的催化剂。宋元时期，畲民反抗统治或起义之事屡见于史，如宋末元初有陈吊眼和畲民妇许夫人率领的“畲军”配合张世杰的抗元斗争。起义军“聚众十万，连五十余寨，扼险自固”，斗争持续六年之久。继陈吊眼之后，又有黄华和钟明亮领导的畲民起义，他们打出“复宋”旗帜，给予元统治者沉重的打击。这种“抗元”“复宋”的斗争，一方面反映了汉畲民族融合的成果，另一方面将让汉畲更加团结和走向融合。

有明一代，各地畲民起义时有发生，如洪武十八年（1385）和成化十四年（1478）钟子仁、钟三领导的闽西上杭畲民起义，嘉靖四十二年（1563）蓝松三领导的粤东大埔、程乡畲民起义等。这一时期起义的一个重要特点，就是畲汉人民联合斗争，其中以正德年间爆发于赣南横水、左溪、桶岗等地（今崇义县）以谢志珊、蓝天凤为首的畲汉人民起义规模最大。谢志珊、蓝天凤“自称盘皇子孙，收有传统宝印画像”。他们“原系广东流来，先年奉巡抚都御史金泽行令安栖于此，不过砍山耕活；年深日久，生长日蕃，羽翼渐多，居民受其杀戮，田地被其占据；又且潜引万安、龙泉等县避役逃民并百工技艺游食之人，杂处以内，分群聚党，动以万计”。正德十一年（1516），谢志珊、蓝天凤以横水、左溪、桶岗为中心，发动起义，旋在下新地、稳下、义安等地设营寨80余处，并与广东高快马、湖南龚福全等领导之起义相互声援，转战于湖南的桂阳、酃县、宜章和江西的遂川、万安、泰和、永新等地，纵横千里，声震朝廷。于是，明朝廷任命王守仁为南赣巡抚，节制赣、闽、粤、湘四省八府的兵力，采取剿抚并举的方针，才把这次起义给镇压下去。这次起义，表明汉畲民族融合进入了一个新阶段。此后，为防范汉畲人民再度造反，王守仁上奏朝廷设立崇义县治，县衙就在横水镇，又采取一系列措施对畲民进行压迫和限制。从此，畲民不敢聚居在一起；一些畲民隐瞒族性或依附汉姓，客家地区畲族的族性迅速走向消失，以致有清一代直至民国时期，地方文献资料里面已很难找到关于畲民起事的记载，在广大的客家地区，也罕有完整

① 蒋炳钊：《客家文化是畲、汉两族文化互动的产物》，载徐正光主编：《聚落、宗族与族群关系》，台北：“中央研究院”民族学研究所，2000年。

的畲族村落。这表明，汉畲民族融合最后完成，客家文化形态已完全成熟。

三、结语

通过以上分析，我们认识到，汉、畲民族交融的历史，也就是客家民系和客家文化形成和发展的历史。客家文化“一体多元”的特色，映照出客家民系多元因素构成的特质。因此，仔细分析客家文化中的构成因素，我们可以清楚地看出汉族与畲瑶等少数民族相互交融的情况，也可以从中领悟到中华民族的“海纳百川”、生生不息、枝繁叶茂。

“客子”“畲客”与“棚客”的启迪价值

许怀林①

客家研究已经取得丰硕成果，然而有的问题尚有认真探讨的必要，其中就包括“客家”名称的来源、“客家”的内涵这种基础性的问题。过去有人主张魏晋的“给客制度”、宋朝的“客户”“主户”类别，是客家名称的来源，深入研究发现，这是对历史的误解，已经没有再讨论的必要。后来有人提出，清朝嘉庆年间，徐旭曾《丰湖杂记》中对学生关于客家问题的解答，是最早宣传客家由中原迁来的开篇，徐氏也许是“南迁说”的开创者。这种认为客家人是南迁的中原人的观点是毫无根据的，在历史逻辑上也站不住脚。“客家”名称通行于社会，是由于珠江中西部地区的土客大械斗，而开始出现是明朝后期。比徐旭曾早七八十年的福建漳浦人蓝鼎元，在雍正时期考察了迁往台湾的闽粤人生活，已经具体谈论“客子”“客庄”之事。明朝中后期开始迁往江西等地的棚民，也被人们称为“棚客”，官府在他们中编制“怀远都”，认为今日之棚民即他日之土著。我们从闽粤人迁往台湾、江西两边的演进事实中，可以得到有关客家的诸多启示。

一、闽粤人迁徙台湾垦种名曰“客丁”

清朝雍正末年，蓝鼎元一再说及闽粤人在台湾租佃开耕，称为“客子”，其聚居开垦之地称作“客庄”。他们不携带家眷，春去冬回，常年如此，人数多到几十万。每当出现动乱时期，这些“客丁”便被视为危险人群，因其没有妻儿老小在身边，行动自由，流徙无牵挂，参与争斗官府不易控制。为求削弱其勇于搏斗、难于羁縻的优势，蓝鼎元建议必须命他们来台要携带家属。这个时期的“客子”“客庄”之名，是指这批闽粤人在台湾岛居住的临时性。后来积渐成习，闽粤迁台的闽粤人皆被称作客子、客庄人，乃至客家。

---

① 作者简介：许怀林，男，江西师范大学教授，江西省政府文史研究馆馆员。

蓝鼎元（1680—1733），字玉霖，号鹿洲，福建漳浦人。自幼勤学诸子百家，研习诗文，尤注重经世致用的学问。青年时期曾外出游历，考察福建、浙江沿海岛屿和港湾形势。康熙六十年（1721）夏，台湾爆发朱一贵起义，蓝鼎元随堂兄南澳①总兵蓝廷珍前往镇压。他襄赞军务，不少文移书檄出于其手。事平后，又与蓝廷珍一道招抚投降者和逃亡百姓，安顿原住民社区，历时一年有余。返归后，他撰写《平台纪略》，记述事件经过，并提出治台政策建议。雍正元年（1723），蓝鼎元以优贡被选入京，校书内廷，分修《大清一统志》。雍正六年（1728）冬，向雍正皇帝奏议经理台湾、河漕、黔蜀疆域等六件时务。之后被任为潮州普宁知县，不久摄潮阳知县。他在普宁、潮阳两地治绩斐然，却因秉性亢直，违逆了上司，遭革职回籍。后来，两广总督鄂弥达欣赏蓝鼎元才识，聘其入幕府，并具奏辨明蓝鼎元受诬始末，得到雍正召见，署为广州知府。到任一月，即病逝。

蓝鼎元见识广博，熟悉东南海疆形势，关注时政要务，故有关论述合符民情，政策建议切实可行。例如，他在平定朱一贵起义之后三年，应台湾府长官吴观察使的要求，写了二十四条治台政策建议，内容包含兵卫、海防、吏治、农垦、桑蚕、商船、教育、赋税、客庄、澎湖、“土番”等社会诸侧面，其中有两条涉及客家人事，他说：

广东饶平、程乡、大埔、平远等县之人赴台佣雇佃田者，谓之客子，每村落聚居千人，或数百人，谓之客庄。客庄居民朋比为党，睚眦小故，辄哗然起争，或殴杀人，匿灭其尸，健讼多盗窃，白昼掠人牛，铸铁印重烙，以乱其号（台牛皆烙号以防盗窃，买卖有牛契，将号样注明）。凡牛入客庄，莫敢向问，问则缚牛主为盗，易己牛赴官以实之，官莫能辨，多堕其计，此不可不知也。

客庄居民从无眷属，合各府各县数十万之倾侧，无赖游手群萃其中，无室家宗族之系累，欲其无不逞也难矣。妇女渡台之禁既严，又不能驱之使去，可为隐忧。鄙意以为宜移文内地，凡民人欲赴台耕种者，必带有眷口，方许给照载渡，编甲安插。台民有家属在内地，愿搬取渡台完聚者，许具呈给照，赴内地搬取。文武汛口，不得留难。凡客民无家眷者，在内

① 即南澳岛，位于广东潮州饶平县海外，是闽粤台交接海域的战略重地，明万历三年（1575），明朝在岛上设“协守漳潮等处驻南澳付总兵”，清康熙二十四年（1685）升为南澳总兵，管辖闽南、台湾、粤东海域军事。今为汕头市南澳县，辖区在清以前分属福建省诏安县和广东省饶平县。

地则不许渡台，在台有犯，务必革逐过水，递回原籍。有家属者虽犯，勿轻易逐水，则数年之内皆立室家，可消乱萌。①

其中，蓝鼎元把大陆过去的“客子”“客庄”问题放在加强治理台湾全岛（包括澎湖）的政策体系之内，充分估量了其重要性。概括起来涉及三个方面，一是台湾岛上的“客子”“客庄”之人来自饶平、程乡、大埔、平远等县；二是客庄居民朋比为党的处世表现和盗牛伎俩的危害；三是客庄居民不带眷属的弊病，提出相应的对策。

在朱一贵起义被镇压几年之后，他又写了《粤中风闻台湾事论》，其中说道：

连日风闻台湾复有小警，北路土番作孽，南路客子竖旗同谋，拒敌官兵，此异事也。南北路相去遥远，民番情性不相联属，何以北路土番不轨，而南路客子即肯竖旗遥应，或者起衅之处不在土番，而在北路，客子所以南路竖旗，似因北路官兵讨逆，未先慰安无罪，讹传惶惑之所致也……广东潮、惠人民在台种地佣工，谓之客子，所居庄曰客庄，人众不下数十万，皆无妻孥，时闻强悍。然其志在力田谋生，不敢稍萌异念。往年渡禁稍宽，皆于岁终卖谷还粤，置产赡家，春初又复之台，岁以为常。辛丑朱一贵作乱，南路客子团结乡壮，奉大清皇帝万岁牌与贼拒战，蒙赐“义民”银两，功加职衔，墨渖未干，岂肯自为叛乱。愚意北路起衅，必系一二无知客子作奸拒捕，自料法网难逃，诳诱土番混扰分罪，造出尽剿客子之谣言，传播煽惑，使在台客子畏死惶乱，群相响应，是以南路无知有竖旗同谋之举。②

这份议论时政的文字，虽然是“风闻言事”，但并非捕风捉影，仍是平实可信的。其一，关于“客子”的来源，重申了已有的叙述，同时补充说明了他们春去冬归的流动方式。其二，介绍了客子在平定朱一贵动乱中忠实于清朝官军的行动，他亲身经历了那场战事，故能举出这桩台湾客家人的珍贵史实。在这两方面背景下，他对南路客子“竖旗”行为做出了客观解释，结论有说服力。

为什么粤东北地方民众大批到台湾岛耕作？蓝鼎元《镇平县图说》中

① 蓝鼎元：《鹿洲初集》卷二《与吴观察论治台湾事宜书》。
② 蓝鼎元：《鹿洲初集》卷十一《粤中风闻台湾事论》。

有相关的解释。他分析道：

镇平作邑，为萑苻也。三省之交，山峒深阻。明季屡为贼巢，远迩生灵，横遭涂炭。崇祯六年，始割程乡之龟浆、松源，平远之石窟，得地四图，遂建镇平县治……田少山多，人稠地狭，虽有健耜肥牛，苦无可耕之地，群趋台湾垦辟成家。台中客子庄数十万众，皆程、大、平、镇人民。而镇平尤倚赖之，竞以台湾为外宅，如二亩半在田，二亩半在邑之意。今台禁森严，宜留心防范，化导约束，无俾为非。查县志有禁圩之说，是益促其谋生之路，匪类要结，岂必圩期，苟平其政，何难稽查。①

该文所说镇平的县情，实际是粤东北客家地区的普遍社情。粤闽赣三省交界大山区一百多年以前还处于“山峒深阻”状态，是破产逃亡者、反叛暴乱者结集的地方。为了强化国家统治，明朝崇祯六年（1633）割地增建镇平县，加强控制，国家管理严密了，但是山多田少、人多地狭的自然条件依旧，民众在“苦无可耕之地”面前，自必“群趋台湾垦辟成家”，于是形成“台中客子庄数十万众，皆程（乡）、大（埔）、平（远）、镇（平）人民，而镇平尤倚赖之”的局面。由此可知，客家人总体上说于明朝晚期开始迁徙台湾耕垦，到了清朝初期已经产生较大的社会影响，其名流传于岛内外，其事为朝野所关注。

闽、广沿海居民向海外谋生的社会趋势，是当地的普遍需求。蓝鼎元曾经对雍正皇帝坦言海禁之害：“闽、广人稠地狭，田园不足于耕，望海谋生，十居五六……南洋未禁之先，闽、广家给人足，游手无赖亦为欲富所驱，尽入番岛，鲜有在家饥寒窃掠为非之患；既禁之后，百货不通，民生日蹙……闽广产米无多，福建不敷尤甚，每岁民食，半藉台湾，或佐之以江浙。南洋未禁之先，吕宋米时常至厦（门）。”②

蓝鼎元分析闽粤台三地社会民情，是在严肃的官方场合表达对国家大政方针的见解，据实论事，不是凭空敷衍塞责。他指出闽粤人民大量迁往台湾垦种谋生，皆由本地人稠地狭，苦于无可耕之地，是为了温饱而去的，所以有春去冬回、不携家眷的前期方式。显然这不会是短期间的，而居留时间不固定，于是就产生了“客子”“客庄”的他称。还有一点应该

① 蓝鼎元：《鹿洲初集》卷十二。镇平县，县治设在今蕉岭县蕉城镇（明称怀仁里，清称蕉阳镇），开始时隶属潮州。清雍正十一年（1733）隶属嘉应直隶州。民国三年（1914）改名为蕉岭县。1988 年蕉岭县属梅州市管辖。

② 蓝鼎元：《鹿洲初集》卷三《论南洋事宜书》。

看到，既有“客子”，又有“客庄”，这表明流移到台湾去的闽广人，不仅是分散的个体佃耕者，而且有了集群型的田庄村落，甚至是属于自己的耕地产业。经济上站稳脚跟，定居就会跟着出现，再加上有去台者必须带家眷的政策强制，客家人移民台湾已是不争的事实。

二、“客丁”与“畲客”相呼应

蓝鼎元陈述的台湾“客丁”事实，在同时代的地方志中有呼应。闽粤之间有众多“畲客”，与汉族民众共处，于交流中融合。同时存在的“客丁”与“畲客”，均是社会舆论的重大话题，二者可以互相发明，让我们见到其中的内在紧密联系。

紧邻广东大埔县的福建平和县，是明正德十四年（1519）王守仁剿灭了象湖山盗贼之后奏请设置的，隶属漳州府。正德十二年（1517）王守仁建议添设县治的奏疏中说：“看得开设县治，控制两省瑶寨，以奠数邑民居，实亦一劳永逸之图。”这个夹在闽广之间的平和县，辖区分别从南靖县和漳浦县割来，是“土人”与“畲客”聚居之地。康熙《平和县志》中很详细地追述了当地山区瑶族民众的社会生活情形。其中记载：

> 猺人猺种，椎髻跣足，以盘、蓝、雷为姓……耕作深山之中，俗呼畲客。自结婚姻，不与外人通也……楚粤多有之。闽省凡深山穷谷之处，每多此种，错处汀、潮接壤之间。善射猎，以毒药傅弩矢，中兽立毙。居无常所，视其山之腴瘠，瘠则去焉。自称狗王之后，各画其像，犬首人身，岁时祝祭，无文字。其贸易商贾，刻木大小、短长以为验，亦有能通华文者。与土人交，有所不合，或侵负之，则出而詈殴、讼理。一人讼则众人随之，一山讼则众山随之。土人称之曰客，彼称土人曰河老。明初设抚猺土官，使绥靖之，略赋山税，羁縻而已……若索取山兽皮张，使流离不安其生，遂为患矣。①

康熙《平和县志》编者记述的瑶畲生活情况，与南宋刘克庄《漳州谕畲》所述完全吻合，充分体现了闽粤交界地区畲瑶和汉族杂居的历史延续性、社会对族群关系认识的持久一致性。仅就这篇简要的记述来看，畲瑶族人“居无常所”的游山生存方式，他们与当地土人（汉人）交往受“侵负”时的抗争表现，以及遭官府强制“索取”后的暴力反抗，都是非

① 康熙《平和县志》卷十二《杂览·猺獞》。

常突出的几个侧面。事实上，封闭而淳朴的山区畲瑶族民，正是在不断被欺侮的交往中，体味着山外先进“文明”，增长社会见识，提高生存能力，加快与汉民族的融合。随着“亦有能通华文者”人数增加，他们的原始落后面随之缩小，与外界交往、维护自身利益的方式也将改变。由此可知，经过历史长河的交融汇合，客家基地的“土著”民族构成不是单一的，而是包含了汉族与畲瑶族两个族群，不可把“土著”看作只是汉人。

畲瑶族分布在汀、潮之间，民间称呼他们为“畲客”。“土人称之曰客”的事实，显然是历久成习而普遍存在着的，于我们理解“客家”群体的来源，十分紧要。远在宋明时代的古人所说之“畲”与“客”均是生活样式的描述代称，不是界定族群的专用术语，应是就其“居无常所”、视山之腴瘠而去留的居住形式，针对其“刀耕火耘”的山间耕种手段而言。在畲瑶和土人——汉人逐渐融合以后，“客家”之名出现，取代“畲客”，这是客家人的族群背景的生动证明。

畲瑶和汉族杂居而融合的见解，古人已有明确的表述。康熙《平和县志》编撰者在记录上述“猺獞”之后写按语指出：

盘古子孙盛于三楚，所谓五溪蛮是也。其散处于闽粤者间有之。今则太平既久，声教日讫，和邑诸山木拔道通，猺獞安在哉。盖传流渐远，言语相通，饮食衣服起居往来多与人同，猺獞而化为齐民，亦相与忘其自来矣。

促使平和县畲瑶“化为齐民”的社会力量来自两方面，一是自然生存环境改变，“木拔道通”，山区开发地域扩大，原始闭塞环境日益消失，对外联系趋于快捷便利；二是社会生存环境变化，这表现在国家管理与民众交流两个层面。官府从上而下的“声教日讫”，是政治制度的推行、思想灌输的深化，所谓“日讫”，即日益至于深山居民中；民间生活交流频繁起来，就是“言语相通，饮食衣服起居往来多与人同”，习俗趋同，差异减退。山区社会出现的这种变化进步，正是更多新县治建立，统治真空缩小以致消失，国家权力空前加强的效果。从宋代到明清几百年的“传流”，原始状态已经越流越远，自然就“忘其自来”。平和县畲瑶进化的历史轨迹，当然也是其他民族杂居地区所共有的发展大势。具体到闽粤这个地区的“齐民化”结果，就是畲汉相互融通，以“客家”名分登上了社会舞台。

三、"棚民"与"客家"的名称转换

无独有偶，在江西、浙江等地的棚民，也是明朝后期来自闽粤山区的劳动者，迁徙方式开始阶段也是春来冬回，人数多达几十万，因其在山区开垦种植，居住在就地取材的山棚中，故而被称作棚民。此种山棚以竖木竹为柱，编制茅草或剥杉树皮盖顶，制作简易快捷，无须什么成本。春来之时随意搭建，冬回时丢弃亦不可惜，与往返自便的流动生活相适应。

1. 棚民的起伏发展形势

《清史稿》对棚民有一段笼统的介绍："棚民之称，起于江西、浙江、福建三省，各山县内，向有民人搭棚居住，艺麻、种箐、开炉煽铁、造纸、制菇为业，而广东穷民入山搭寮，取香木舂粉，析薪烧炭为业者，谓之寮民。"① 这段叙述，说明了"棚民"的大概情况。艺麻，是种植苎麻。种箐，指栽种蓝靛，蓝草可以沤制天蓝色染料。炼铁、造纸、烘焙香菇，都是利用山区资源优势的手工业。所谓"向有民人"，意为清代以前早就有了。我们仅就江西省西北部地区棚民的来由与演变，补充一些具体资料。

赣西北的棚民主要来自闽广两省，从明朝中后期陆续过来，以垦山种麻为业居多。同治《义宁州志》卷十二载："分宁地广人稀，因而诸省之人扶老携幼，负耒而至。缘旷土之租甚轻，久荒之产极沃，而无产之人得土耕种。"义宁州，即今江西修水、铜鼓二县。来到此地的皆无产的农民，吸引他们"负耒而至"的原因是土地肥沃而田租很轻。

袁州府所属的宜春、萍乡、分宜、万载四县，在嘉靖、万历以来有大量福建农民涌入，到明末清初竟有数十万之多。道光《宜春县志》写道："（棚民）万历末始至宜，初寥寥散处，冬归春集，迄崇祯，实繁有徒，群萃蓬处，形连势贯，接薮他治，依倚为奸。"② 萍乡县的棚民也是如此，《郑氏族谱》载："据前辈传闻：吾祖国龙公，于万历时自龙岩与陈、张二姓入萍，初住茅棚，每岁腊闭户回闽。"顺治十三年（1656），袁州官府编查出来的四县棚民人口为2 443户，4 536丁口。③ 实际上不止这些，民间的感觉远远超过这个规模。从嘉靖到崇祯约一百年间，福建移民走完了由"冬归春集"到"群萃蓬处"的路程，从人数少发展为繁多势众，蔓延至邻县。同治《宜春县志》编者说，宜春等地"百年以前居民因土旷人稀，

① 《清史稿》卷一百二十《食货·户口》。

② 道光《宜春县志》卷十《田赋》。

③ 康熙《袁州府志》卷四《户口》。

招入闽省诸不逞之徒，赁山种麻，蔓延至数十万”，引起时人震惊。[1] 人数众多的棚民不是同一时间来的，过来之后的生活也不是一个样，变异带来的处境很不相同。雍正二年（1724）三月二十八日江西巡抚裴𢤦度奏称：

> 窃查江省棚民，由来已久……有入籍年久，现在纳粮当差者；有入籍未久，去留无定者；有远在山箐，星散各居者；有土民雇其佣工，地主招其垦田者；有山主利其力作，曲为隐庇者；或种靛麻，或种茶烟，或佃耕、做纸，统名之曰棚民。要在因地制宜，顺情立法，地方官得人，方能有益。[2]

裴巡抚列举的六种情况，可以归入两类，一类是从官府控制的户籍上看，时间长的已经编入户籍，有田产，在纳粮当差；时间不长的，处于去留未定之中，有的散处深山，这些人的“入籍”，应理解为居留当地。另一类从劳动生活方面上看，不外是受地主、山主雇佣，种植蓝靛、苎麻、茶叶、烟草，制造土纸等，在发展山区经济中贡献智慧和力量。

许多棚民以租地种麻为主业，他们栖息的茅棚又称“麻棚”。顺治年间，驻守在袁州的湖西道长官施闰章写《麻棚谣》，序曰：“袁州民不艺麻，率赁地与闽楚流人，架棚聚族，立魁长，陵轹土著，吏不能禁，谓之麻棚。”歌曰：

> 山陬郁郁多白苎，问谁种者闽与楚。伐木作棚御风雨，缘冈蔽谷成俦伍。剥麻如山召估客，一金坐致十石黍。此隰尔隰原尔原，主人不种甘宴处。客子聚族恣凭陵，主人胆落不敢语。嗟彼远人来乐土，此邦之人为谁苦。[3]

棚民赁地种苎麻日益兴旺，人数多起来，有了一定的经济实力，于是聚族立长，与土著抗争，甚至使“主人胆落不敢语”。在官员们看来，袁州府本地人在与棚民的竞争中处于劣势，这里已是棚民的乐土了。

事情发展到清前期，出现跌落后再振起的转折。“三藩之乱”诱发棚民跟着暴动、起义，棚民成为打击、驱逐的对象。袁州有朱益吾、李念松、朱永盛等领导的棚民武装反抗清朝统治。康熙十七年（1678）朱益吾

---

① 同治《宜春县志》卷五《武事》。

② 《朱批谕旨》卷十五《朱批裴𢤦度奏折》。

③ 施闰章：《学余堂文集》卷十九《诗集》。

等全都遭镇压，被杀三千余，一万余投降者被驱赶回原籍。棚民虽然受到挫折，损失惨重，但恢复也比较快。他们与移居地原有的关系就很密切，而且“所谓各散归籍，盖专指逆党，非统论棚民也”，留下来没回去的本就不少。[①] 另外，在袁州方面，棚民返归原籍使劳力缺乏的矛盾更突出，而闽粤之返归者失去田园，生计紧迫，仍然希图迁来。康熙中期以后，官府在重新招垦的同时，专立棚民户籍，实施保甲制度，强化治安管理。相关的法律规定：

浙江、江西、福建等省，棚民在山种麻、种靛、开炉扇铁、造纸、做菇等项，责成山（主）地主并保甲长出具保结，造册送该州县官，照保甲之例每年按户编查，并酌拨官弁防守。该州县官于农隙时，务会同该营汛逐棚查点，毋得懈弛。如有窝匪奸盗等事，山地主并保甲长不行首告，照连坐律治罪，该管官失察，交部议处。[②]

具体落实到袁州府，万载县“康熙时已奉文招徕，另归棚籍”。宜春县到了雍正年间，“承平日久，客民陆续仍来垦山，生齿日繁，买产立户，悉属纯朴良民”[③]。发展至道光年间，宜春县征赋册内登录的“客民”2 414 户，悉入“客图”。在义宁州，雍正四年（1726）“新编入籍棚民人丁”1 302 丁。这些编入了户籍的棚民，参照义宁州的情况可知，都已经是自有产业、具备缴纳赋税资格的人户，尚属佣耕的贫穷者不在其中，而这部分人的数量当更多。

2. 义宁州“怀远都”的设立

义宁州棚民的重新振起有代表性意义。雍正三年（1725）义宁州官府专门为本地安居下来的棚民设立“怀远都”，包含“四都八图，共八十甲”，正式编入其中的“已成滋生壮幼丁”共 1 876 丁。怀远都的人是置有产业的棚民，不包含没有土地的佃耕者；时间久远的老棚民也没有统计在内，先前已经归入土著看待。怀远都成员的子弟，开始有了入学读书、参加“考试”的资格。对于这些老的、新的棚民在义宁州安居落籍的演变历程，同治《义宁州志》编撰者有简要的概括叙述，文曰：

宁州从前流寓具归客户，是以创置田产有粮无丁。迨自康熙三十年

---

① 道光《万载县志·土著志·户口》。
② 《大清律例》卷二十《兵律·关津》。
③ 同治《宜春县志·地理志》。

> (1691) 后，国家生齿日繁，闽广诸省之人散处各方，分宁地广人稀，因而诸省之人扶老携幼，负耒而至。缘旷土之租甚轻，久荒之产（地?）极沃，而无产之人得土耕种，其力倍勤，故不数年家给人足，买田置产，歌适乐郊矣。至雍正元年（1723）有匪类蠢动，彼此响应，于是万载县有温上贵之扰，宁州有黄本习之警。虽旋就诛戮，而根荄滋蔓，当事者患之复为。善后之图，荷蒙上廑如天之仁，允臣工安辑棚民之请，耕山者概编保甲，有产者另立都图，以“怀远”为名，隐寓招携之义。其秀者令为义学课习五年，俱得一体考试，卷面令注“怀远”字样。其居宁最久之老客户，原有庐墓田产姻娅亲族之可征，迥与客民不同，又各援例改客为土，不在此列。夫人贵自立，土客何常之有，目今附籍之人，苟能安居乐业，渐摩奋兴，则今日之棚客即异日之土著也。[①]

这段引文中值得重视的有五点：①“从前流寓具归客户”，意味着棚民统归纳在“客户”之列，有田产的只纳田赋，不统计人丁。然而，棚民人数从康熙中期以来发展很快。②官府鉴于万载温上贵、宁州（今修水）黄本习事件的教训，从制度上加强对棚民的监管，“耕山者概编保甲”，有产者另立“怀远都”。③棚民争得了进学、科举的文化教育权利，怀远都子弟入学五年，可以和土著“一体考试”，开启了进入仕途的大门。④年月久远的“老客户”，有庐墓田产，与土著结下姻亲，可以“援例改客为土，不在此列”，即名分高于怀远都人，完全超脱了棚民界限。“援例”，则是在雍正三年以前就已有改客为土的先例。⑤编者的总体看法，也即对棚民的总政策是：土客无常，处在变异之中，只要安家立业了，“则今日之棚客即异日之土著”，转化的关键是经济地位上升。这里出现的称呼，有客户、棚民、客民、棚客多种，都有不同的指向，而共同点是都就其迁居不久和耕山劳作而言。

怀远都登录的户口迁出地和到达义宁州的时间，据光绪年间怀远都编撰的《全善局志》所载“雍正年间开都丁粮册”，保存下来的只有三都一图、四都二图，“两图共计55户239人，分由福建上杭、武平，广东长乐、和平、程乡、镇平、平远、连平、龙川，湖广桂阳，江西崇义、安远、兴国、会昌、长宁四省十五县迁来。迁来时间最早的是康熙三十年，最晚的是康熙五十五年，90%以上是康熙三十五年至四十五年间迁入的”[②]。这个

---

① 同治《义宁州志》卷十二《食货志·户口》。

② 《修水怀远人》，载梅中生主编：《修水县志》，深圳：海天出版社，1991年，第68页。

数字在怀远都“四都八图”总数中约占四分之一，他们到来的时间表明，他们是棚民入赣的第二个高潮中来的，而出发地主要是粤闽赣交界山区县，即从客家大本营里面出来的。如果说这两个图的情况反映了八个图的概貌，那么义宁州棚民的总体形象也就是如此。大同是基本的，小异则不可避免，换句话说，棚民不等同于客家，但主要是客家是可信的。

四、几点启示

“客家”之名称，是从“客”字的本源意义延伸而得。“客”字概指临时到达、短暂居留之人，如称来宾、旅居他乡者。《古诗十九首》有“客从远方来”。杜甫《去蜀》诗曰：“五载客蜀郡，一年居梓州。”居留时间相对短暂的尺度，连接到生产劳作领域，宾客的含义便扩展开来。在台湾垦种的闽粤农民春去冬回，故称作“客丁”，其田庄称“客庄”。在江西、浙江等处的闽粤流民，山中有丰富的木料建筑住房，却只搭棚而居，仍然适应冬归春来的活动方式，所以称作“棚民”。明朝编制赋役黄册、鱼鳞图册，严密控制人口、耕地，以便征田赋，派劳役，那些流民在外府他乡，暂时“差役不当，税粮不纳”，自然被视为客民、客家。官府强化统治之后，首先就是把他们编入当地户籍，与土著同等交粮服役。“怀远都”就是这种背景下的产物。

“客家”作为一个民系，是在和畲瑶族共处交流、相互融合中形成的。闽粤赣交界山区素来是畲瑶聚居之地，其因游山耕作的生活方式被称作“畲客”，在广东又称“輋民”，“輋”即山中棚居之意。后来的客家大本营地区，古史早有南蛮、山越、畲、瑶等族事迹的记载，南宋刘克庄《漳州谕畲》是描述畲族社会实情的典型文献。站在官府立场看，首先被注意到的是畲族人没有户籍，是“无籍民”，“不入版图，无丁赋差役”。[①] 明代中期以后国家权力在客家基地显著加强，儒学主流文化强力灌输于畲乡，畲汉民族交流融合的过程加速，范围扩大，一个特具个性的人群受到社会关注，这就是客家人。民族史学研究发现，畲族与客家的历史渊源关系紧密，风俗习尚中的共性很多，遗存有不少彼此渗透融合的实证。

从棚民发展为怀远都人，再进而改客为土，他们依然保留了闽粤客家人的名号，以客家身份立于当地人之中，和睦共处，其原籍的文化习俗并未因融入当地而消失退净，比如继续操客家方言，就生动地说明客家人的山区土著特质。事实是，他们已然是一个共同群体，却没有“客家”名

---

① 同治《贵溪县志》卷十四《杂类·轶事》。

号，由于群体性的外迁而面世，是他们山区繁盛、人地矛盾突出的结果，也给社会广泛认知他们提供了机会，各处都以其新来而称之为“客民”，并无不良恶意，他们遂默认接受，“他称”便悄然地成了“自称”。这个客观事实，是历史的偶然，也蕴含历史发展的必然。“客家”的问世不是由外地民众迁入闽粤赣交界山区所致，而是该地居民自然发育的结果。他们在自家基地上是土著，待其迁居到别地就是客民。明清时代客家人外迁带去的是南方山区的气息；虽然都先后入乡随俗、改客为土了，却没有在任何落籍地化生出一个民系来。

不论是“客子”“客庄”“棚民”还是“客图”，不管是迁居台湾还是赣西北的闽粤人，都面临着各种各样的生存竞争，在开始阶段处于弱势地位，却没有人提及什么中原移民，或者是贵胄之后裔，借以加重竞争分量，即使后来买田置业，团聚在怀远都之内了，也看不到任何中原南迁之类的神话。朝廷与府县衙门文书，官绅人士的各种议论，尤其是谈论地方利弊的政论文章中，依然找不到所谓客家从中原南迁而来的蛛丝马迹。试想，畲族、瑶族人的生活情状，素来受到官府和士大夫的关注，为何就不会去强调所谓中原人的不断进入？更何况所谓的“衣冠大族”“带来先进文化”“传入客家方言”“兴建起特具价值的围屋”等，这许多关联全局的大事象，为什么竟然长期没有进入社会视野，他们自身也没有自我推荐？我认为，这不是由于古人的愚顽不敏，而是后人的瞎猜臆测，甚至是出于某种需求的演绎加工。

当今媒体中的关于“南迁说”的宣传文辞，不乏随声附和，人云亦云，遂至陈陈相因，彼此激荡，风靡于世。也许有人认为，此等事情无须费力深究，顺着竹竿爬就是了，反正于人无伤，于己无害，何必自讨苦吃。殊不知“事惟其真”“理惟其是”，史学是考察社会的科学，以客观事实为基点，它不描摹理想天堂，只致力剖析现实世界。史学工作者追求言必有据，去伪存真，秉笔直书，遵循实事求是的原则，就事论事，辨析是非，揭示真相。尽管会受到多种条件限制，难以达到目的，但标准必须坚持，道路总不改变，究竟能够走多远，顺其自然，在所不顾。

从客家文化看南方少数民族对汉文化的影响

吴永章①

客家人是南方居民的迟到者。自东晋永嘉之乱始，历经南北朝、唐宋五代宋高宗南渡诸历史时期，客家先人因中原动乱，逐步从黄河流域经淮河流域、长江流域分段迁入武夷山脉和闽粤赣边区，至宋代始形成客家民系。

畲瑶先民，源于传说中的“盘瓠蛮”，汉代的“武陵、长沙蛮”。由于历代统治者的残酷压迫，加之“吃尽一山，复徙一山”的刀耕火种生产方式需要，早在唐宋以前闽粤赣地区已是畲民聚居区。对此，史籍多有记载。如：“瑶本盘瓠种，地界湖蜀溪峒间，即长沙黔中五溪蛮。后滋蔓绵亘数千里，南粤在在有之，至宋始称蛮瑶。其在邑者，俱来自别境……粤人以山林中结竹木障覆居息为畲，故称。”② “唐时初置汀州，徙内地民居之，而本土之苗，仍杂处其间，今汀人呼曰畲客。”③ “（赣南）当五岭最东，为交广襟喉，地多瘴，与畲人杂居。”④ 由此可证，客家人未来之前，“来自别境”的畲瑶之人已居于闽粤赣边区，被视作“本土之苗”了。

长期以来，客家人和畲瑶族人共居一地，形成互相影响、互相渗透的互动关系。由于客家人的文化相对发达，大批畲瑶族人融入客家族群之中。但是，与此同时，客家文化也受到畲瑶文化广泛而深刻的影响。正如客家学的奠基人罗香林先生所指出的，“客家初到闽粤赣的时候，不能不与畲民互相接触，接触已多，就想不与他们互相混化，亦事势所不许”。换言之，畲瑶文化是构成以汉文化为主体的客家多元文化的重要来源之一。客家民俗受畲瑶民俗的影响，主要在以下几个方面。

---

① 作者简介：吴永章，男，广东梅县人，中南民族大学民族学与社会学学院教授、博士生导师。

② 顾炎武：《天下郡国利病书·广东》。

③ 杨澜：《临汀汇考·风俗考》。

④ 光绪《江西通志·舆地略》，“南安府风俗”条。

一、物质生产

客家人从黄河流域平原地区迁入山区后，面临着经济转型的严重挑战。为了在新迁地能够生存和发展，客家人就必须重新学习。早于客家人定居当地的山居民族——畲瑶族人，对客家山区经济产生了重要影响。主要可以归纳为两大方面。

一是农作物方面，主要为旱稻、旱作物。客家人南来后，因新居地山多田少，稻粱不足，故辟山种旱作物为补充，名曰“种畲”。如乾隆《汀州府志·风俗上》卷六：“贫者栽山种畲。”道光《永安县志·地理·风俗》卷一：“西南鸟禽嶂、罗坑诸处人尤作苦，锄莳谷及薯蓣菽苴姜茶油，以补不足，名曰种畲。”光绪《丰顺县志·风俗》卷七：“邑多官山，无恒产者多居山麓，种植薯芋等物，名曰种畲。”

可见，闽、粤、赣三省的客家山区贫民，均在山麓之地种旱作物，即种畲。客家人种畲之俗，是受畲瑶居民的生产方式影响所致。种畲本是指原始的刀耕火种法，即人们在砍伐和焚烧草木后，辟土以种植旱作物。畲族即因“种畲”而得名。

总之，客家人“种畲”，在生产工具、耕作方法方面虽较先进，但其基本方法则是一致的。换言之，是在吸收畲族的“种畲”法基础上加以改进的，故屈大均称之为“与白衣山子（指畲瑶）同风”。

在“种畲”所种植的旱作物中，尤以“畲禾”为重要品种。而畲禾即旱稻的种植者，也应归功于畲瑶等南方诸族。如明代王济《君子堂日询手镜》：“又有畲禾，乃旱地可种者。彼人无田之家，并瑶僮人皆从山岭上种此禾。”清代屈大均《广东新语·食语》卷十四：“东粤之稻多种……其生畲田者曰山禾，亦曰山旱，曰旱秴，藉火之养，雨露之滋，粒大而甘滑，所谓云子，亦曰山米也。”

从中可见，广西及广东东部的畲瑶之人，利用畲田，即刀耕火种法，种植耐旱山禾等作物。其所获山米粒大而满，味道甘滑，在历史上为培育我国优良旱稻品种做出了自己的贡献。

山禾，在粤东客家地区又叫作“菱禾”。据宋代王象之《舆地纪胜·广南东路·梅州》卷一百二十“景物上”条载：“菱禾，不知种之所自出，自植于旱山，不假耒耜，不事灌溉，逮秋自熟，粒立粗粝，间有糯，亦可酿，但风味差不醇。此本山客畲所种，今居民往往取种而莳之。”可证，早在宋代梅州客家人已效法“山客畲”即畲人种植旱稻“菱禾”。

二是物产方面，主要是“山货”。因畲瑶多住山区，故以生产“山货”

为其重要副业，所谓靠山吃山之谓也。这是畲瑶山区经济的一大特点。畲瑶“山货”对客家山区经济影响较大者有纺织原料蓝靛、竹木及其制品、茶叶诸类。

蓝靛，学名马蓝，俗叫青，是旧时主要家用染料。闽粤赣边区畲民素重蓝靛生产。史载：“唯汀之菁民，刀耕火耨，艺蓝为生，编至各邑结寮为居。”① 可见，畲民的种菁技术传入客家地区，造成汀州属上杭、永定以及梅县、兴宁等地靛青业的发达。故史称，嘉庆、道光以前，“邑人外出经商，以靛青业为着”②。

闽粤赣边区蓝靛以及蓝靛印染技术，其源盖来自畲族。畲民生产蓝靛可溯源至汉代盘瓠“衣斑斓”③ 之载。正是“盘瓠蛮”地区盛产蓝靛为其人穿鲜艳衣裳提供了条件。可见，“盘瓠蛮”及其传人生产蓝靛的历史已有两千年之久。盘瓠传人以蓝布为斑之法，宋代已闻名全国，故有“夫染斑法，莫瑶人若也”④。

竹木及其制品也是客家地区的重要产品。畲瑶地区森林资源丰富，尤以松、杉积蓄量最多，故史有“山伐”⑤“伐木”⑥ 之载，可见林业之发达。处于同样自然环境的客家人，也袭用畲瑶伐木业。史称，“旧时，杉木运售潮汕、佛山等处，年达十数万”⑦，“输出品以杉木为大”⑧。

畲瑶除直接输出木材外，还以木材制成产品或烧成炭赴市圩交易。调查报告证明，“烧木炭，解放前各地畲民家家都从事这种副业”，“畲民烧炭技术一般比外地高些，加上原木材较好，所以生产的木炭，价值虽稍高但易售出”。⑨ 可见烧炭业在畲民经济中占有重要地位及畲民烧炭技术之高超。

山居贫苦客家人也颇多从事烧木炭业。太平天国金田起义的参与者，不少就是客家烧炭人，其著名领袖杨秀清即烧炭工人出身。客家人的烧炭之法，当与畲瑶存在渊源因袭关系。

---

① 熊人霖：《南荣集》卷二十《防菁上》。

② 民国《上杭县志》卷十。

③ 范晔撰：《后汉书 · 南蛮列传》。

④ 周去非：《岭外代答》卷六《瑶斑布》。

⑤ 田汝成：《炎徼纪闻》卷四《蛮夷》。

⑥ 区大相：《罗旁水诗》，引自民国《西宁县志》。

⑦ 民国《上杭县志》卷十《实业志》。

⑧ 民国《始兴县志》卷四《风俗》。

⑨ 《广东畲民调查报告》，载《畲族社会历史调查》，福州：福建人民出版社，1986 年。

畲茶也是客家特产。粤东客、畲混居后，因畲人较客家人所居山岭更为高深，更宜茶树生长，故畲茶久负盛名，其中最著者为有“今最贵洪畲茶”之誉的紫金所产“畲物”[1]、有“劳香勃发”之称的“罗浮茶”[2]以及闻名于世的清膈消暑的凤凰山茶。可见，清代粤东著名产茶区均在畲地。我们虽不能由此断言粤东客家茶是从畲区传入，但是有两点是可以下结论的：一是清代粤东畲人种茶、制茶技艺均较客家人高出一筹，客家人当从畲人中吸取了高超的培茶和焙茶技术与方法；二是粤东有名的产茶区的畲人，后来不少与客家人融合而成了客家人，所以后世有的客家著名茶区，历史上是为畲人所栽培的。

二、物质生活

客家人南来后，为适应当地自然、地理、气候、人文环境的需要，并不完全固守中原服饰，而是受畲瑶等南方诸族影响颇深。主要有以下五种：

（1）头帕。客家俗称“东头帕”，即包头巾之意。方巾，前方折成三角尖锐形，用布质宽带系紧，既可遮阳挡光，又可作装饰物，起女性帽子之作用，与畲族妇女头帕颇相类。

（2）女服重饰。客家女装的特点在于讲究装饰，如领口、边脚均加滚饰，袖口、裤脚口缀花边。史料记载，客家女装“领缘尚绣”[3]，“裤以五色绒横绣之”[4]。

至于畲妇服饰更与客妇无异。朱洪等叙述“广东畲族妇女，在衫的襟边和袖口、裤脚管边缀以数条不同颜色的花边，作为装饰”[5]，可见畲瑶女服装饰对客妇服饰有着采借作用。

（3）色重蓝。客家妇女服饰重鲜艳蓝色，这与当地生产靛青有关。客地靛青曾广销各地，并获厚利。笔者记得民国时期客服喜以漳州花制衣被，此为蓝底白花的纺织品，系蜡染制品，而蜡染以苗瑶诸族所产最负盛名。畲民所制蓝靛染料与蓝布，量多质佳。明代以来，福建菁已为国人所重。故史称福建蓝靛染色“为天下最”[6]。无疑客俗重蓝与畲地产蓝靛、畲

---

① 屈大均：《广东新语》卷十四《食语》，“畲物”条。

② 屈大均：《广东新语》卷十四《食语》，“茶”条。

③ 道光《广东通志》卷三百二十，“连州瑶人”条。

④ 李来章：《连阳八排风土记》卷三。

⑤ 朱洪、姜永兴：《广东畲族研究》，广州：广东人民出版社，1991 年，第121页。

⑥ 弘治《八闽通志》卷四。

民重蓝布、苗瑶语族重蓝底白花蜡染有着不可分割的联系。

（4）喜饰物。旧时客家妇女的首饰颇为讲究。有簪子、簪花、毛铺、耳环、颈环等饰物，镂花错采。除头饰外，也有首饰。手镯有扭丝手镯、龙头手镯、蒜弓手镯。饰物多以银为之，间有用金玉者。

畲族妇女也喜在髻上插银簪，戴上各式头帕，佩戴银耳环、手镯。时至今日广东龙川、潮州等地畲族老妇人仍保存此类装饰。富有者所戴则有银冠。总体而言，畲族妇女装饰与客家妇女装饰极为接近。总之，客家妇女喜饰物之习，与南方苗瑶语族有着密切关系。

（5）绣花船形鞋。鞋面上绣图案或花草虫鱼，或用五光十色的小珠子编织成图案。鞋形端部稍往上翘如船，这是旧时客家妇女喜爱的较为精致的鞋样，只有在年节或回娘家时才穿。此鞋当是袭自畲族妇女的船形绣花鞋。

客家饮食突出表现为特异食品与饮品，如竹筒饭、乌饭、擂茶。

（1）竹筒饭。瑶畲南方民族中有“竹釜”之习。据宋代范成大《桂海虞衡去·志器》载：“瑶人所用。截大竹筒以为铛鼎，食物熟而不熠，盖物理自尔，非异也。”

此俗至清代仍盛行，清代毛奇龄《蛮司合志·两广一》载：“瑶人，种芋菽为粮，截筒而炊。”此乃今日所谓竹筒饭的由来。其将竹筒当炊具，将粮食与水加入筒中，使之在火中烧熟，再破竹取食。因烧煮时食物处于封闭状态，再加上竹筒本身具有纯天然滋味，故其味甚香美。

旧时客家人也有竹筒饭。在今日广东客家传统食物中，也将此物列入。可证，客家人的竹筒饭，与竹釜有渊源因袭关系，来自畲瑶或百越民族。

（2）乌饭。乌饭是畲瑶族的节日食品，用于祭祀与馈送亲友。据民国《建德县志》卷三《风俗志》载：“畲客亦有乌饭。乃于三月三日取柴汁和米蒸之，相传其祖盘瓠喜吃此饭也。”

此俗相传至今。据调查，畲族乌饭系用野生乌稔树叶煮汤，然后将糯米泡在汤里，经数小时后捞出蒸熟。明代邝露《赤雅》卷下《青精饭》载：“瑶人社日，以南天烛染饭，竞相遗送，名曰青精饭。杜诗：‘岂无青精饭，今我颜色好。’”可见，客家地区的乌饭，与畲瑶南方民族习俗有着密切关系。

（3）擂茶。有的客家地区流行别具一格的饮茶习俗——“擂茶”。擂茶，尤盛于赣南地区。同治《兴国县志》卷十一《风俗》载：“平时宾客偶至，把盏之后，继以擂茶，捣茶叶为末，加芝麻、油、盐及姜，瀹而

羹之。”

擂茶的具体做法是：先将花生、大豆、芝麻炒熟，将茶叶、蒜、芝麻擂成茶泥，将猪油炸豆腐、香菇丁、豇豆、黄糍酥等佐料煮熟成香料，再将开水冲入兑成茶汤。食用时，先将香料放入碗内，注入茶汤，再将花生仁片、豆片、爆米花撒在上面即可。

瑶苗诸族则保存传统的“打油茶”习俗。这是款待客人的特殊食品。其制作方法为：茶叶、生姜、蒜头拌匀，用茶油和盐炒熟冲水煮开。待客时加上香菇、炒花生、炒黄豆、炒米花等物，其味香、脆、辣、甜兼备，极为爽口，既可解渴又可充饥。处于高寒山区的瑶苗诸族，吃油茶更有驱寒、祛湿、消食功效，故长期流行不衰。

客家人的“擂茶”与南方瑶苗诸族的“打油茶”，其原料与制作方法大致相同而微有变异。其源应相同，当系客家人南来后，受瑶苗等民族影响所致。

从客家居住地域也可看出畲瑶文化影响。在客家地区，存在着许多以“畲”“瑶”二字作为地名者。如广东梅县，以畲、瑶名镇者就有“畲坑”“瑶上”二处。据平远县方志统计，在全县 516 个乡村地名中，以“畲”名者有 26 处之多。在福建，据王增能《客家与畲族的关系》一文，从仅武平、连城、长汀、上杭、永定六县《地名录》的记载中可知，带“畲”或“斜”的地名竟达 138 处。①

以上材料表明，畲、瑶祖先曾寓居此地；畲、瑶与客民和睦共处，畲、瑶居民在当地消失了，客家人并未废去其名不用，在名前也无侮称字样，倒是将其作为历史的印记保留下来，可见彼此关系之融洽与密切；它是畲、瑶与客家人交融的印记；畲、瑶成了客家地名与客家文化的组成部分。

三、人生仪礼

（1）讳名制。人的称谓，贯穿于一个人从出生、成长以至死亡的全过程，可见其在人生仪礼中的重要地位。其中包含婴儿诞生礼的命名、成年礼的“冠而字”、死后的“讳名制”与谥号。客家人的“讳名制”，系从畲族传入。

畲人死后有讳名，讳名按排行而定。畲族内部为了统一辈分，辨别是否本族或本姓人及血缘的亲疏，以祠堂为单位每二十年排行一次。排行

① 吴泽：《客家史与客家人研究》，上海：华东师范大学出版社，1989 年。

时，先登记这一时期出生的男女的出生年、月、日、时，然后按辈分和出生前后进行排行。排行的目的在于序尊卑长幼，死后载入族谱。男的排行称郎，女的称娘。蓝姓以“大、小、百、千、万、念”六个字排辈分，但向有雷姓无“念”、钟姓无“千”的说法，即只按五个字周而复始，循环不止。在排行时，如同辈的男子有二百人，则从一郎排至二百郎。如蓝念二百郎，蓝为姓，念为辈分，二百为同辈男子的排行次序，郎即男性。排行需保守秘密，因此，畲人生前并不知道自己的行次，只有死后其家属才能知道。

客家人的族谱，在叙及远祖讳名时，与畲族如出一辙。笔者所宗的吴姓先人千一郎公至千九郎公。千一郎公生三子：念一，念二，念三。千五郎公生三子，长子为百二郎。千八郎公生四子，长子为万一郎，四子为万三郎。① 客家人男子排行也称“郎”。排辈则有“百”“千”“万”“念”之分，但不像畲族整齐划一，“千”后既可排“万”，也可排“念”，甚有排“百”者，而且，未见有“大”“小”排辈者。可见，在讳名排行方面客家人与畲族人有惊人相似之处。不同之处在于：客家讳名制主要行于明代以前；而畲族则保留至今，且更为规范。

（2）丧礼——“吊丧用鼓乐”。据客俗，在祭奠、做斋、送葬时，多用乐。奏乐的喧闹场面，与哀痛悼念的情绪，形成强烈反差。故苏东坡对惠州民俗有“钟鼓不分哀乐事”之讥。受儒家思想熏陶较深的客家士大夫，也自觉脸上无光，抨击此为“不经”“失礼”之举，简直有违体统。如乾隆《归善县志》卷二十五：“在宋多用鼓乐，或作佛事，故苏子有‘钟鼓不分哀乐事’之句，婚丧皆用乐也。归善之俗，沿革不变。”（按：归善，今惠州，为客家聚居区）

总之，广东、福建等客家民间，从宋代以来，一直沿袭在整个办丧事过程中奏鼓乐之俗。此俗显系受南方民族风俗影响所致。如，瑶、苗、畲诸族有“暖丧”“闹尸”、歌舞纳尸之俗。据清代顾炎武《天下郡国利病书·广东下》记明代瑶俗，“丧葬，则作乐歌唱，谓之暖丧”。清人贝青乔《苗俗记》：“初殡，集亲戚男妇笑歌跳舞，是为闹尸。”

畲俗也相类，据万历《永春县志》卷三《风俗》：“畲民，人死刳木纳尸，少年群集而歌，擘木相击为节，主者一人盘旋四舞，乃焚木拾骨而葬之。”

其实，把丧仪当作喜事加以作乐示庆，并非如顾炎武所斥为“其情乖

① 见《吴姓族谱》，广东梅县岗子上村，1998 年。

戾”所致，而是人死后进入另一个极乐世界的原始观念形成的。客俗把婚丧并称为“红白好事”，表明客家人也有把丧事当好事的传统。在这种思想支配下，接受“暖丧”“闹尸”之影响，就不足为奇了。

（3）葬式——火葬。客家人遵守“入土为安”的祖训，实行中原汉族传统土葬之法。但早期，不免入乡随俗，也曾局部实行火葬法。如，民国《上杭县志》卷二十《礼俗志》：“明代以上，间有火葬者。”民国《增城县志》卷十七《礼俗》：“曩时风俗，每用火化。”又，嘉庆《龙川县志·风俗》也载：“将父母之骨而焚之。”可见，旧时闽、粤客家地区，均有实行火葬的例外，与传统伦理相悖，当是客家人南来后，受当地畲、瑶民族影响所致。

瑶族长期流行火葬俗。嘉庆《广西通志》卷二七八记广西容县瑶“人死则焚其骸，收烬置瓮中瘗之，谓之火葬”。

明代，福建永春畲族盛行焚木浮葬之习。清代，江西贵溪畲遭亲丧，舁棺至山麓火化之。

综上所述，与客家人共处的畲、瑶族人长期行火葬俗，且此俗有省事、节俭诸利。客家人曾接受此影响，是不足为奇之事。

四、民间信仰

（1）盘古崇拜。客家地区有盘古崇拜的流传，这是一种颇为奇特的现象。如光绪《嘉应州志》卷十七《祠祀》：“盘古圣王宫，在（梅县西阳）樟坑口。”江西又有“盘古庙”[1]“盘古山”[2]。可见，粤、赣客家地区有设宫、庙祀盘古和名山的崇拜盘古之俗。

汉族的“盘古”传说，是从“南蛮”的图腾崇拜——盘瓠演化而来。对此，学术界已取得共识，不赘述。最早记载盘瓠传说者，可追溯至东汉时人应劭，至南朝宋人范晔载入《后汉书·南蛮列传》后，广为传播。“南蛮”的后裔——畲瑶诸族就是奉行盘瓠崇拜的。在汉区，则把盘瓠讹化为“盘古”，并把其改造为首出御世之人。

客家地区本为畲瑶聚居区，因此当地广为流传盘瓠崇拜，随着畲瑶与客家人的日益融合，“盘古庙”也就应运而生。可以说，客家地区盘古庙的存在，是我国南方诸族文化互动的一种表征。

（2）占卜方法——竹卜。客家地区流行“珓卜”。其法是将竹、木分

① 光绪《崇义县志》卷三《寺观》。

② 王象之：《舆地纪胜》卷三十二《赣州》，“风俗形势”条。

为阴阳两块，外名阳，内名阴。卜者将其合拢置于胸前，在神位前诉说求卜的事实与愿望，请神明示。其后，将其抛掷于地。两片为阴，名“怒珓”；两片为阳，名“笑珓”；一阴一阳为“圣（胜）珓”，即吉珓。通常三次投掷而定吉凶行止。对此，志书多有记及。如，清代黄钊《石窟一征》卷四《礼俗》：“俗神坛社庙，皆有珓。按：珓图，阳珓俱仰，阴珓俱俯，胜珓一仰一俯，此羲画所传两仪四象占三之则成卦，而六十四具于其中。胜珓，今讹为圣珓。”

笔者儿时在梅州乡间，见乡人占卜广泛采用此法。

竹卜，源于楚人“筳篿”（见《楚辞·离骚》），即竹卜之法。楚亡后，竹卜之法在两湖荆楚之地广为流布，南朝宋人宗懔《荆楚岁时记》：“社日，掷教于社神，以占来岁丰俭，或折竹以卜。”（按：教为筊的通假；掷教即以竹块两枚掷地，视其向背以定吉凶）

源于故楚地的苗瑶语族，也承袭此法。据清代严如煜《苗防备览·风俗上》：“苗中其水旱疾疫，亦知卜筮，曰抛木卦，剖木为二，掷之于地，视其仰伏向背。”

可见，苗人之卜与客俗相同，其微异处只是“教”是木制而已。上古时，中原地区流行的为“龟卜”法。可见，客俗“珓卜”系受南方苗瑶诸族甚至上溯楚风影响的结果。

五、结论

综上所述，可归结如下结论：

中国民族关系史中，人们所熟知、所论述的大多是作为主体民族的汉族对境内少数民族的重大影响作用，此即通常史称的“渐染华夏之风”，或俗称的“汉化”。人们往往忽略了少数民族对汉族所起的作用。本文则侧重阐明畲瑶诸族文化对汉文化的一个支系——客家文化曾起过广泛的、深远的、重要的影响。换言之，客家文化中包含有来自畲瑶文化的内容，从中可证：南方诸族文化曾对汉文化乃至中华民族文化的形成与发展，做出不可磨灭的贡献。

在中华民族发展史上，境内诸族文化总是互相影响、互相渗透的，即存在一种互动互融的关系。本文通过客家文化的影响说明，客家南来后，与周边和杂居的南方民族间存在着千丝万缕的联系；客家文化与畲瑶文化存在一种你中有我、我中有你的密不可分的一体关系。

“有容乃大。”客家先民来自中原移民。一般认为客家人和客家文化至宋代始正式形成。生活在众多民族与民系环境中的客家人，接受他族、他

文化的影响是顺理成章之事。客家民系之所以能发展壮大并从山区走向世界，客家文化之所以异彩纷呈，正由于对他族、他系的文化取开放而非排斥的科学态度。历史事实证明：世界上任何富有生命力的民族，任何能自立于世界民族之林的民族，都能对其他民族的文化持兼收并蓄的态度。

本文主张客家文化是以汉文化为主体的吸收南方民族文化的多元一体文化。这是我国多民族国家的历史与文化发展的缩影。这是著名前辈学者费孝通先生提出的“中华民族多元一体格局”著名论断的有力例证。

客家文化多样性研究

——以《客家文化事典》编撰为例

刘凤锦[①]

一、引言

21世纪的客家研究，可以说在海峡两岸都已经成为显学。大陆各客家地区纷纷建立了客家博物馆、客家文化园区，像世界客都梅州，不仅建有客家博物馆，也举办了两届世界客商大会，借以弘扬客家文化，招商引资，促进客家地区的经济投资与吸引商机。梅州是重要的“台胞之乡”，台湾500万客家人中，有180万人祖籍梅州。2010年，到梅州进行交流的台湾团体有19个，共计498人次。2011年在梅州举行“第五届海峡两岸客家高峰论坛”，吸引台湾33个主要客家社团和农会等组织1 000多人前来参加。2011年6月，梅州被国台办选为海峡两岸交流基地，并纳入海峡两岸经济区范围，成为两岸客家交流发展的崭新平台。2012年11月22日至28日，在梅州还举办了首届客家文化艺术节，为广东梅州与台湾的交流合作打造新平台。首届客家文化艺术节期间，台湾的国民党荣誉主席吴伯雄还携家人首次到梅州访问，并陪夫人戴美玉到蕉岭县三圳镇芳心村寻根。两岸进一步建立常态化的直航机制，为海峡两岸的交流合作带来新局面。

可以说，今日海峡两岸之客家学术研究，日益受到民间与政府的重视。以大陆而言，中国各地多所大学早已设立客家学院或客家研究中心。以台湾而言，台湾多所公立大学也先后成立了“客家学院”，许多私立大学亦成立“客家研究中心”，专门从事客家学术研究，足证客家学正在蓬勃发展之中。不过，笔者认为要全面探讨客家文化，除了可以胪列两岸客家研究之所有成果之外，最好还能透过两岸项目合作，集合专家学者及文史工作者，共同编撰客家文化百科全书，或是编撰客家文化事典，促使国

---

① 作者简介：刘凤锦，男，台湾苗栗联合大学客家研究学院院长、教授。

人能够全面地理解与诠释客家文化的多样性。

二、客家文化的渊源及其多样性

不论在大陆还是在台湾，客家人一直都是汉族里一支具有显著特性的重要族群。约自唐宋变迁之后千年来，黄河与长江流域汉人由中原一带辗转移民至闽、赣、粤三省交会的山区地带，一定比例上与当地的土著民族（畲族、瑶族）通婚杂居，并经过长时间的文化相互涵化，在以汉人文化为主体基础上，产生了其区域特殊性，在语言、文化、风俗、信仰、服饰、饮食、建筑等各层面，不但继承了古代中原汉族文化，也混合了一些南方土著文化，形成具有浓厚区域特色的客家文化。明清之际，因为广东、闽西等地地窄人稠，当地客家人逐步向中国华南各省、台湾及南洋等世界各地展开了新一波的移民，客家人也因而成为汉族在世界上分布范围广阔、影响深远的民系之一。

虽然客家人有悠久的移民史与艰辛的奋斗史，但是对客家族群进行系统性的相关研究仍是相当晚近的事情。客家的研究与论述，概始于19世纪中叶徐旭曾的《丰湖杂记》。20世纪起，在大陆方面，始有一些民间组织与研究者对客家进行实证研究。然而这个时期的论述大都依附历史学或人类学的研究传统。前者比如罗香林教授等，开始以官方文献、地方志书、民间族谱、地契、合约书等史料为研究基础，探讨客家源流，重建客家发展过程；后者则以较小的客家小区为单位，观察小区内的宗族组织、民间信仰、建筑等，探讨客家人的社会文化特征。但到20世纪中叶，海峡两岸客家研究，尚曾一度中衰。约到20世纪后半叶，至少在台湾方面，约由陈运栋先生开始，客家相关研究逐渐复苏，并逐渐进入科际整合的阶段，各个领域（如政治学、地理学、社会学、传播学）也开始对客家议题展开综合性研究。

客家文化是从“原乡”到“他乡”的迁徙过程中，与当地、本土文化互动融合的产物。罗香林曾从客家人的族谱考察客家人的源流、分布、所处的自然环境——语言、文教、特性，证明客家人乃中原汉族之一支，经历史上五次大动乱而逐渐迁徙到中国南部各地。[①] 罗香林的客家原乡论史，从20世纪30年代经过多年来不断的再现、增添，并进一步发扬光大，已成为守护客家人心灵、凝聚客族认同及认识客家文化的重要理论。

客家文化在不同的时代、不同的地区各有差异，呈现出丰富而又多样

---

① 罗香林：《客家研究导论》，台北：南天书局，1992年，第37－64页。

的特色。全球各地的客家文化，在全球化与现代化之下，也快速地变化着。所谓“客家文化”究竟包含哪些内容？从文化的角度当然可以从客家特色建筑、客家民俗技艺、客家传统信仰、客家庆典、客家礼俗仪式、客家歌谣、客家习俗典故、客家谚语等方面来引出“客文化资产表”供世人认识客家文化。现今全世界各地出版的世界大百科全书或辞典，都有关于“客家人”“客家”或“客家话”的专条，介绍客家人的文化与精神。①

例如，1910 年纽约出版的《大不列颠百科全书》“客家”词条：“客家人有独特的方言。客家妇女比纯中国人漂亮，她们不缠足，可以在公共场所自由地行动。客家是一个很勤劳的群体……他们非常聪明，许多著名学者都是客家人，太平天国的领导人洪秀全也是客家人。”

1959 年出版的《大英百科全书》有关“客家”的词条，介绍得更详尽：“客家人，他们是中国南部的民族，仅见于福建、台湾、广西及海南岛等地，其中又以以广东省揭阳县为根据地的嘉应州为势力中心，有关客家人的传统和历史，据考证是在公元前 3 世纪时，原居于山东及长江以北的各省人民，……分几次南迁到长江以南地区。……他们的语言是一种中国古代的国语。”

1983 年法文版《拉斯通用大百科全书》：“客家人是中国东南部适应了新环境的人群的通称，他们主要居住在福建、广东、广西、海南和台湾等省。”

1975 年《大汉和辞典》：“客家是汉族的一支，分布在福建南部、江西南部，以及新加坡、东南亚一带……原为山西、河南等地的中国北方居民……客家话是古代中国北方语言……”

1985 年日本《中国语大辞典》：“广东省潮、梅等地有客家族，原从他处迁来，故有此称。”

从上述百科全书和辞典的介绍可见，外国人眼中的“客家人”，是汉族的一系，他们从北方迁移到中国南方各省，甚至到台湾，有独特的语言和文化，海外有不少的客家人。客家人厌倦战争，渴望和平与安定的生活，不愿服从北方异族的统治，对中华正统文化有一种几乎是本能的认同。定居环境的相对封闭和艰苦恶劣，使这个从汉族分化出来的民系，养成了勤劳勇敢、开拓进取的特性，与汉族中其他民系相比，有许多的不同。

---

① 肖平：《客家人：一个东方族群的隐秘历史》，成都：成都地图出版社，2002 年，第 20－27 页。

客家人从中原原乡移民到台湾，经过三四百年的生存搏斗，在与不同民系的争竞或融合中，已发展出不全然等同于大陆原乡的台湾客家文化形貌。台湾社会是多元族群构成的移垦社会，各种不同的族群无论早来后到，均已为台湾形塑了多彩多姿的文化风貌和旺盛的文化活力。但是，若从客家族群在台湾生活的现状加以观察，作为相对少数的客家族群，虽然在台湾现代化的过程中，参与了台湾文化的发展与变迁，但客家文化仍处于主流文化的边陲，长久以来，客家语言、文化在其他强势文化的同化、挤压之下，已丧失其传承的功能，逐渐出现萎缩、隐形现象，而引发客家文化式微与客家族群的认同危机。

台湾的客家人承继了千百年的汉文化传统，在全台各地形塑了新的客家文化。以“客家三合院建筑”为例，虽然全台各地的客家三合院建筑，分别受到在地化之影响，其屋顶、屋脊、斗拱、屋架、墙面、山墙、墙基、地板、厅下、堂号、郡号、栋对、化胎、内外廊式、竹帘等，南北各地都存有差异，却仍存有“原乡的空间记忆”①。这些三合院建筑，展现出客家人的渊源关系、伦理关系和天人关系，受到儒家思想的影响。②

也就是说，台湾各地的客家文化，虽然都是源自大陆原乡，但因与周遭文化环境互动，早已呈现出不同的风貌了。尽管如此，笔者还是可以从语言、传统聚落建筑、传统手工艺、传统信仰、山歌、歌谣、民间习俗、服饰、饮食等方面，用表列出现今台湾的客家文化内容。③

不过表列之客家文化内容，只是台湾客家文化的梗概。“文化”一词，有上百种定义，是一个历史性的生活团体表现其创造力的历程和结果。客家文化是客家人与客家族群在不同的历史时空中表现的其创造力的潜能与实现、传承与创新之历程与结果。如果只有延续而无创新，客家文化必致衰微，如果只有创新而无延续，此一文化亦不能表现出在时间中的同一延续性。当然，客家文化内涵丰富，应经由《客家文化事典》之编撰，才能让人认识客家文化的全貌。

三、两岸《客家文化事典》的编撰

过去两岸学术界已经将客家研究加入研究范畴，民间的客家研究亦有

---

① 陈板、李允斐：《日久他乡是故乡——台湾客家建筑初探》，载徐正光主编：《徘徊于族群和现实之间：客家社会与文化》，台北：正中书局，1991 年，第 30 - 47 页。

② 沈清松：《传统的再生》，台北：业强出版社，1992 年，第 19 页。

③ 江明修编：《客家政策白皮书——先期规划报告》，台湾“行政院”客家委员会，2002 年，第 38 - 40 页。

许多人在努力耕耘，出版了不少研究成果与著作。两岸各地的文史工作者不仅成为客家研究的推动者，还陆续结合客家学院院内的体系，进行合作研究课题之开发。① 目前为止，两岸的客家学术研究已积累一定的成果，两岸客家研究的范畴，包括移垦、产业、政治、社会、语言、民俗、学艺、人物、文教、建筑、古迹、民俗文物、戏剧、音乐、民俗技艺、美术、工艺、摄影、传播媒体、文学评论、故事与传说、艺文活动、文化创意产业、小区营造等，成果非常丰硕，都可继续深化其研究，甚至可以筹组研究团队，共同合作编撰两岸之《客家文化事典》。

其实，百科全书是现代文明社会的表征，是国民知识水平的标杆。早在18世纪中叶，英、法二国就已经有了综合性诸学科的汇编，系统地对各个学科之内的重要词条进行适当定义，促进学科概念的广泛流传与知识普及。笔者认为，欲推广客家文化、建构客家相关的知识体系，一本包含多元议题的客家百科全书乃必需。

梅州市早在2010年就有由何祖敏策划，由谭元亨、詹天庠主编之《客家文化大典》出版，该书内容非常丰富，包括渊源篇、人文篇、学术篇、人物篇、主要聚居地域篇等，全书共有上千万字。② 书后附录还胪列出两岸之客家研究学术机构。

台湾方面，苗栗县国际文化观光局现正委托联合大学客家研究学院，进行编撰《客家文化事典》的工作。笔者主持之《客家文化事典》编撰计划，广邀台湾对客家历史、地理、语言、宗教、教育、文学、建筑、工艺、美术、音乐、电影、戏剧、广播、媒体等各领域有研究的专家学者，系统地呈现该学科与客家相关的重要词条，并做出纲要性的定义界定及周延性的诠释。本计划的主要目标在于编纂一本通俗易懂、深入浅出、广泛多元的综合性客家百科全书，以便使客家族群，乃至台湾其他非客族群，能概括、全面地了解词条的内容与意义，并借此推广客家文化在各个学科领域上的重要概念、事件与史实。《客家文化事典》一方面可当成工具书阅读，另一方面可作为客家文化的入门读物，兼具活泼性及可读性。因此，《客家文化事典》的编纂将朝以下几个目标与特色迈进：①《客家文化事典》是以客家为主体的综合性百科全书；②《客家文化事典》是具有学术基础的通俗化工具书；③《客家文化事典》是引导认识及研究客家文化的入门书；④《客家文化事典》是具有知识性、数据性、活泼性、可读

① 张维安：《把民间学者拉近来：台湾民间科学家研究者的研究取径》，载《2005年台湾客家学术研讨会》，中坜："中央大学"客家学院，2005年，第26－27页。

② 谭元亨、詹天庠主编：《客家文化大典》，广州：广东教育出版社，2010年。

性的客家百科全书。

《客家文化事典》是一本综合性的客家百科全书，是汇集台湾各领域的客家研究学者的集众之作，其编纂工作可说是一项浩大的学术工程。因此，本计划的执行必须有详尽的工作项目、执行规划及严谨的步骤，方能实现规划与预定的目标与使命。知识（knowledge）是将许多有用的数据经过处理、分析、审核、分类后所产生的，而智慧（intelligence）则是知识经过行动、验证后产生的文化典藏，产生有价值的结果或效益。本计划导入知识管理之路径（见图1），使客家之知识与智能产生有价值的结果或效益，并经由社群平台之建构，达到知识分享与创新之效果。工作项目及执行步骤主要分成两个阶段，每个阶段中又包含几个工作项目，以下分别论述。

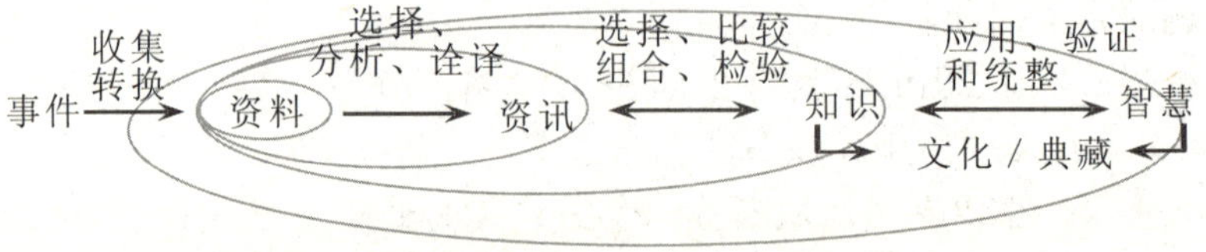

图1　《客家文化事典》知识管理之路径

本计划由笔者筹组《客家文化事典》编纂工作小组，召开小组成员会议，讨论《客家文化事典》之编纂规划、工作事项、作业分工、执行进度、进度考核。此外，经由工作小组初步决定《客家文化事典》编纂的分科内容。计划主持人聘请在该学科领域有长期研究或杰出成就的专家学者，担任各学科召集人，并由各学科召集人拟定撰写词条，物色词条撰写人。学科召集人就词条的分类、属性、数量等事项进行讨论，尽量避免学科的词条有过多或过少的现象，或学科间词条重复的情形。计划主持人负责召开小组会议，编写《客家文化事典》编纂凡例，供撰稿人撰写时依循，以便统一撰写体例。撰写范例参考《台湾文化事典》或《台湾历史辞典》。

本计划所需人力如下：计划主持人，综理全程计划执行事务。敦请两位共同计划主持人，都是具有丰厚学术经历，并为客家学术界所敦重的大专院校院长级教授，共同主持本编纂计划。三位协同计划主持人，为大专院校所长级教授，其专长于客家文化与客家经济发展。另聘一位专攻客家文史的博士级专任研究员，为本计划团队之博士级专任行政助理（执行长），负责执行计划团队的运作与编纂之校对查核。延聘六位客家学术界德高望重的学者专家为团队顾问，他们都是专业于客家文化数十年之权威人士，可为本计划作完美的咨询与顾问。此外延请二十余位专家学者，为预计编纂《客家文化事典》的22分科之召集人，并由召集人建请计划主持人聘请撰写人。计划总架构如图2所示，其中行政助理与团队顾问未列入图中。

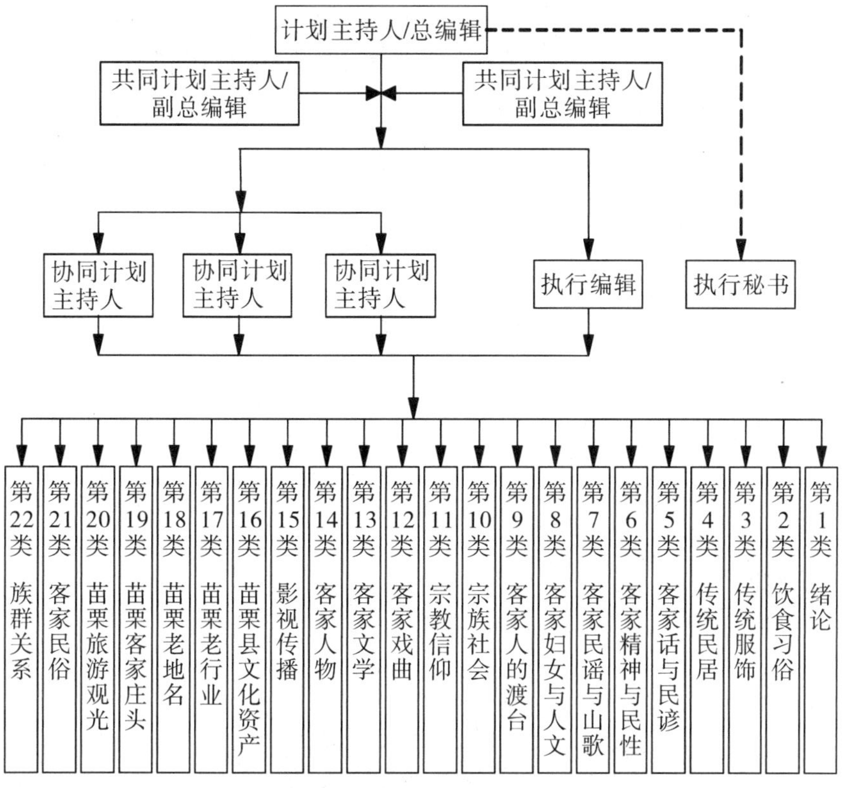

图2 《客家文化事典》计划总架构

有了总架构图，还要有纲目与词条之建构，下表为《客家文化事典》各类项目、纲目及词条数：

《客家文化事典》结构表

项目	纲目	词条数
1. 绪论	1. 种族、民族、民系与族群 2. 族群理论 3. 汉族迁徙 4. 汉族南方民系的形成 5. 客家源流——北源说与南源说 6. 有关客家源流与形成的重要著作 7. 客家民系的形成 8. 客家人口的分布	70
2. 饮食习俗	1. 客家特色饮食 2. 客家风味饮食 3. 客家典型饮食 4. 客家点心米粄 5. 客家创意美食	90
3. 传统服饰	1. 大衿衫类 2. 开衿衫类 3. 大裆裤类 4. 袄类 5. 裙装类 6. 装饰类 7. 发簪类 8. 绣花鞋类	90
4. 传统民居	1. 传统民居整体与营建类 2. 伙房周边组成元素类 3. 伙房建筑之组成元素类 4. 对联类 5. 内庭空间类 6. 信仰设施类	90
5. 客家话与民谚	1. 客家话的形成——时间、地点 2. 师父话 3. 民间谚语 4. 节气及农谚	90

（续上表）

项目	纲目	词条数
6. 客家精神与民性	1. 客家精神 2. 客家民性	90
7. 客家民谣与山歌	1. 山歌的源流与形成 2. 客家山歌的历史与现状 3. 客家山歌的演唱方式 4. 客家山歌的主要内容 5. 客家流行歌曲	90
8. 客家妇女与人文	1. 教养 2. 服饰文化 3. 婚姻文化 4. 社会地位分析 5. 美德——勤俭持家、贤良贞淑、机智灵巧 6. 与歌谣的关系	90
9. 客家人的渡台	1. 大陆原乡地 2. 地域 3. 姓氏 4. 郡望堂号 5. 垦号 6. 宗教信仰 7. 宗祠	100
10. 宗族社会	1. 宗族总论 2. 客家宗族特论 3. 苗栗客家宗族	90
11. 宗教信仰	1. 制度化宗教 2. 其他宗教 3. 民间信仰与仪式 4. 小区仪式 5. 苗栗义民爷信仰 6. 苗栗县重要庙宇 7. 其他客家地区重要信仰或庙宇	90
12. 客家戏曲	1. 剧种 2. 戏班 3. 演员 4. 表演艺术	90

（续上表）

项目	纲目	词条数
13. 客家文学	1. 客家文学的定义 2. 客家作家文学 3. 客家民间文学	90
14. 客家人物	1. 拓殖 2. 政治 3. 文学 4. 抗日志士 5. 医药 6. 音乐、戏曲、影视、艺术 7. 体育 8. 媒体 9. 实业 10. 其他 11. 白色恐怖	100
15. 影视传播	1. 报纸、杂志 2. 广播电台 3. 电视台 4. 传播公司 5. 广播、电视节目 6. 电影 7. 媒体人物	90
16. 苗栗县文化资产	1. 古迹、历史建筑、聚落 2. 遗址 3. 文化景观 4. 传统艺术 5. 民俗及有关文物 6. 古物 7. 自然地景	90
17. 苗栗老行业	1. 食 2. 衣 3. 住 4. 行 5. 育 6. 乐	90

（续上表）

项目	纲目	词条数
18. 苗栗老地名	1. 南庄乡 2. 三弯乡 3. 头份镇 4. 竹南镇 5. 造桥乡 6. 泰安乡 7. 狮潭乡 8. 大湖乡 9. 公馆乡 10. 头屋乡 11. 苗栗市 12. 后龙镇 13. 西湖乡 14. 卓兰镇 15. 三义乡 16. 铜锣乡 17. 通霄镇 18. 苑里镇	90
19. 苗栗客家庄头	1. 南庄乡 2. 三弯乡 3. 头份镇 4. 竹南镇 5. 造桥乡 6. 泰安乡 7. 狮潭乡 8. 大湖乡 9. 公馆乡 10. 头屋乡 11. 苗栗市 12. 后龙镇 13. 西湖乡 14. 卓兰镇 15. 三义乡 16. 铜锣乡 17. 通霄镇 18. 苑里镇	100

（续上表）

项目	纲目	词条数
20. 苗栗旅游观光	1. 南庄乡 2. 三弯乡 3. 头份镇 4. 竹南镇 5. 造桥乡 6. 泰安乡 7. 狮潭乡 8. 大湖乡 9. 公馆乡 10. 头屋乡 11. 苗栗市 12. 后龙镇 13. 西湖乡 14. 卓兰镇 15. 三义乡 16. 铜锣乡 17. 通霄镇 18. 苑里镇	90
21. 客家民俗	1. 客家民俗 2. 生命礼俗 3. 娱乐风情概述 4. 苗栗㷰龙 5. 头份四月八 6. 三义云火龙 7. 收冬戏 8. 宗教与祭祀风情	100
22. 族群关系	1. 开垦阶段 2. 区域发展 3. 族群互动	90

以上各类词条数为 70～100 条，总词条数 2 000 条，词条数可视实际情况进行增删与调整。近年来，台湾有关单位，以及各县市客委会或客家事务局更加重视客家文化的研究与教学，在中小学开设了“乡土文化”“客家语”等课程。各大专院校对客家语言、客家文学等议题的相关课程的开设也日益增多，但是可供一般大众查阅的客家工具书，却付之阙如。《客家文化事典》的编纂，将有助于解决此种困境，可供一般教师、学生、社会大众阅读与参考，同时也是推广及保存客家文化的一大助力。故《客

家文化事典》的编纂，必会对台湾、两岸，乃至世界各地的客家界产生重大的影响。而大陆方面，正如前述，各个客家地区也正在编撰当地之《客家文化大典》，客家研究呈现欣欣向荣的面貌，客家文化正迈向集体复兴的道路。

四、结论

从两岸客家学或《客家文化事典》的建构与编撰来看，台湾与大陆是血浓于水的关系，两岸客家文化同源同种，又有不同的多元风貌。我们期待未来两岸能共组研究与编撰团队，广邀两岸客家历史、地理、语言、宗教、教育、文学、建筑、工艺、美术、音乐、戏剧、电影、广播、媒体等各领域的专家学者，以及各地之文史专家，共同擘画两岸《客家文化事典》的编撰大计，系统整理与客家文化相关的重要词条，并做出纲要性的界定及周延性的诠释，戮力于编纂一本通俗易懂、深入浅出、广泛多元的综合性客家百科全书或客家文化事典，以便使两岸之客家人乃至其他非客民系能概括、全面地了解词条的内容与意义，并借此推广客家文化在各个学科领域上的重要概念、事件与史实。让两岸之《客家文化事典》成为认识客家文化的工具书，也成为十三亿中国人认识客家文化的入门读物；让两岸之《客家文化事典》成为一本综合性的客家百科全书，一部完整的中华民族客家文化事典。

参考文献

1. 罗香林：《客家研究导论》，台北：南天书局，1992 年。

2. 肖平：《客家人：一个东方族群的隐秘历史》，成都：成都地图出版社，2002 年。

3. 徐正光主编：《徘徊于族群和现实之间：客家社会与文化》，台北：正中书局，1991 年。

4. 沈清松：《传统的再生》，台北：业强出版社，1992 年。

5. 江明修编：《客家政策白皮书——先期规划报告》，台湾“行政院”客家委员会，2002 年。

6. 张维安：《把民间学者拉近来：台湾民间科学家研究者的研究取径》，载《2005 年全国客家学术研讨会》，中坜：“中央大学”客家学院，2005 年。

7. 谭元亨、詹天庠主编：《客家文化大典》，广州：广东教育出版社，2010 年。

台湾日据时期北部客家人南迁之文化变迁研究

吴炀和[①]

一、引言

笔者自2003年因缘际会接触到屏东县南州乡的北部客家移民，从此开启了观察客家族群迁徙与文化变迁课题的视野。多年来笔者持续参与南州乡客家小区的大小事，尤以万华村大埔小区为最，包括参与婚丧喜庆、年俗节庆、伯公祭典，全程参与两科代天府迎王，随居民北返扫墓，参与各地义民祭典、小区活动等，与居民建立了深厚情谊，并透过大埔小区客家族群的人际网络进而观察到周边客家居民的互动关系，如七块村罗家庄、新埤乡沙仑新竹寮、米仑村张家聚落等南迁北客相对集中处。这些客家族群透过亲属乡谊关系，彼此之间已建立千丝万缕的复杂人际网络，互动频繁。

在行政区域上，屏东县南州乡共10村，120邻，人口数11 898人。[②]其中万华村大埔小区为客家聚落，小区占该村2邻，约60户人家，常住人口约280人；七块村罗家庄亦为客家小区，为单姓庄，仅有1邻20多户客家人，其余各村均为闽南村。两个小区均被闽南聚落包围，因此，在教育、经济、交通等方面，两个小区均与周边闽南小区互动频繁。经过多年观察，目前笔者对于南州乡及其周边的这群20世纪初陆续南迁的北部客家人后代及其周边聚落的北客间的闽客、客家人际网络，以及多年来观察到的生活习俗转变甚至居民的心理思维，已有较为全面的掌握；加以近年来移民第二代已陆续凋零，对于移民之初的记忆恐有逐渐散失危机，因此，笔者针对本地的南迁客家人进行记录研究，以探讨了解台湾本地客家人迁徙流动的相关信息以及跨族群接触后的文化变迁议题。

---

① 作者简介：吴炀和，男，台湾美和科技大学通识教育中心副教授。

② 资料来源：屏东县政府民政处网页，2002年10月统计资料，http://www.pthg.gov.tw/plancab/CP.aspx?s=1285&cp=20&n=11086。

二、迁徙动因与路径

人口迁徙是持续的过程，基于经济、战乱、天灾、职业等各种因素，人们可能远离家乡，抵达另一个想象的乐土。在迁移过程中，原有文化无可避免地接触异地文化，不同文化相互激荡又逐渐形成另一种新的文化模式。屏东县南州乡就是观察北客南迁适应过程的绝佳例证。20 世纪初，台湾北部新竹、苗栗地区的客家人，因长期生活相对稳定，无大规模战乱，人口快速增加，因此，农业生产严重不足，强大的经济压力迫使部分客家人从日据时期至台湾光复初期陆续在台湾岛内各地迁徙。其时台湾南部因河川整治、纵贯线铁路完工，交通便利，拥有大批河川新生地，为农业移民提供了有利条件。[①] 北部客家移民于此时逐步南迁。

屏东县南州乡大埔小区以戴姓家族为多数，其余张、吕、林、庄、庐、杜等姓亦多有姻亲或乡谊关系，以下以戴姓家族为讨论核心。戴姓家族分两支，分别自台湾北部湖口、横山迁入。其一戴金、戴栋兄弟迁自今新竹县湖口乡羊喜窝戴拾和家族第九房，来台祖戴南珠于乾隆五十三年（1788）来台，先寄身戴氏宗亲，后至湖口定居。湖口乡约于乾隆五十九年（1794）招垦，戴南珠属早期入垦湖口者。[②] 戴南珠开垦得法，在湖口地区拥有田林数百甲，宜兰、板桥地方亦有田园百余甲，后宜兰土地为避泉漳械斗而遭放弃，板桥土地因收租困难而放弃。[③] 戴南珠生十子，第二代戴氏 10 兄弟，已成地方大富。同治元年（1862）兄弟组织义军，协助

① 1912 年日本人开始整治林边溪及其支流力力溪，兴建堤防护岸；1918 年开始整治下淡水溪及支流隘寮溪、武洛溪，兴建堤防护岸；水利整治工程新增大批河川新生地。日本人整治下淡水溪及林边溪的数据，可以参阅刘宁颜总纂：《重修台湾省通志》卷四《经济志·水利篇》，南投：台湾省文献委员会，1992 年，第 435 - 453 页。

② 湖口当时仍属番地，因此今尚流传开垦时“屙屎吓番”的故事，相同的故事亦发生在开垦苗栗狮潭的黄南球身上。因汉人不断侵入原住民住地，自然引发双方的冲突，故事的真实性已不可考，但也凸显初垦时的辛苦和危险。类似的故事来自客家人开垦山地，导致和原住民冲突的共同族群记忆。参阅戴国焜编：《谯国堂戴拾和祖堂管理委员会年刊》（第 26 期），新竹：戴拾和祖堂管理委员会，2005 年，第 19 - 22 页。

③ 有关戴姓家族入垦宜兰，尚无文字记录，但台湾文献丛刊《东槎纪略》卷三《葛玛兰原始》提及嘉庆初年，彰、泉、粤人共同入垦宜兰，嘉庆四年至五年（1799—1800）粤、泉人因为分地的问题发生械斗，后经彰人协调平息，此后三籍人士因利害问题时起纷争，发生械斗事件，戴南珠或许就因不堪械斗而放弃宜兰的垦地。根据台湾文献丛刊《淡水厅志》卷十五《祥异考兵燹门》，第 363 - 364 页，从道光十四年（1834）开始，台北地区持续发生闽粤械斗。

清廷平定戴潮春之乱，[1] 三子“华魁公为人才干被人钦慕亦经政府任命为湖口区第一任总理，星魁、式魁、昌魁、宝魁四公呼应官兵参加义民军灭匪之役，均告平靖，均获奖军功五品”[2]，为家族声势最高点。第三代“发”字辈[3]，因多人染上鸦片恶习，出卖祖产，家道中落。此后，人口与土地的矛盾出现，生存压力日渐增加，15 世祖戴南珠于乾隆五十三年（1788）渡台单身创业[4]，16 世男丁 10 人，17 世男丁 38 人，18 世男丁 82 人，19 世男丁 189 人，不包括妇女、幼童。数代间，人口快速增加，在农业社会，人口急遽增加，需要耕地相应成长，土地人口负载量是与一定生产力发展水平相联系的。人口剧增导致粮食短缺，民生不定，移民势在必行，因此，戴南珠派下 17、18 世时，宗族人口大量外移至台湾各地，迁徙动机多为耕地不足、生活困难，正是当时多数人的写照，南州乡大埔小区，只是戴姓家族移垦的众多地点之一。[5]

另一支为新竹县横山乡戴华元派下之戴洪源、戴洪广兄弟。戴华元为镇平戴玉麟派下第 13 世，《戴姓二礼堂来台祖华元公派下之族谱》记载：“13 世祖华元公时年 20 余岁，只身漂洋过海东渡台湾开基建业，是为来台开基始祖，华元公淡水登陆，肇基台北新庄，稼穑为业。”[6] 戴华元约在乾隆三十七年（1772）渡台，乾隆五十一年（1786）林爽文事变时，戴华元

① 戴潮春事件发生在同治元年四月台湾中部彰化、云林、台中、嘉义一带，同治三年（1864）一月戴潮春被擒正法，同治四年（1865）一月余部平定，乱事结束。

② 参阅戴国焜编：《谯国堂戴拾和祖堂管理委员会年刊》（第 26 期），新竹：戴拾和祖堂管理委员会，2005 年，第 19－22 页。

③ 戴拾和家族辈分排序为：南、魁、发、贤、文、国、家、呈、栋、梁。

④ 乾隆五十三年，戴南珠先到台南再到湖口村，他原籍广东嘉应州镇平县三圳墟黄泥窟。育 10 男 1 女，共十大房，称戴拾和。次子戴朝清时任大湖口总理（竹北二保大湖口庄总理），10 兄弟参与平定戴潮春乱事，事平后，获颁军功五品衔 4 人、蓝顶花翎 1 人、监生 1 人、从九品 4 人。

⑤ 戴南珠后代分布在基隆、台北、三重、永和、五股、土城、树林、新庄、桃园、中坜、杨梅、湖口、新丰、新埔、竹北、苗栗、公馆、大湖、卓兰、后里、水里、中寮、国姓、台南、高雄、屏东、新埤、南州、太麻里、台东、凤林、玉里、花莲等地，几乎已分布在台湾所有客家地区。参阅刘宁颜总纂：《重修台湾省通志》，南投：台湾省文献委员会，1992 年，第 140 页。

⑥ 乾隆五十三年戴华元受封军功六品职，时年 36 岁，则估算其应该出生于乾隆十七年（1752）前后；20 余岁来台，则来台时间应在乾隆三十七年后，属于乾隆中晚年来台之客家人。戴南珠生于乾隆十九年（1754），乾隆五十三年来台，二人年纪相差近 50 岁，因此并非属同一时期来台者。参阅戴荣治编：《戴姓二礼堂来台祖华元公派下之族谱》，桃园，自刊，2000 年，第 3－5 页。

曾组织义民军对抗，乾隆五十三年钦赐六品军功顶戴衔，后“因难忍异族歧视，寡不敌众，忍痛迁至新竹县崩坎（今之新竹县横山乡大平地）地居开垦”，据载：

（横山乡）位于新竹县之略中央，在头前溪上游油罗溪、上坪溪流域。境内山丘崎岖，东南部地势尤高，有帽盆山、大山、背山、尖笔山等山岭重迭，平地较少……乡域昔为泰雅族及赛夏族栖息游猎之地。从乾隆初叶起，有广东省镇平县戴华元，梅县温恭信，镇平县张文旺、张文燕等垦户来垦。①

新竹县横山乡全地区多丘陵，约占全面积70%，山多田少，土地浇薄，谋生不易，大平地附近亦同，绝少平地。根据统计，戴氏13世戴华元于横山开基，14世男丁5人，15世男丁9人，16世男丁24人。到清末民初，经过大约一百年的时间，人口已从初垦之单身一人，增加到17世男丁69人，生活的压力可以想象。18世男丁更高达191人，若加上妇女、小孩，其人口数更为可观。人口大量增加，土地生产已无法满足族人生活，迫于生活因素，16世开始外移。1911年，戴华元派下之戴洪源、戴洪广兄弟透过家族亲友介绍南下开垦时，交通已算方便，南下者至新竹搭乘火车南下高雄，抵达高雄再换屏东线火车到溪州站（南州）下车，再沿着铁轨走1公里多的路即可到达大埔。② 戴华元派下17、18世也陆续外移，地点包含台北、泰山、湖口、八德、横山、竹东、观音、中坜、杨梅、关西、北埔、凤山、坎顶、南州、竹田、东港、花莲等地。③

南州乡为闽南乡镇，北接崁顶乡，西临东港镇，西南为林边乡，均属闽南乡镇；仅东边与新埤乡（客家人居多）接壤，它属闽客边界的乡镇。南迁客家人进入本地垦殖后，才有较完整之客家聚落出现。南州乡大埔小

① 洪敏麟：《台湾旧地名之沿革》（第二册），南投：台湾省文献委员会，1999年，第200－202页。

② 日本人在日据时期即已整修中坜至丰原的中丰公路，其为北部内线的交通孔道，即目前的台3线公路，此条路线沿着关西到达九赞头和竹东，对位处横山山区的崩坎居民，相信一定发挥了重要的输运功能。参阅刘宁颜总纂：《重修台湾省通志》卷四《经济志·交通篇》，南投：台湾省文献委员会，1992年，第61页。

③ 根据《戴姓二礼堂来台祖华元公派下之族谱》记录，元初戴玉麟、戴荣钟父子由福建彰浦迁移至广东省嘉应州镇平县（今蕉岭）三圳墟黄泥堀（招福乡）创居，为镇平始祖。见戴荣治编：《戴姓二礼堂来台祖华元公派下之族谱》，桃园，自刊，2000年，第4页。

区只是这群北部客家人向四处迁徙过程中众多落脚地中的某个点，戴姓家族南迁后，亦引荐北部乡亲庄、彭、林、卢等南下开垦；而原在七块村的吕姓、米仑村张姓等北部客家人听闻此处有客家聚落，亦迁至此处，客家聚落逐渐形成。初期南迁客家人多属佃耕维生的农业人口，属于经济下阶层。本地地处闽南生活圈，南迁客家人因生活、教育、交通等因素与闽南小区互动远超过其他六堆客家小区。①

近年来，因生活、就业、交通等因素，闽客族群互动频繁，故南州乡客家文化不断受到周边闽南文化渗透，有逐渐闽南化的迹象，当然其中仍保留客家生活的文化模式，足以与周边闽南小区区隔——语言是最明显的区隔，大埔小区近年来逐渐强化突显的义民信仰也可突显其客家身份。

三、社群演变

清代已有少部分广东梅县、蕉岭一带的客家人移入南州乡同埔一带，后一部分迁往新埤乡南丰村一带，留下来的已被同化为福佬客。日据时代新竹州客家人南迁建立万华村大埔庄及七块村罗家庄；20 世纪 20 年代少部分住新埤、佳冬、万峦、竹田的客家人因在南州糖厂任职迁入南州；2000 年慈惠专校在南州设立，部分客籍教职员工迁入南州。②

根据《南州乡日据时期户口登记簿》记载显示，大埔小区系由北部客家移民陆续迁居构成，聚落形成时间始于 1915 年，持续至 1949 年。其过程略为青壮男性先行南下以佃农身份向地主租地开垦，稍微稳定后，再接家人陆续南下生活。先至者提供饮食、住宿、寄籍给后至亲族，待扩大到一定规模再行分籍，独立门户。南州乡大埔小区居民有戴、林、方、张、彭、古、杜、卢、吕、庄等姓，戴姓占一半以上，透过户籍数据可判断他姓人家多与戴姓有亲戚关系或同乡之谊，多从台湾北部新竹县竹东、横山、湖口和苗栗县头份镇等客家地区迁出，初迁入时，职业类别全部为

---

① 南州乡位于屏东平原，北隔溪州溪与崁顶乡相望，东邻新埤乡，南连林边乡，西为东港镇，共分 10 个村，最大客家聚落大埔小区位于本乡万华村。本村清末属于凤山县港东中里车路墘庄。1904 年由阿猴厅东港支厅管辖。1920 年改归高雄州东港郡林边庄管理。民国三十五年（1946）隶属高雄县东港区林边庄。1950 年改隶屏东县林边乡。因溪州与行政中心相隔遥远、来往不便，1951 年分为林边、溪洲二乡。因台湾地区“溪州”地名颇多，公文传递时易发生错误，1956 年以位于台湾省南端改为南州乡。参阅黄琼慧：《台湾地名辞书——屏东县》，南投：台湾省文献委员会，2001 年，第 335－337 页。

② 钟肇文：《客家人移民台湾中南部史》，屏东，自版，2009 年，第 68－70 页。

“佃”，1949 年政府实施三七五减租、公地放领、耕者有其田政策后方取得土地所有权。另外，本地戴姓家族与新埤乡新竹寮有亲族关系，互动密切；台湾光复后大埔小区横山戴姓家族戴洪广一支迁至竹田乡。

1985 年本地福德祠落成，居民立《大埔小区福德祠碑文》，是目前可见有关南州乡大埔小区开拓最早的文字记录，内容如下：

民国元年，昔日大埔尚为沙仑溪河床，荒无人烟，蔓草丛生，溪边两岸林投蔓延，刺竹耸立，彼时戴贤冉先生从新竹湖口南下，欲展鸿图，向竹仔脚阮氏业主租耕车路墘段农地，扎寮于此预祈求风调雨顺，国泰民安。……五年后，戴金、戴栋兄弟在此建立家园，大埔始初见炊烟。而后，来自新竹的客陆续迁聚。[①]

1915 年，戴贤冉五兄弟从新竹大湖口庄（今新竹县老湖口）南下，先至今新埤乡建功村沙仑溪河畔，开垦今新埤乡昌隆村戴姓地主之土地，并佃耕林边庄地主阮达天位于大埔的土地，设籍“高雄州潮州郡新埤庄建功六百番地”[②]；同族之戴金、戴栋兄弟则因戴贤冉介绍，1922 年南下大埔小区开垦，后戴贤冉将佃耕之车路墘段（大埔小区）土地让与戴金、戴栋兄弟耕种。[③] 此时北部客家人陆续南迁。

南迁客家人属经济移民模式，因此多是由家族青壮人口南迁开垦，原在北部已婚者，大多在相对安定后，将北部的妻儿接到南部。年轻未婚者则于到达适婚年龄时，经由媒妁之言，或亲族介绍，完成终身大事。早期移民婚姻对象多为北部客家人，以横山戴华元派下家族为例：其 17、18 世移居大埔，配偶多为北部客家人；部分 19 世春字辈虽在大埔出生，婚配对象仍为新竹客家籍女性，只有极少数非客家人。南迁第三代以前，戴华元派下春字辈的配偶，一部分是回新竹籍客家娶原籍客家妇女，另一部分是经由媒妁之言娶已南迁屏东的北部籍客家妇女，如大埔小区戴春集先生的妻子张阿秋女士于南部出生，其父原籍台中东势。早期本地也有童养媳的

---

① 资料来源：《大埔小区福德祠碑文》，位于福德宫右侧外墙。

② 依新埤乡户政事务所《新埤乡日据时期户口登记簿》记载。

③ 大埔小区戴金、戴栋兄弟，根据新埤乡户政事务所《新埤乡日据时期户口登记簿》记载，1922 年寄籍于高雄州潮州郡新埤庄建功六百番地（今建功村新竹寮）戴文钦户，大埔地区土地原先为其亲叔父戴贤冉佃耕，戴金兄弟南下后，则转由戴金兄弟佃耕。戴金兄弟于 1931 年设籍高雄州东港郡林边庄车路墘七十一番地（今南州乡万华村大埔小区）。

婚姻制度。南迁前三代大埔小区居民的婚配对象多是客家人，除族群因素外，最主要考虑的是语言。然而，随时空环境的转变，南迁第四代与外界环境接触频繁，媒妁之言的婚姻关系慢慢转为自由恋爱，年轻一代接触面广，选择性多，自主性强，加上本地客家族群适婚对象稀少，已逐渐转变婚配的族群取向，老一辈虽有期望，但无法强求。大埔小区戴华元家族20世贤字辈二十世纪五六十年代于大埔出生，婚配对象多非客家人，与周边闽南小区的婚配关系日益频繁，亦有少数迎娶大陆新娘或外籍新娘。

跨族群婚姻自然引发文化适应问题，以大埔小区为例，目前非客家籍（闽南籍为众）女性嫁到大埔小区，多需学习融入小区生活，学会客家话。小区受访者表示，会要求非客家籍媳妇学习客家话，教孙子说客家话，虽然小区老一辈会说闽南话，不过仍要求媳妇学会客家话。至于非客家籍媳妇如何适应客家村落的生活，受访者多表示客家小区生活需付出更多努力，客家人较为勤劳节俭，尽量融入客家生活云云。非客家籍媳妇嫁入客家小区后的适应问题，包含两代间的适应问题、个人生活背景问题、族群差异造成的适应问题，实较同族群通婚需要更多的适应能力与文化调适。

大埔小区属客家人较为集中地区，在客家族群文化保存上仍属顺利，然而南迁第三、四代开始族外婚，异族群通婚已成为普遍现象，因此，在语言、生活习惯、适应方面，也就慢慢发生一些微妙变化。另外，罗家庄早期南下开垦的五兄弟，部分婚姻方式为童养媳婚制，第二代结婚对象多为来自包括竹北、关西、竹东、横山等地的北部客家妇女，现今通婚对象则各族群皆有。至于散居在南州乡其他各处的客家人，除个别家庭之外，因与闽南社群交流密切，在生活习俗上多已融入更多的闽南风俗，甚至如米仑村原为客家人的张姓人家，目前仅知其祖为客家人，不会说流利客家话，已成福佬客。

四、文化现象

南州乡大埔小区客家人主要为来自北部务农维生的客家人后代。生活习俗在每个族群有其固定性，除非重大原因或环境改变，否则已内化成为生活一部分，大埔小区自然沿袭传统客家人的生活习性；然而，除了习俗的固定性外，亦不能忽略环境影响力，所谓“入境随俗”，新移民在与其他族群互动的过程中，无可避免吸收新的文化元素，并融入传统的习俗文化中，于是一个新的、与传统有些许差异的习俗生活模式逐渐成形，以下即以南州乡大埔小区为例说明文化的变迁事项。

大埔小区年中行事和一般客家人并无不同，逢年过节均准备牲礼祭祖，制作应景米食，如过年准备发粄、甜粄、咸粄、萝卜粄，元宵节制作汤圆，清明节制作红粄、艾粄、艾草包、菜包，端午节制作咸粽、碱粽、粄粽等，此点与北部客家风俗相同。另外，早期南迁北客过世几年后均再行捡骨迁葬北部祖坟，历年来大埔小区多数家族均于每年农历二月第一个星期日北返所属之家族墓园祭祖，借由一年一度的扫墓祭祖，仍和北部的族亲互动频繁；共同的祖堂、祖塔、扫墓祭典成为维系南北亲族的最大力量。湖口戴家，横山戴家、罗家、吕家等原在北部的宗族，在 20 世纪 80 年代后，陆续修建祖塔或祖堂，同时家族精英主动修整族谱。目前笔者已搜集新竹横山沙坑戴家戴华元派下于 1975 年修订的《谯国戴氏镇平开基始祖讳玉麟公派下族谱》[①] 和 2000 年修订的《戴姓二礼堂来台祖华元公派下之族谱》[②]、新竹湖口乡祥喜窝戴拾和家族《谯国堂戴拾和租堂管理委员会年刊》、大埔小区吕氏家族《渡台始鹏利公男广就公派系吕氏族谱》[③]、南州乡七块村罗家庄《关西区罗氏族谱》[④]《罗九如公厅管理规则》。南州乡南迁客家人积极提供经费参与北部祖塔、祖堂修建工作，亦积极参与修整族谱，让原来散居各地的家族成员联系变得频繁，关系更加紧密。

与家庭相关的祖先祭祀、扫墓、年节等风俗，本地仍维持北部客家生活模式。然扩大到与其他聚落相关者，则受到更大区域信仰影响。大埔小区居民依例于农历每个月十五日下午准备饭担到福德宫“犒军”，则是由南州乡代天府（当地称之大庙）闽南人传来的习俗。大埔地区初垦时，戴贤冉在今福德宫后刺竹林下设石头伯公，居民岁时祭拜，无特定仪式。1985 年居民议决筹建土地公庙，请南州代天府朱府千岁王驾踏地，动土兴建，1985 年 7 月 14 日举行入火安座，并在村庄安五营，依王爷指示开始每月举行“犒军”祭典。原竹头下石头伯公安置于新置伯公金身旁，左侧则安放代天府迎来的五营令旗。南州乡溪州代天府的祭祀圈包含南州乡各村落（寿元村除外）以及崁顶乡、潮州镇、林边乡部分村落，大埔小区亦包括在内。大埔小区属代天府祭祀圈，参与代天府相关祭典，尤以三年一科迎王祭典为盛。福德宫各项祭典仪式无乩生执行，故多邀请南州乡代天府乩生协助指导祭祀礼仪，仪式属本地闽南族群之祭仪模式。

本地信仰组织模式与地方行政层级相似，每座庙宇均有大小不等之信仰祭祀圈，大埔居民在台湾光复后亦积极加入本地王爷信仰圈。1958 年

---

① 《谯国戴氏镇平开基始祖讳玉麟公派下族谱》，1975 年。

② 戴荣治编：《戴姓二礼堂来台祖华元公派下之族谱》，桃园，自刊，2000 年。

③ 《渡台始鹏利公男广就公派系吕氏族谱》，1998 年。

④ 《关西区罗氏族谱》，1994 年。

前，小区为表示对迎王祭典的虔诚及小区特色，自组牛阵以大埔义民爷名义，参加二科（三年一科）东港迎王祭典；[①] 1958 年南州代天府建庙举行第一科迎王祭典后，因属信仰区域范围，大埔小区以义民爷名义，改参与南州代天府迎王；1985 年福德宫落成安座后即以义民爷、福德宫名义参加代天府迎王祭典迄今，阵头“金牛阵”已成为每科迎王祭典中其他小区辨识大埔小区的代表阵头，小区居民亦往往以 2 邻人即可出阵，不被外庄人（闽南人）看衰自豪。大埔小区一方面参与南州乡代天府迎王祭典，说明与本地闽南小区的交流联系，另一方面以大埔义民爷、福德宫的名义出阵，则又更加突显本小区的客家本质。

大埔小区本有义民信仰，1944 年美国军机轰炸本地，小区吕姓居民北上新埔义民庙请义民令旗南下供奉以保平安，此后每年农历七月二十日于吕家屋埕前由居民准备供品举行公开祭拜仪式，每年农历三月小区居民组团北上新埔义民庙进香，义民信仰成为大埔小区南迁客家人与北部的重要联结力量。2008 年除吕家原奉祀义民令旗外，小区也在福德宫正式供奉义民牌位，开启与新埔义民庙的紧密关系，并将原由吕家私人供奉的义民信仰进一步公共化为小区整体信仰的一环，再次强化了小区的客家象征。

面对客观环境变迁和客家文化日益消退的可能，南州乡大埔小区居民仍企图强化原本的客家特色，2003 年起于每年农历八月初二连续举办“南州乡客家文化节”，制作传统客家米食，结合伯公生祭典举办阉鸡比赛，邀请花莲县富里、台东，屏东县罗家庄、东港、新埤新竹寮、六堆的客家人与会，提供乡亲联谊机会。每年农历二月第一个星期天，则专车北上新竹横山、竹东、湖口等地扫墓。以上种种的风俗，均可视为试图凝聚族群意识的具体表现，南州乡大埔小区的客家活动逐渐成为凝聚周边乡镇客家乡亲的联结管道与力量。

观察南州乡的北客行为模式可知，南迁第一、二代居民受迁出地的生活习俗影响较大，在社会化过程中有较为单纯的客家行为模式与行为定

---

① 东隆宫系屏东县东港地区重要公庙，始建于康熙四十五年（1706），供奉主神温王爷，庙宇数度改建。台湾光复后，1947 年当地士绅发动募捐改建，1949 年建成，1952 年恢复中断已久的迎王祭典迄今，原南州乡代天府尚未兴建完成前，南州地区宫庙、小区均参与东港迎王祭典，1958 年南州乡代天府举行迎王祭典后，南州附近地区庙宇才不再参与东港迎王祭典。相关资料可参阅：《2012 壬辰正科东港东隆宫迎王平安祭典专辑》，屏东：财团法人屏东县东港东隆宫祭典委员会，2012 年；《2009 乙丑正科南州乡溪州代天府营王庆典专辑》，屏东：溪州代天府乙丑正科迎王庆典委员会，2009 年。

向，因此，对客家文化具有强烈的保存意识与期待。于本地出生的客家人，除传承自父祖辈的客家元素外，触目所及皆是与其母文化不同的生活情境，接触的是闽客混合的文化形式，遂逐渐形成异于祖辈的文化行为模式。因此，对于南州乡的北客，所谓的“客家文化”在不同年龄层自有不同的形式认知与重量。

五、结论

南州乡客家小区发展过程，事实上就是一部北部客家佃农的移垦史，佃农身份的客家族群南迁后的经济开发模式与定居过程，是一种与现地结合的过程。日据时期南迁客家人除维持迁出地的生活习惯外，配合现居地环境，弹性调整行为模式，以求适应现地生活，而其所代表的文化特色，亦属于农业社会底层贫困佃农的生活方式，没有繁文缛节，一切延续自居民的社会化养成过程所形成的行为模式、意识观念，混合北部客家、南部闽南等生活习性形成混合式的生活模式，亦可说是一种新的客家、庶民的文化模式。

在族群互动上，本地客家与北部族亲、新埤新竹寮戴阿冉族亲联系密切；因地缘关系，客民与周边闽南村落互动频繁，但与六堆聚落关系疏离，缺乏具体联系，相对抽象的客家意识若无引发管道，无法提供实质交流及具体凝聚力量。在跨族群互动中，本地客语似呈持续流失现象，聚落大小和客语流失速度成正比。如米仓村仓仔顶张姓客家人因户数少，周边多为闽南人，故年轻一辈几已说闽南语，无法听说客家话，年轻一辈已变成福佬客。万华村大埔小区虽保存较好，但也可观察到闽南小区带来了语言压力及渗透。跨族群通婚也带来了文化影响，南州乡客家移民第三代以后因交流、教育、工作、族群过小等因素，坚持客家族群内婚的例子日少且不切实际，年轻一辈普遍与非客籍女性通婚，族外婚日多，带进不同的语言、生活习俗、亲属关系联结。

南迁客家族群的宗教信仰，以南州乡大埔小区为例，家族相关信仰仍保有传统客家习俗，如义民信仰、北返扫墓祭祖等，然本地闽南风俗，如王爷信仰、犒军习俗、五营信仰不断渗透。因本地参与的村、乡祭祀圈均以闽南社群为主，参与这些祭典，虽可促进族群间交流，但也让相对较弱的客家群落风俗文化被逐渐稀释、取代。经济模式改变，年轻一辈外流，客家小区以农业为主的经济模式，多赖老年人口及少数年轻一辈支撑。老一辈对保存客家文化尚有较强的主观意愿，但年轻一辈则有淡化趋势；南北亲族来往，似也随着时间的推移而逐渐薄弱。

南州乡的客家移民，沿袭新竹客家族群生活方式，又受到南部闽南聚落环境、农业经济影响，融合成目前所见的南州地区独特的客家文化。历经八年的长时间参与，笔者观察到本地客家人的生活习俗、信仰具体表现形式虽有一定模式，但由于主事者更替、世代交替、时间轮替、公私力量介入、学习模仿等因素，具体展现内容往往微幅增减，经过多年累积之后，终于呈现出不同于以往的表现形式而变成新的文化模式。

南州乡客家小区的文化变迁模式，属于经济底层农业移民的变迁模式。据初步观察，本地客家人虽身处闽南社群中，但语言、生活模式差异使得族群意识重新被唤醒，多数客家人的“客家”意识是清楚的；现实上，信仰领域较不受外界影响，如祭祖、扫墓、义民信仰等，仍多保持原貌；因为生活环境必须与外界接触者，无可避免受闽南文化渗透，造成客家文化的溶解，如语言等。身处客家族群的边陲地带，缺乏六堆客家聚落群聚力量支撑，加上面对闽南文化无所不在的挤压，南州乡客家族群正透过文化参与、信仰建构等方式努力维护其认定的客家传统。

参考文献

1. 周浩治：《新竹县志续修》，新竹：新竹县政府，2008 年。

2. 《湖口乡志》编辑委员会：《湖口乡志》，新竹：湖口乡公所，1997 年。

3. 《屏东县南州乡客家文化节专刊》，屏东：南州乡公所，2003 年。

4. 洪敏麟：《台湾旧地名之沿革》（第二册），南投：台湾省文献委员会，1999 年。

5. 黄琼慧：《台湾地名辞书——屏东县》，南投：台湾省文献委员会，2001 年。

6. 刘宁颜总纂：《重修台湾省通志》，南投：台湾省文献委员会，1992 年。

7. 钟肇文：《客家人移民台湾中南部史》，屏东，自版，2009 年。

8. 郑鹏云、曾逢辰：《新竹县志初稿》，南投：台湾省文献委员会，1993 年。

9. 《渡台始鹏利公男广就公派系吕氏族谱》，1998 年。

10. 戴荣治编：《戴姓二礼堂来台祖华元公派下之族谱》，桃园，自刊，2000 年。

11. 《谯国戴氏镇平开基始祖讳玉麟公派下族谱》，1975 年。

12. 戴国焜编：《谯国堂戴拾和祖堂管理委员会年刊》第 23、26 期。

13.《豫章堂罗氏1997年台湾区达德公派祖谱》，罗氏宗亲会关西分会。

14.《南州乡日据时期户口登记簿》，屏东县南州乡户政事务所。

15.《新埤乡日据时期户口登记簿》，屏东县新埤乡户政事务所。

16.《2012壬辰正科东港东隆宫迎王平安祭典专辑》，屏东：财团法人屏东县东港东隆宫祭典委员会，2012年。

17.《2009乙丑正科南州乡溪州代天府营王庆典专辑》，屏东：溪州代天府乙丑正科迎王庆典委员会，2009年。

西湖溪谷地的客家聚落空间与宗教神圣中心

潘朝阳[①]

一、引言

清代来台汉人常以河流谷地为轴线，由下游往上游渐次溯流而深入展开拓垦开发的历程。台湾苗栗的西湖溪之规模较其北方的后龙溪以及南方的大安溪、大甲溪都小，然而客家人在这条溪的谷地中之拓殖开垦以及建庄立街的历程，虽微小但能具体呈现客家先民在新土地上的着根之过程和内容。

笔者对于西湖溪谷地的客家聚落及其人文内容乃至其宗教神圣空间之探索，已有数年之久，对于下游的西湖乡之辖境的聚落开发和宗教空间，在以前的研究基础上已有一些成绩且为提升此成绩而组织了一个小团队，申请“行政院”客委会的研究经费支持，正式展开三年的整合研究。西湖溪谷地下游的西湖乡之客家聚落和宗教空间，已有初步的调查研究结论。

本文以第一年的研究经验为基础，尝试探索并诠释西湖溪谷地的聚落之形成、聚落空间内的人文内容以及聚落中的宗教神圣空间。

笔者运用地方史料、访问调查以及地理学和人类历史学之理论，展开既有文献又有田野调查亦有学理的研究和创作。本文的研究和诠释，仍然算是初步的探讨，期望以一条河流的客家聚落发生历程以及其宗教信仰空间的建成，来提出关于客家先民在台湾建立其新乡的认知观点。

二、西湖溪谷地客家聚落的形成

台湾苗栗的铜锣台地及后龙溪以西的地理构造，是一片丘陵地形，直逼台湾海峡，在台湾地形的分类上，称为“苗栗丘陵”，其上覆盖深厚的沉积岩层，由“头嵙山统”的松软砂页岩互层而形成。河川在其上侵蚀切

---

① 作者简介：潘朝阳，男，台湾师范大学国际与侨教学院教授。

割，年深日久，终于发展成和缓起伏的地貌。[1]

这片丘陵地上的西湖溪旧称“打哪叭溪”，也称“乌眉溪”，发源于关刀山西北坡，上源经几度折转，到三义乡北侧，顺铜锣断层线北流，经铜锣乡竹森村附近，转向西北流，经西湖乡，在三湖村后之下游河段，多为南北流路，于后龙镇的龙港村西面注入台湾海峡，全长约25公里。[2] 就现在的行政区而言，西湖溪上游属苗栗县三义乡，中游属铜锣乡，下游属西湖乡，河口在后龙镇。

西湖溪谷地的客家人主要分布在西湖、铜锣、三义三个乡行政区；而在后龙镇行政区的西湖溪之河口地带，则多属闽南人的居住区域。

客家人的西湖溪谷地开垦史始于清代晚期，康熙年间西湖溪谷地根本没有汉族入垦，客家人当然也还没有到来，对于苗栗沿海平原区域最早的叙述，可推郁永河的《裨海纪游》，其中提到：

二十三日……已渡过大甲社、双寮社，至宛里社宿。自渡溪后，御车番人貌益陋，变胸背雕青为豹文。无男女，悉剪发覆额，作头陀状，规树皮为冠；番妇穴耳为五孔，以海螺文贝嵌入为饰，捷走先男子。经过番社皆空室，求一勺水不可得；得见一人，辄喜。自此以北，大概略同。二十四日，过吞霄社、新港仔社、后龙社……[3]

康熙三十六年（1697），郁永河奉命从福州来台湾北投采取硫黄，他从台湾府出发，走沿海平原一路北上，此段记叙了郁氏越过今台中苗栗交界的大甲溪、大安溪而走到苗栗县苑里镇的宛里社打尖休息，次日继续北上，经过今苗栗县通霄镇的吞霄社而抵达今后龙镇的新港仔社和后龙社。郁氏来到这片沿海地区看到的土著，是台湾平埔族的道卡斯族。在郁永河的眼中，这些土著是“貌陋”而自然无文之部落民，且经过的部落中常常空无一人，连欲求滴水解渴亦不可得。据此，我们可以知道，莫说是见不到汉人，连原住民道卡斯族人也稀少。换言之，清康熙中叶时代的西湖溪谷地，河口一带渺无汉人且道卡斯族人亦少，可想而知，其下游、中游地区，当然不会有客家人入垦，更不用提及上游区域。

---

① 黄鼎松：《苗栗开拓史话 · 西湖岗棱浪涌》，苗栗：苗栗县立文化中心，1991年，第29页。

② 黄鼎松：《苗栗开拓史话 · 西湖岗棱浪涌》，苗栗：苗栗县立文化中心，1991年，第29页。

③ 郁永河：《裨海纪游》卷中，台北：大通书局，未刊年份。

那么，究竟最早的客家人来到西湖溪谷地开垦建庄，可以追溯到哪一个时期？我们宜从原始史料中求索，《道卡斯后龙社群古文书辑》有一段“契”这样写：

立杜卖尽根田园厝埔契人黄清明，有承祖父雍正八年间，有垦壁田园地基贰段，坵数不记。壹段坐落土名打哪叭溪二湖共管埔地东北势。东至高家田，西至水沟，南至车路，北至苏家田各为界。保有壹段土地，是于祖父从隘历埔社野番手内购得，与别社他□无关。贰段坐落土名乌眉社社案下，乾隆七年间，祖父向得乌眉社……给出荒埔开垦……以上贰段俱得打哪叭溪，圳水通流，灌溉充足……①

此段文字引自一份《杜卖尽根田园厝埔契》，时为乾隆二十五年（1760），在今西湖乡二湖庄的汉人黄清明将他祖父传给他的田、园、埔、厝都予卖断。黄氏的祖父于雍正八年（1730）向隘历埔社“野番”购得一块土地开垦，又于乾隆七年（1742）向乌眉社给出荒埔垦辟，在这两块土地上开辟出田、园，并建有房舍，而且保有一些埔地以待扩充其农舍和田地，契书中也说这两片土地均有渠圳水利的设施来引打哪叭溪水（西湖溪水）灌溉，可见其田已属溪河之水灌溉的水稻农田，汉式水稻文明社会已经建立。然而，此契中称隘历埔社的平埔族为“野番”。所谓“野番”是与“熟番”相对的汉人对原住民族之称谓，是尚未归化清廷而向官衙输诚纳饷的原住民部落。可见在雍正到乾隆初年，西湖溪下游近河口的二湖地区仍然保有某种程度的道卡斯原住民族的性质。可是，契书内容又证明汉族在那个时代已经在西湖溪河口一带垦田建屋，且契中提到高家田、苏家田以及水沟、车路，这些元素就是汉庄的明证，换言之，雍正年间以至乾隆初叶，汉人在西湖溪河口地区已经建庄完成。

但是无法确定这张契载记的汉人黄清明等是不是客家人。甚至我们可以高度怀疑他们不是客家人而是闽南人，因为契书称其田园中的房子是“厝”而不是“屋”；闽南人以“厝”称房子而客家人以“屋”称之。

其实客家人在整个西湖溪谷地的开垦史，多有史料文书可资诠释，笔者在另外一篇相关的论文中已经有所叙述。其开垦史牵涉清朝时期官方的措施，譬如军队的塘汛驻守，界碑、土牛之施作，客家人与道卡斯族的土

① 陈水木、潘英海编：《道卡斯后龙社群古文书辑》，苗栗：苗栗县文化局，2002年，第190－191页。

地转移，客家人田园村庄的建立等。基本上，该论文提供的讯息是客家人从大陆原乡迁移来台，其步骤依文化地理的“次第占居”（sequent occupancy）形式或是成语所说的“鸠占鹊巢”形式，逐次地从道卡斯族的生活世界转换成客家人的生活世界，本来是“客—原”的矛盾，渐次转换成“客—客”的矛盾，再进一步完成了客家人的文治社会。[①]

笔者再以地方志的记载来观察客家人在西湖溪谷地的移垦建庄历程。台湾第一进士郑用锡（乾隆五十三年至咸丰八年，1788—1858）纂修的《淡水厅志》，已载有“打那叭溪源出铜锣湾经五湖、四湖，绕打那叭崎□入海”[②] 之叙述。可证嘉庆道光的时代，客家人已经在西湖溪谷地的中游、下游拓殖，因为铜锣湾即今铜锣乡街；五湖就是今西湖乡五湖村；四湖就是今西湖乡四湖村。

在同一史志中又有如此叙述：“厅城南后龙保，曰：……铜锣湾庄，离城六十七里；高埔庄，离城六十里；头湖庄，离城五十六里；二湖庄，离城五十五里；三湖庄，离城五十九里；四湖庄，离城六十里……”[③] 这一段叙述也记载了西湖溪谷地的聚落，由下往上有头湖庄、二湖庄、三湖庄、四湖庄、铜锣湾庄。依此，则嘉庆道光之际，西湖溪谷地的村落已在中游的铜锣乡和下游的西湖乡产生。但是上游的三义乡则未有客家聚落的记载。

基于上述，大体可知西湖溪谷地客家人前来垦田建庄，是在清中叶的嘉庆道光时期以后。

清光绪十七年（1891）出任苗栗知县的沈茂荫，主持纂修了《苗栗县志》（以下简称《清修苗志》），[④] 由于已到清末，所以该志记载的西湖溪谷地客家人之聚落，应已能反映出较为完整的态势。

人类生存于大地之上，对于其生存的自然环境或自然地理，若已是历

① 笔者于去年（2011）12 月 21 日至 24 日，在赣南师范学院客家研究院参加“第十届全国人类学高级论坛暨第二届客家文化高级论坛”，发表了一篇《打哪叭溪谷地汉文化区的垦建经营》，该文就是使用一手史料，如垦批、大租书、契等来重现客家人在西湖溪谷地的次第占居或鸠占鹊巢之文化地理现象。

② 郑用锡：《淡水厅志》，未注明出版者、出版年份，木刻本。引文中的□是该志的不明字，无法辨识，故以□表之。

③ 郑用锡：《淡水厅志》，未注明出版者、出版年份，木刻本。

④ 周宪文整理而由台银经研室出版的《苗栗县志》的《弁言》有曰：“本书纂辑的时间，按‘赋役志’户口编查迄清光绪十八年暨‘职官表’训导苏学海与大甲守备冯瑞凤均署于十九年，诚如方豪先生所说：‘编纂时期应为光绪十九年，甚至二十年。’”见沈茂荫：《苗栗县志·弁言》，台北：大通书局，未刊年份。

有年所的地区，当然十分熟悉，而对于一个新开发拓殖的新地区，则会从全然陌生而逐渐认识，此认识会表现为地理叙述和解释的文本。特别在山地或丘陵区域，对于在大地水平线上高耸隆起的山头，会有深刻的印象。《清修苗志》记载西湖溪谷地的山有：

铜锣湾山：城南十四里，其山下铜锣湾街人烟稠密，计有数百家。

双峰仔山：在樟树林南片，距城南十七里。两峰并峙，比立云霄；至新竹之凤山崎望之，犹可及，真悬绝也。

竿草湖山：城南二十六里。

鸭母坑山：城西十四里。

五湖山：城西九里。

高埔山：城西十里。

四湖山：城西十二里。

雷公崁山：城西八里。

三湖山：城西十三里。

打哪叭山：城西十四里。①

上引西湖溪谷地的山的记载，均言距城什么方位，有多少里数，这个城是指苗栗县城，即今苗栗市。以主要的人文中心为大地之上的空间中心而对应出自然地理物——“山”的位置，且记载者又提到铜锣湾山下铜锣湾街人烟稠密，有户数百家，不是“庄”而是“街”，此则表示西湖溪谷地中游最大的客家聚落已成为集镇型中地，是谷地中游区的聚落中心，亦是文化经济中心。地方志的纂修者将山地和聚落结合而说，是将自然地理与人文地理整合的观念使然。再者，突出的自然景观和形态亦是人的大地识觉容易聚焦注目的空间标的物，双峰仔山正是此种佳例。铜锣湾山、双峰仔山均在今铜锣乡境；竿草湖山在三义乡境。地方史地专家黄鼎松说：

铜锣地形，以双峰山块为界，以西属铜锣台地，上覆赭色砂土，台地由双峰山区向西北倾斜，西侧之西湖溪，沿铜锣断层线发展，切割冲积成肥沃的田畴。以东属关刀山脉西坡丘陵……

---

① 以上关于山的记载见沈茂荫：《苗栗县志·山川》，台北：大通书局，未刊年份，第21－26页。

双峰山标高五三八公尺，是乡内最高山峰，因形象俊美，而且拔地而起，气势雄浑，昔日的文人墨客，将“双峰凌霄”列为古苗栗八景之一。①

今人已有现代自然地理学的素养，因此能够科学地描述铜锣地形，于此他提到西湖溪沿铜锣断层线下切侵蚀并且冲积成铜锣台地中间的谷地平原，这种地带就是田畴和聚落发展的精华区，而在这个带状的谷地平原之旁则有全乡最高的海拔538米的双峰山。古人说远在新竹的凤山崎可以眺望到双峰山，不知是否真的这样？起码在苗栗市的田畴中向南望之，双峰山十分清楚而秀丽。这座双峰并峙的山，成为铜锣苗栗一带的客家人生活世界的重要空间存在物。光绪年间修成的《清修苗志》里面明白列出这些山峰，证明清末的客家人已经很熟悉自己生活的地理环境。

《清修苗志·街市》提到西湖溪谷地的街市曰：“福兴街（俗名铜锣湾），在县治之南，距城一十三里。嘉庆年间，变庄成市。”② 由此可见，西湖溪中游的聚落铜锣湾地方，在嘉庆年间之前是一个村庄，嘉庆之际，它转升为乡街，铜锣湾庄变成了福兴街（又称铜锣湾街）。此即意谓西湖溪中游谷地的中地之人口、社会、文教以及经济结构已从单纯的农村提升成为给农村地区提供二、三级服务的集镇型中地。

在《街市》除了福兴街之记录外，也有苗栗县其他地区的街市的记载。笔者依时间先后把包括福兴街在内的10个街市载记如下：

大甲街，在县治之南，距城五十七里。乾隆年间，渐次成市。

房里街，在县治之西南，距城四十四里。乾隆年间，渐次成市。

苑里街，在县治之西南，距城四十二里。乾隆年间，渐次成市。

吞霄街，在县治之西南，距城三十二里。乾隆年间，渐次成市。

后龙街，在县治之北，距城十里。乾隆年间成市。

猫里街，在县治南门外一里许。乾隆年间，庄民日众，渐次成市。

福兴街（俗名铜锣湾），在县治之南，距城一十三里。嘉庆年间，变庄成市。

公馆街（俗名隘寮下），在县治之南，距城一十一里。道光年间，变庄成市。

① 黄鼎松：《苗栗开拓史话·西湖岗棱浪涌》，苗栗：苗栗县立文化中心，1991年，第28页。

② 沈茂荫：《苗栗县志·街市》，台北：大通书局，未刊年份，第36页。

崁头厝街，[①] 在县治之东，距城六里。同治初年成市。

梦花街，在县城内县署前右畔（前黄芒埔庄）。光绪十五年县治设此，遂成市。[②]

这10个街市其实存在一个“时间—空间”（time - space）结构，大甲、房里、苑里、吞霄、后龙5个街市从南向北排列，都是沿海平原及河口位置的街市，它们是福建泉州籍的移民开发出来的聚落。来台汉人以泉州人较早，他们来到台湾，自然在沿海或河口垦拓建庄成街。而猫里街则是较早渡海来后龙溪的客家移民在沿海、河口和下游已被闽人早占的情形下，溯溪进入后龙溪中游的较大山间平原聚居而建立发展的苗栗区域的空间中心。

嘉庆年间，在西湖溪中游最宽的平原铜锣湾地区形成了福兴街，而在一山之隔纬度约略相同的“防番”之隘寮地区，亦于道光年间形成公馆街。这是第二阶段的“时间—空间”结构，西湖溪中游的聚落系统的中心，也就是福兴街，亦即今天铜锣乡街上的老街，就是在这个第二阶段的空间结构中发展而形成的。

至于崁头屋街，位置已在后龙溪的东岸，其背后正是进入大山区域的泰雅族出没的区位，所以形成街市的时间已经较晚而到同治年间。

客家人的聚落发展，从乾隆年间的猫里街形成开始，直到同治年间的崁头屋街的建成，经过了一百多年（1736—1874），而西湖溪谷地的街市，只有从铜锣湾庄提升形成的福兴街（铜锣湾街），其他的聚落都还是村庄形态。

在这个街市的聚落空间系统中，有许多村庄存在于广阔的农田大地上，西湖溪谷地的客家村庄，若以三乡为范围而言，下游的西湖乡境内还有三湖庄、四湖庄、五湖庄、高埔庄等；中游的铜锣乡境内有芎蕉湾庄、三座厝（屋）庄、河头庄、樟树林庄、出水坑庄等；上游的三义乡境内有竿草湖庄、三叉河庄、鹿湖庄、双连潭庄等。[③] 就地理学的中地体系（system of center place）而言，从嘉庆道光年间开始直至光绪十五年（1889）苗栗设县，西湖溪谷地的客家人聚落的乡街与村庄体系可以说基本上完成。

---

① 崁头厝之地名，应是崁头屋之地名的误写；客家人习惯用“屋”字而不用“厝”字。崁头屋后来改为头屋，属于苗栗县辖下的一个乡。

② 沈茂荫：《苗栗县志·街市》，台北：大通书局，未刊年份。

③ 沈茂荫：《苗栗县志·村庄》，台北：大通书局，未刊年份，第38 - 40页。

城乡中地体系的完成，亦可在地方的自治体中呈现。在西湖溪谷地，起码在同治年间，已经以联庄的自治体方式运作其社会内容，传统汉文化的社会体，以传统灌溉型精耕水稻业的生产方式为基础，已在谷地中稳固成熟地落实定着。兹将写于同治十年（1871）的《竹南二堡铜锣湾等庄总理、绅衿，禀请发给联庄约首谕戳》抄录如下：①

具佥禀治下竹南二保总理彭继生、徐佳福，隘首金树福，廪生刘廷珍、陈德熙，生员邱龙章、黄文龙、吴文澜、李宴林、曾肇桢、刘廷汉，贡生刘联科、刘联超，监生彭嘉谟、吴耀南、刘容光，暨庄耆、铺佃户等，为规残俗败，互举调护，恳给谕戳，以便奉公，以保地方事。切国家有律令之政，政举而（俗）□；闾阎有条约之规，规残而俗败……原铜锣湾等庄，地属山隅，人烟稠密……迩来俗坏风颓，人心不古，每有外处匪徒，入境掳抢，亦有本处宵小，引诱窝藏，敢胆十八成群，日则途伏伺掠，夜则明火攻杀，种种恶习，指难胜屈……凡铜锣湾等庄，必先清庄，继同合约联庄……俾将来有各处匪徒肆起，亦可协力同济，即铜锣湾等处，不致有漏网匪徒。……伏乞仁宪大老爷……恩准给发李逢年约首谕戳，以便办理联庄公务，以靖地方。切叩。

同治拾年拾贰月拾壹日

具禀	铜锣湾庄	生员	刘廷翰	庄耆	芎蕉湾	谢镇安
			曾肇桢		中心埔	谢阿泽
			李宴林		七十份	邱德生
			吴文澜		四湖庄	刘合昌
			黄文龙		三座屋	赖细番
			邱龙章		继武庄	刘捷云
			刘廷珍		樟树林	吴阿安
		廪生	陈德熙		高埔庄	徐燕鼎
		贡生	刘联科		九湖庄	曾阿仁
			刘联超		福兴庄	赖天福
		监生	彭嘉谟			
			吴耀南			
			刘容光			

① 《淡新档案选录行政篇初集》（第四册），1971年，第481－483页。

正如此件禀文所言，铜锣湾附近等庄人烟稠密，可是又由于地近山隅，因此俗坏风颓，而逐渐成为外来匪寇及当地宵小作奸犯科之渊薮，由于治安日坏，地方上乃有向官方请求发给联庄约首戳记之举，此举显示当时当地客家人聚落已有必要成立联庄自治组织。联庄自治组织原即传统中国社会以地方小区的联合自治体以补政府衙门力量之不足而产生的地方行政形态，出现这样的组织，表示地方以自身的社会力量管理经营地方自身的各种事务。观诸禀文，提出申请的代表，有保甲系统的“总理”，隘防系统的“隘首”，乡治系统的士绅、耆老，再加上商户、佃户等，基本上包含了地方领导阶层的所有成员，此亦反映铜锣湾庄一带，包括整个西湖溪谷地，也如同大陆闽粤原乡的传统汉人社会一样，发展到一定程度后，不免出现了种种社会治安问题，因此，与原乡实行的社会调控相同，地方的联庄组织依样画葫芦地于焉顺势而产生。此亦证明，同治时代，铜锣湾附近地方，其实早已将闽粤原乡的生活方式如其传统而彻底落实。

这个联庄也包括了西湖溪下游的四湖庄、高埔庄、九湖庄等，其中生员刘廷翰、曾肇桢、刘廷珍以及贡生刘联科、刘联超等人，均为四湖庄刘家人士，足证不仅中游的铜锣湾庄一带已落实定着了汉人或客家人传统的文化体和生活方式，在下游的村庄亦不例外。同时也发现，无论是耕作还是行贾的汉人，都培养出自己的知识分子活跃在他们先民胼手胝足奋力不懈地开发经营而成的这块大地上，换言之，经过一百五十多年的持续开发、经营和管理，西湖溪谷地的客家人的聚落空间终于建构完成。

三、西湖溪谷地客家聚落空间的人文内容

昔年，学者陈其南提出了“土著化理论”①，李国祁提出了“内地化理论”②，两位学者对于清代闽粤汉人移民台湾的历史分别提出了解释理论，两人行文的方式虽然有别，但是同样指出清代汉人渡海来台“筚路蓝缕，以启山林”，先是在台形成一个好斗轻生、飘浮不稳的移垦型社会，由于这个时代以及其社会成员很多是单身的而台湾俗称其为“罗汉脚”，他们

---

① 陈其南建构的“土著化理论”，见其专著《台湾的传统中国社会》，台北：允晨文化出版公司，1987 年。

② 李国祁在下列各文中都提及“内地化理念”的观点来解释汉人的移垦台湾史之内容和性质。这些文章有：《清季台湾的政治现代化——开山抚番与建省（1875—1894）》，《中华文化复兴月刊》1975 年第 8 卷第 12 期，第 4 - 16 页；《清代台湾社会的转型》，《中华学报》1978 年第 5 卷第 3 期，第 131 - 159 页；《中国现代化的区域研究——闽浙台地区，1860—1916》，台北：“中研院”中国近代史研究所，1982 年。

粗鄙无文且四处漂泊，故移垦社会时期，台湾多械斗、多民变，造成“三年一小乱，五年一大乱”的社会形象。然而，经来台移民的努力开垦土地，建立农庄，发展街镇，同时普及文教，培养士子，大概在道光、咸丰、同治年间，台湾汉人社会转型为与中国大陆尤其是华南地区本质相同的社会，也就是传统中国文治型社会。

台湾文治型社会当然有一些文化指标资以证成，譬如政治面的官衙、儒学、文庙等；社会面的宗祠、书院、联庄、庙会、士子、乡贤、贞节等；经济面的水稻业、灌溉埤圳、地主佃户制等。

笔者以上一节铺陈的聚落系统为基础，审视西湖溪谷地的客家聚落社会的文治内容，依旧以《清修苗志》加以证明。

建设埤圳引溪水灌溉发展双冬水稻业，将埔园旱作转变成水田稻作，是文治社会的经济性指标，在西湖溪谷地的水圳有：

二湖圳：距县西一十四里，其水一于三湖七张陂引入，一于鸭母坑陂引入，灌田三十三甲。

三湖东圳：距县西一十三里，其水于榛椰潭引入，灌田三十余甲。

三湖西圳：距县西一十三里，其水于西湖溪引入，灌田五十六甲。

四湖东圳：距县西一十五里，其水于五湖溪由石头湾凿山二十余丈引入，灌田一十七甲。

四湖西圳：距县西一十五里，其水于五湖溪水头陂引入，灌田七十余甲。

竿草湖圳：距县南二十六里，其水于内草湖溪引入，灌田二十余甲。[①]

在同一篇幅中，记录猫里平原的“三汴圳”灌溉了该平原上的六大庄共800余甲水稻田；西湖溪谷地的埤圳引水灌田共计226余甲。西湖溪谷地的平原面积远少于后龙溪谷地的猫里平原，但其灌田面积可达200多甲，就概率来看，其地水田化是相当发达的，于此证明西湖溪谷地客家人已居住在周遭是精耕细作的水田景观的聚落空间中，甚至到上游的三义乡境内亦是如此。

聚落是给人“在世存有”（being－in－the－world）的，有怎样形态的人就会有怎样形态的聚落，反之，有怎样形态的聚落就会有怎样形态的人。聚落具有空间性，人则是彰显此空间性的人文动能。

---

① 沈茂荫：《苗栗县志·水利》，台北：大通书局，未刊年份，第53页。

兹以《清修苗志》的《先正》《纪人》等节以明西湖溪谷地聚落的人文动态之显发。在《先正》中，编修者举十一位“先正”，也就是“先贤”，其中五位居于最大中地猫里街及其附廓的村庄，还有一位居于公馆的尖山庄，另有一位则居于近海口的后龙，上述猫里街、公馆、后龙三区均属于后龙溪谷地。除此之外，另有四位先贤是居住在铜锣地区的，他们是李纬烈、李朝勋、吴子光、陈万青，谨举李氏两人的叙述内容如下：

> 李纬烈，监生，嘉应州长乐县人。……徙住猫里，后居铜锣湾涧窝庄，素喜周急。道光六年漳泉互斗，以粥赈难民；因而就食日多，舍无隙地，一时赖以活者数百人。……“孝友”嘱子孙。……
>
> 李朝勋，字建初；纬烈子。性孝友，父母兄弟无间言；继母詹氏，养葬尽礼，称声戴道。处世善善、恶恶，急公向义，为乡里排难解纷，抑强扶弱。……地方有事，率乡勇保卫，不吝资财。生平好读书，尤精医术。晚筑家塾，设学田，延师训子孙；岁冬，命考家课，别优劣，赏赉有差。……光绪十五年，总督卞宝第奏准旌表。……①

上引两位李姓先贤是父子，从所叙内容来看，基本上是儒家文教理念的实践。父李纬烈是监生，以“孝友”之道传子孙，且慷慨拯济难民和艰困之人，由此可证，他是一位具有儒学儒教之教养、信念的人文精神和社会良知的实践者。子李朝勋更能继父之道而更加发扬，除了在家中尽其孝友之道之外，在地方乡里则施善教化，此外，布施财资组织乡勇以守护乡邦，且建学塾以教育子弟。这种种表现，乃是儒家理念的实践。

《论语》中，子曰：“弟子入则孝，出则弟，谨而信，泛爱众，而亲仁，行有余力，则以学文。”② 李氏父子之所以为先正先贤，加载地方志书，就是因为他们毕生实践孔子的德化之理想。孟子将孔子这个理想加以深广化，孟子曰：“五亩之宅，树之以桑，五十者，可以衣帛矣。鸡豚狗彘之畜，无失其时，七十者，可以食肉矣。百亩之田，勿夺其时，数口之家，可以无饥矣。谨庠序之教，申之以孝悌之义，颁白者，不负戴于道路矣。七十者，衣帛食肉，黎民不饥不寒，然而不王者，未之有也。”③ 李氏父子勤俭起家，且知衣食足之后必须推行教化的儒家理念，孟子之教言，正是李氏父子尽心之所为。换言之，西湖溪谷地的铜锣区域，在道光、咸

---

① 沈茂荫：《苗栗县志》，台北：大通书局，未刊年份，第 202 - 203 页。

② 见《论语·学而》。

③ 见《孟子·梁惠王》。

丰以后，由于有李纬烈和李朝勋父子的儒家式施善与教化的社会实践，因而自然成为一个具有儒家德教的聚落。换言之，西湖溪谷地客家聚落发展为文治社会，由李氏父子的道德实践充分地显发出来。

在《清修苗志·志余》之《纪人》中，亦载有四湖乡、铜锣乡境内村庄中的贤士君子，共有九位，在西湖溪谷地聚落居住者就占了五位。其行谊谨叙述于下：

吴琳芳，监生。乾隆年间，由内地渡台，居揀冬之社口，其忠信，为土番所见重；垦辟樟树林等处而家焉。续又以长厚闻于官，谕垦石围墙等处，乡里爱敬。为人排难解纷，不数年亏空数千金，怡如也。……

吴思泉，本嘉应之弟子员。与弟琳芳来台，辟樟树林而居。严气、正性、行不邪视、不返顾。墟市前后浣衣妇女多蹲踞，见思泉来，皆起立，其为人严惮如此。

曾在江，监生。铜锣湾人；原籍梅州。幼失怙恃。素笃友爱。弟三倾家财无怨色；弟死，为之抚孤儿，不以产业自利。少时，师事钟国麟先生；一年师亡，为之洗葬；三迁其地，择吉而后安。子肇桢，庠生。

刘憬南，号晋帆，铜锣湾人……以庠生终。先是，地初开未久，胥差多吓诈乡人，南一绳以法，无不畏者。生平抑强扶弱。至纲常名教之重，罔不留心，真典型也……

刘锡金，附贡生，四湖庄人。友恭兄弟，以勤俭起家。训子严肃，有不率者，虽经游庠、食饩，不宽鞭挞。家人皆以畏惮之。

邱金亮，高埔人。性孝顺，以勤起家，自奉俭朴，而喜周恤贫穷。乡邻有营葬其山场者，未尝与人计较，人于此多之。子光忠、孙国恩，俱武生；国霖，庠生。

吴昌明，别字清；樟树林人。读书而兼课武，应试屡困场屋，两无成名；然未尝介意，亦奇士也。性冲淡，不较是非；……①

上述七位人物，均为地方上的知识分子，譬如监生、弟子员、庠生、附贡生等，或非生员身份，无功名，但都是读圣贤书而有修为、有气象者。他们在西湖溪谷地的乡街、村庄为地方一方领导阶层，其言行以及公私领域的施为，都符合并表彰了传统儒学儒教。换言之，西湖溪谷地的聚落是中国传统的儒家德教空间。

---

① 沈茂荫：《苗栗县志·志余》，台北：大通书局，未刊年份，第250－251页。

以上所述儒家德教型之西湖溪谷地客家聚落之领导阶层，或说只是《清修苗志》之孤立说法。其实非是。谨从另外文献加以延伸诠释。

上引邱金亮之叙述，有曰孙“国霖，庠生”。邱金亮的孙子邱国霖，也是读书人。连横在《台湾通史》中有曰：“吴汤兴，粤族也，家于苗栗，为诸生。粤人之居台者，多读书力田，负坚毅之气，冒危难，不稍顾。而汤兴亦习武，以义侠闻里中。乙未之役，台湾自主，各乡皆起兵自卫。汤兴集健儿，筹守御。……遂与生员邱国霖、吴镇洸等，募勇数营，就地取粮。”① 这一段关于抗日殉节的吴汤兴之叙述，提到了生员邱国霖。此邱国霖就是西湖溪谷地高埔庄邱金亮的孙子，高埔庄与铜锣湾街只隔着西湖溪，其距离不远，故吴汤兴与邱国霖能够常聚论志，乃势所必然。在同一列传中，连横又说：“二十有五日，邱国霖以七百人战于大湖口，无援而归。日军追之，迫新竹。……”② 于此可知邱国霖还曾带着抗日乡勇七百人在今天新竹县湖口乡抗拒由桃园南下的日军。

依史实，乙未割台，在台湾领兵抗日的青年生员，如苗栗铜锣的吴汤兴、苗栗头份的徐骧、新竹北埔的姜绍祖，都相继殉难，邱国霖与他们一样，是武装抗日的重要领袖，极可能在新竹苗栗彰化的激烈抗日之役中战殁，惜乎连雅堂没有对他多所着墨。然而，无论如何，从邱国霖坚贞抗日的事迹，可进一步证明西湖溪谷地的聚落是儒学儒教功德成就圆满之德化空间。

再者，前述刘锡金之内容甚简单，但刘氏在西湖溪下游的西湖乡聚落中，是十分重要的关键性人物。刘锡金的开台祖刘恩宽乾隆中叶只身渡台到西湖溪下游（今西湖乡四湖村）开垦，从此建立刘氏家园并且发展为一个相当规模的血缘聚落，且筑造了刘家宗祠。刘恩宽的孙子刘锡金和他的兄弟刘锡诠，于道光九年（1829）在四湖庄的伯公背（小地名）筑屋建立私塾性学堂，以教族内子弟，道光二十二年（1842）刘锡钻献出山仔顶的一块土地，重新扩建学堂，并且取名“云梯书院”，成为四湖庄这个聚落的刘家以及其他子弟读书受教的文教中心。③

由上所述，西湖溪谷地聚落空间的内在人文精神，乃是承继中国儒家

① 连横：《台湾通史·吴、徐、姜、林列传》，台北：台湾省文献委员会，1976年，第784页。

② 连横：《台湾通史·吴、徐、姜、林列传》，台北：台湾省文献委员会，1976年，第784页。

③ 详细的论述，见潘朝阳：《地方儒士兴学设教的传统及其意义》，载潘朝阳：《明清台湾儒学论》，台北：台湾学生书局，2001年，第33－72页。

的耕读传统而在当地加以发扬延续的。客家人在这个生活世界里，先是构筑陂圳灌溉田园，发展了稳固的汉式水稻农业，于此基础上建立了集镇型的乡街、集村或散村的村庄，在这些村庄聚落中有了血缘与地缘的社会组织，且在此组织中推展了儒家价值的教育。这个三层文明结构合乎“土著化理论”和“内地化理论”，究实言，历经百年经营，西湖溪谷地客家人的聚落空间性，与原乡粤东客家人的聚落原型，在本质上并无两样。

四、西湖溪谷地客家聚落的宗教神圣空间

客家聚落空间的发展，与民间信仰的神祇和庙宇存在着深切的关系。西湖溪谷地的下游，也就是西湖乡的客家人之民间宗教是其聚落的神圣空间，笔者主持的“行政院”客委会的整合型研究计划“西湖溪谷地客家人文空间的塑成与发展：聚落、文化、族群、产业整合型研究（一）”的子计划“西湖溪谷地客家聚落空间结构及宗教神圣空间（一）”的结案报告中有所诠释。[①] 本文除了对相关的文献资料加以运用说明之外，将着重以中游的铜锣乡以及上游的三义乡的主要庙宇而诠释之。

谨先简单叙述铜锣地区的开发历程。据闻客家先民到西湖溪谷地中游开拓垦殖与猫里、公馆大约同时，远在乾隆初年，有粤东垦民蓝之贵就已率族人三十多人进入今竹森村一带垦地建屋。乾隆十年（1745），有彰化豪强王桂麟诬其为盗匪，官衙派兵来讨，蓝氏等人走避他去，原垦田园和家屋焚掠一空，仅剩三间房舍，后人遂称此地为“三座屋”。这个地区就是今铜锣乡竹森村。[②]

然而，上述历史只是传闻，并无确证，在今天竹森村欲寻所谓三座屋的遗迹或蓝氏留下的遗物，均不可得。而今学者认为铜锣地区的入垦是在乾隆十二年（1747），业户吴士贵、吴荣芳从芎蕉湾招来垦民由北往南入垦铜锣湾、樟树林，同年有陈国栋等人集资五大股进垦铜锣乡九湖一带，嘉庆年间，铜锣湾庄终于成为街市。[③]

神祇崇拜是人类普遍的身心需求，崇拜与供奉神祇，必须具体落实在大地上，通过筑造而形成空间中的神圣之点，而以此神圣点建构了聚落的

---

① 这个整合型研究计划为期一年，时间是在2011年1月至12月，其研究的结案报告已经在2011年年尾缴交。

② 黄鼎松：《苗栗开拓史话·西湖岗棱浪涌》，苗栗：苗栗县立文化中心，1991年，第27页。

③ 张正田：《从族群关系看清代台湾桃竹苗地区义民信仰区域差异——以清代苗栗堡为观察中心》，台湾政治大学博士学位论文，2010年，第136－137页。

空间神圣性，包括聚落的空间周环以及空间的中心点。①

兹先据《清修苗志》，列叙西湖溪中游主要民间宗教的庙宇。该志《祠庙》曰：

关帝庙：在铜锣湾街，距城十二里。光绪十六年，生员邱国霖、吴汤兴等倡捐建造。

天后宫：在铜锣湾街，距城十二里。道光二十五年，陈元亮等捐建。光绪七年，例贡生陈嘉乐倡捐重修。……陈嘉乐经理。

万善祠：在铜锣湾街，距城十二里。咸丰十一年，乡人捐建。②

依此，清光绪时期的采风修志者，因为上游的三义乡开垦较迟，所以基本上只重视铜锣湾街的庙宇，视之为西湖溪中游最大谷地平原上的中地型聚落的神圣中心。铜锣湾街就是福兴街，是西湖溪谷地的中心街镇，具有行政、文教、经济中心的地位，所以，铜锣湾街上的天后、关帝之崇拜就自然成为中游一带的客家人的神圣中心。

天后宫的沿革大体如下：

本宫于民国前五十年夏月创建，名为天后宫庙，主神从北港妈祖庙传入香火，从祀十殿明王、注生娘娘。

铜锣内外乡村善信人等喜题：

同治三年夏月本宫始创建筑天后宫庙，艮山兼丑。

总理：陈嘉乐

副理：李传良　　　　地理师：李秉青

副理：罗享富

民国三十六年春月本宫改筑　　地师：谢大保

总理：陈坤荣　刘俊秀

协理：李炳芳

副理：……

本宫重修喜捐二百斤谷以上

陈坤荣一万四千七百斤谷

（最少：二百斤）

---

① 关于人之空间中的宗教神圣中心的论述，可参阅潘朝阳：《出离与归返：净土空间论》，台北：台湾师范大学地理学系，2001 年。

② 沈茂荫：《苗栗县志·祠庙》，台北：大通书局，未刊年份，第 159－162 页。

民国七十四年（岁次己丑桂月）[①]

沿革所记天后宫始建于同治三年（1864），与《清修苗志》所记的道光二十五年（1845）始建年代不同，前后相差19年，且志书上说天后宫重修年代是光绪七年（1881），不知谁是谁非。按汉人来台拓殖，一开始在一片陌生的土地上面艰辛开发阶段，各种条件都不足够的情况下，先民往往先搭建简单草寮暂时供奉神祇，经过一段时日，已能立定脚跟，有了农田和村庄之后，才会兴筑较具规模的大庙供奉守护神，甚至到转型成为乡街集镇之后，会重修大庙，以表达对神祇的尊崇。虽然重修年代不一，但同治年代不长，且光绪七年离同治年代甚近，所以，虽然沿革记载建庙年份与志书所记重修年份有出入，但总体而言，是在同一个历史阶段。铜锣地区的开发历程，最早在乾隆五十年，而铜锣湾街的建成则是在紧接着的嘉庆初年。[②] 由此看来，道光年间首筑天后宫，其年份应该合理。而现在嵌在天后宫墙壁上的沿革所言同治年份，应该是此庙重修的时间，而重修其实应是在光绪初年，但就总体性言，年份稍有出入并无大碍。

总之，天后宫始建于道光年间，到光绪年间再予新建，这表达了两次提升，初建显示西湖溪谷地中游平原的聚落体系的空间中心以及其神圣中心的确立，重修显示铜锣湾街的经济和社会力量的上升，譬如陈坤荣总理一口气供献一万多斤稻谷，就是地方财力充裕的证明。

天后宫的门联有：

自宋及明清每显奇灵功留海国超千古
封妃兼后圣历崇厚德宠受天朝第一恩
民国三十五年　后学邱仙楼　拜撰并书

龙脉接双峰山水清明荣庙祀
湄州昭圣迹江湖浪静沐神庥
民国三十五年　后学邱云峰拜撰　李兆田敬书

邱仙楼、邱云峰出身铜锣世家，是苗栗重要诗社“栗社”的成员，李兆田也是栗社社员。民国二十四年（1935）苗栗的关刀山发生剧烈断层，

① 见铜锣湾天后宫庙壁沿革。
② 张正田：《从族群关系看清代台湾桃竹苗地区义民信仰区域差异——以清代苗栗堡为观察中心》，台湾政治大学博士学位论文，2010年。

西湖溪谷地的三义乡、铜锣乡灾情特别惨重，天后宫倾毁。台湾一光复，铜锣地方领导阶层立即领导铜锣乡民将天后宫予以重建。两位邱氏是栗社成员，所以就在重建大庙的工程中做出了个人的贡献。由此亦证明铜锣湾街的天后宫从清道光始建起，到台湾光复，都是西湖溪谷地上最重要的中地空间的神圣中心。这个聚落空间之神圣中心，到现在依然是全铜锣乡的中心大庙，以下是今年（2012）的相关经费明细表：

铜锣乡天后宫2012年岁次壬辰北港进香活动收入明细表

铜锣村　225 650.00 元

朝阳村　77 900.00 元

福兴村　50 300.00 元

樟树村　71 800.00 元

九湖村　39 800.00 元

竹森村　51 900.00 元

香油（第一天）　2 710.00 元

香油（第二天）　1 850.00 元

大兴善寺　33 200.00 元

乡公所（补助）　80 000.00 元

缘簿外捐助　106 100.00 元

合计：741 210.00 元整

2012 年北港进香支出：737 853.00 元整

以上这个经费明细表显示天后宫的香火范围在西湖溪谷地的铜锣乡辖下的六个村，但是位于后龙溪谷地的兴隆村、盛隆村、中平村都不参加天后宫的进香北港的活动。可证铜锣湾街的中心大庙天后宫的西湖溪谷地空间性格非常清楚，它并未跨越山岭而将祭祀圈包络到后龙溪谷地，它就是也仅是西湖溪谷地中游地区的神圣中心。

铜锣街的武圣庙原本建于光绪十六年（1890），崇祀三恩主，即关圣帝君、孚佑帝君、司命真君。三恩主是流行于台湾的鸾堂宗教信仰，又称为“恩主公崇拜丛”。在北部竹苗一带特别是丘陵区域，客家人自清末以迄现代，十分尊奉三恩主，透过三恩主鸾堂活动而进行施善教化的社会文教工作。[①] 铜锣湾街武圣庙毁于1935年苗栗大地震，神祇暂居于天后宫。1950年地方耆宿议决迁移至现址重建庙宇，春天，乡绅长老刘俊秀等三人发起，由李安五捐地兴筑，农历四月动土，到该年农历七月登位。

武圣庙以关公为神圣中心。虽然是《三国演义》创造出来的忠勇信义的象征之神祇，但民间宗教中的关圣帝君深入人心，其基本精神是儒家的道德信念和实践。庙内的文字譬如“名传大节大忠千古英雄千秋俎豆；庙居半村半郭一弓眠案一派田畴”，显示中国传统读书人既有经邦治国的外王抱负之志，也有颜回曾点的内圣自足之乐，这是儒家思想。另外，又有左右边门的横楣题：“言忠信；行笃敬。”此语出自《论语》：“子张问行，子曰：‘言忠信，行笃敬，虽蛮貊之邦行矣！言不忠信，行不笃敬，虽州里行乎哉？立，则见其参于前也；在舆，则见其倚于衡也。夫然后行。’子张书诸绅。”[②]

忠信笃敬是孔子表彰宣扬的道德要旨和实践，纵然身处“蛮貊之邦”，也必须坚守力行，如果德行败坏，言不忠信，行不笃敬，就是在有文有教的中土，岂能像个人好好活着？孔子这句话在台湾苗栗的乡村型街镇铜锣湾街的关帝庙中被写在门楣上，具有非常儒学儒教的地方文教的意义和色彩，换言之，武圣庙的存在是西湖溪谷地聚落空间的儒学教化的神圣中心。

武圣庙的存在之核心意义还有一层，它的始建者是乙未抗日先烈吴汤兴和邱国霖，他们在光绪十六年（1890）领导建立了铜锣湾街的关圣崇祀之鸾堂，乃是因为他们本来就是地方上的知识分子，是文教的领导阶层，鸾堂本与地方读书人密切为一体，这里显出铜锣湾街聚落文教的高度性，也是客家人十分重视乡土的民众和子弟的儒教之表征。

在庙里最重要的一块匾是此庙的珍宝，匾文大书“大启文明”，光绪己丑科中式八十一名进士、钦点工部虞衡司主政丘逢甲为武圣庙立。丘逢甲何许人也？他就是乙未割台时，发起组织台湾民众奋起对抗日军的“东宁才子”。同治三年（1864），他生于铜锣湾街其父潜斋先生设帐授徒的李氏家塾，潜斋先生名龙章，字诰臣，咸丰初补台湾府学生员，嗣补廪贡

① 关于苗栗客家人的鸾堂或三恩主信仰，参阅潘朝阳：《台湾关帝信仰的文教内涵：以苗栗区域为例的诠释》，载潘朝阳：《明清台湾儒学论》，台北：台湾学生书局，2001年，第313－351页。又黄丽生：《台湾客家鸾堂的儒教意识：以苗栗云洞宫为中心》，载黄丽生：《边缘与非汉：儒学及其非主流传播》，台北：台湾大学出版中心，2010年，第389－440页。

② 见《论语·卫灵公》。

生，大致在彰化台中铜锣卜居讲学。丘逢甲自幼随其父受教读书，早就培养出儒家式的诗情和心志，光绪三年（1877），时年14岁，应童子试，试古学，全台第一，台抚兼提督学政丁日昌甚期许，赠“东宁才子”印一方。光绪十四年（1888），25岁，赴福州应乡试，中式三十一名举人，明年，赴京会试，中式八十一名进士，赐二甲进士出身。丘逢甲不为官，返台于民间讲学，往来台南、嘉义、台中，其文教影响台湾士子甚著。[①] 当然，青年丘逢甲在家乡铜锣湾街也成为文教和精神上的领袖和导师，吴汤兴和邱国霖等人也就成为与丘逢甲一样有儒家抱负的仁人志士。所以，铜锣湾街武圣庙之所以具有聚落空间神圣中心的空间性，乃在于一方面它是吴汤兴、邱国霖初创，另一方面它挂着丘逢甲亲题的匾额“大启文明”。

清修的志书之祠庙记载，或不着重于村庄庙，其实在铜锣乡的最早垦辟地有一五谷大帝庙广德宫，或应加以注意。西湖溪谷地本是客家人开发的农业区，崇祀五谷大帝，是十分自然的宗教崇祀，最早，五谷大帝被供奉在铜锣湾街的天后宫，当地士绅赖得凤、邱海峰、钟阿壬、李联壁等发起另在他地建庙供奉。民国二年（1913），在三座屋，也就是竹森村现址，属于“祭祀公业圣母祀”的一块土地上，动土兴筑五谷大帝的庙宇。民国四年（1915）竣工安坐。民国二十四年（1935）毁于大地震。民国三十四年（1945）台湾光复，地方耆绅邱云峰、钟钦秀、钟干和、李立贵、徐德添、李金台等人发起捐资重建。1954年，登记为“广德宫”，1972年，再次新修。[②]

广德宫五谷大帝的崇拜范围包括铜锣村、福兴村、朝阳村、竹森村、樟树村、九湖村等区域，而没有铜锣乡在后龙溪谷地的兴隆村、盛隆村、中平村，换言之，五谷大帝作为一个农业、农村、农民的守护神，虽然在村庄的竹森村而非在乡街的铜锣湾街，可是其神圣性地位与天后并无差别，因为其祭祀圈并非只限于竹森村，而包括整个铜锣乡的西湖溪谷地的乡街、村庄，换言之，它也是西湖溪谷地中游的客家聚落体系中的核心性大神，故其神庙也就一样是聚落空间中的神圣中心。

笔者在广德宫访查得知，庙的活动依然涵盖西湖溪谷地的铜锣湾乡街与村庄，譬如以下所记之祭祀活动：

---

① 潘朝阳：《抗拒与复振的台湾儒学传统》，载潘朝阳：《明清台湾儒学论》，台北：台湾学生书局，2001年，第157－215页。

② 参考李阿成等主编：《苗栗县寺庙文化之研究》，苗栗：苗栗县政府，1988年，第318页。又参考竹森村广德宫庙壁上的沿革志。

兹铜锣广德宫2012年岁次壬辰年，庆赞五谷神农大帝暨列尊神登龛纪念与叩酬东西合境天神良福，合家平安良福等。

谨订于农历十月十八至十九日（公历十二月一日、二日）（星期六、日）启建二天祈安植福叩答恩光吉祥道场，……农历十月十九日子刻上奏疏文叩谢天恩……十月十九日上午八时三十分祭圣，下午未时幽利冥光设于瑜珈平等甘露，施食起荐先灵孤魂……①

上述的庆赞祭祀大典，是广德宫的年度大活动，其空间范围亦是西湖溪谷地中游的铜锣湾的客家聚落体系。祭典目的是酬谢主神五谷神农大帝及陪祀诸神，再则是酬谢所谓“东西合境天神”，言东西其实即应及于南北，也就是环围铜锣湾区域整个天地之空间，亦即这个空间的一切天神，再者，此祭典亦施福于幽冥之鬼魂，进行了一个慈悲于下三界的普度。总之，广德宫的民间宗教之精神和意蕴，体现了中国传统民间社会的三教合一。

笔者访问了广德宫的领导阶层，其重要人物钟先生是退休的小学校长，刘先生是空军退伍军人，在清泉岗基地服务，他们都是当地人士，目前以广德宫为基地，于其旁成立竹森村小区发展协会。这个协会展开竹森村及其近邻地方文教的各项活动，其活动的主旨在于让地方文教和生态能够从高度工业化以及都市化对乡村的冲击下重新振兴复活。这是西湖溪谷地中游铜锣湾地区村庄之传统神圣中心的生命之创造转化。

五、结论

这篇论文基本上依据史料、田野调查、访谈以及相关文献、理论，对西湖溪谷地的客家人聚落的形成、聚落空间的人文内容以及其空间内的宗教神圣中心之性质进行综合探讨。

客家人在西湖溪谷地的开庄建街立庙，根本上，其大传统是中国传统的儒学儒教，而其民间宗教大庙中的主神主要是天后、关帝、五谷大帝，此就小传统言，依然是客家原乡本就具有的三教性质的宗教崇祀。其实，在西湖溪谷地的农田、乡街、村庄中，还有很多土地公祠之存在，土地崇拜是中国农业大地上的最亲近且古老的神祇崇拜，它即社稷之祀的社神崇拜。西湖溪谷地的宗教神圣空间，核心是大庙大神，而其环围如城郭关塞之空间结构就由散布的土地公祠组成。

① 苗栗铜锣广德宫庆赞公告。

本文只从史料、文献、田野调查、访谈等方法作了西湖溪谷地客家聚落发生及其人文内容以及宗教神圣空间性的初步认识，下一步还要针对上游区以及整体聚落空间的建筑性构成有所调查研究并且诠释为文。

客家学的研究路径具有多元性。笔者对于西湖溪谷地客家聚落和宗教神圣空间的探索和诠释，或许提供了一种方法，即以完整地形区为地理范围，运用史料、文献、实察、访谈以及相关的学科理论等加以综合地探究追索，并做出描写、说明和诠释，似乎这样研究客家学，亦有其价值。

多元文化主义视野下的台湾客家经济：如何兼顾传统与创新

丘昌泰①

一、基本概念的厘清：传统经济与创意经济

通常经济形态可以分成两类：一是以劳力、土地资源、资本、机器等传统生产要素为主的传统经济，平常人们所熟知的初级产业（农林渔牧业）与二级产业（制造业、矿业、机器业等），都属于此类；二是以创意（creation）或创新（innovation）② 为生产要素的经济活动，换言之，除了前述传统生产要素之外，最关键的还是组合这些生产要素的方式是否能够与众不同，另辟蹊径，以便市场区隔。这种创意经济的形态乃是自因特网出现后兴起的新经济形态，又称为知识产业或创意产业。

以创新作为核心生产要素并非始于当代的概念，19 世纪最著名的经济学家熊彼得（Joseph Alois Schumpeter）就曾提出创新的重要性，他认为所谓创新是将原始生产要素重新排列组合为新的生产方式，以求提高效率、降低成本的一个经济过程。在熊彼得的经济模型中，能够成功"创新"的人便能够摆脱利润递减的困境而生存下来，那些不能够成功地重新组合生产要素之人将最先被市场淘汰。

熊彼得认为，任何一个企业都同时存在两种因素：企业成功的创造性因素与企业失败的毁灭性因素，当景气循环到谷底时，正是某些企业家不得不考虑退出市场或必须要"创新"以求生存的关键时刻。就一个具备创新精神的企业家而言，他必须展现出"资本主义的创造性破坏"（the creative destruction of capitalism），当面对经济危机时，必须要有重新归零、全新思考的模式，透过创新以淘汰多余的竞争者，进行市场区隔，独享市场

---

① 作者简介：丘昌泰，男，台北大学公共行政暨政治学系教授。

② "创意"与"创新"的差别在于："创意"是与众不同、天马行空的好点子，这些好点子是否能够为市场所接受则非所问；凡是那些能够经过市场淬炼而受到顾客青睐的创意就成为"创新"，因此，创新是成熟的创意。企业界通常需要的是创新，但创新的根源来自丰富的创意，两者密不可分。

商机。苹果公司设计出来的 iPhone 与 iPad 等创意商品，就是创造性破坏的明证，它让诺基亚、HTC、宏碁、华硕等一蹶不振，堪称是最具创新力与杀伤力的公司。

近年来，愈来愈多的人发现“创造力”是未来“国家竞争力”的代表，许多发达国家真正在乎的并不是由国民生产总值（Gross National Product，GNP）所定义的经济成长，而是由创意经济所定义的国家创意总值（Gross National Creation，GNC），一个国家的繁荣与成长并不由传统经济的 GNP 所定义，而应以其所拥有的 GNC 来决定。基于此，欧美先进国家开始认知到，创意与美感的精致生活产业是一项值得投资的产业，此种产业已经跨越传统经济形态所定义的初级、二级与三级产业，而形成一个综合性的产业——六级产业，因为一级加二级加三级等于六级，一乘以二乘以三也等于六，创造了六级产业的综效（synergy）。①

在创意经济中，与客家经济最密切相关的，无疑是客家文化创意产业，它是一种呈现美感，掳获人心，让顾客留下深刻印象的无形知识产业，这种产业让传统文化得以创造新的生命力与吸引力，从而提高产业的生产力。文化创意产业的基本内涵是以文化为基础，以创意为手段，以吸引国内与国际顾客为目标的服务产业。故文化创意产业源自人类的创意或文化积累，透过知识产权的形成与运用，创造财富与就业机会，并促进整体生活质量的提升，乃是发达国家，如北欧诸国、美国、英国、日本、韩国等近年来极力推动的新产业，中国大陆的“十二五”规划中亦将文化创意产业视为未来的重点扶植产业之一。

“文化产业”（cultural industries）一词由德国法兰克福学派的 Adorno 与 Hockheimer 所提出，依据联合国教育科学文化组织（United Nations Educational，Scientific and Cultural Organization，UNESCO）对“文化产业”的定义，它“本质上为无形的与文化的内容，结合创意、生产与商业化的产业活动，这些内容通常都受到知识产权的保障”②。台湾社会喜欢运用“文化创意产业”六个字，实际上各国表达不同，有些国家喜欢使用创意产业（creative industries）、日出产业（sunrise industries）或未来取向的产业（future oriented industries）。

根据大卫·索罗斯比的说法，它具有三大特色：第一，其活动过程中

---

① 丘昌泰：《客家政治与经济导论》，载江明修主编：《客家政治与经济》，台北：智胜出版社，2010 年，第 1－28 页。

② UNESCO，Cultural industries，2012/10/22，http://portal.unesco.org/culture/en/ev.php－URL_ID＝2461&URL_DO＝DO_TOPIC&URL_SECTION＝201.html.

会运用某种形式的创意；第二，该产业被视为与象征意义的产生与沟通有关；第三，其产品至少有可能是某种形式的知识产权。[①] 依此而论，文化产业系将抽象的文化直接转换成具有高度经济价值、知识产权保护的精致产业，这是将原创性、变化性带入具有悠久历史、丰富内涵的传统文化，使其发挥吸引顾客、创造产值的功能；这种创造产值的活动改变了过去要有实物才能生产与制造的概念，将一个抽象的、无形的产品当作产业链的一环，这种特殊的生产方式为具有文化意涵的传统产业提供了无限扩张的发展潜力。

美国新经济的本质为以知识与创意为本的创意经济，这种创意经济每年创造出 220 亿美元的产值，并以 5% 的速度逐年递增，年增长率高达 14%。澳大利亚于 1994 年开始推动创意产业，希望能够建立一个创意国度（creative nation），1999 年创意产业产值占 GDP 的 3.3%，就业人数多达 34.5 万人，占就业人口的 3.7%。新加坡于 1998 年提出“创意新加坡”计划，希望建立“新亚洲创意中心”，将新加坡改造成为文艺复兴城市。[②] 英国创意产业为第二大产业，仅次于金融服务业，2000 年创意产业产值已超过 500 亿英镑，占 GDP 的 7.9%；年增长率为其他产业的 3 倍，达到 9%；就业人口高达 115 万人，占全国就业人口的 4.1%，2002 年创意产业产值更高达 809 亿英镑。[③]

目前，台湾正迈向后工业化社会，在信息、光电、通信与生物科技产业之后，政府已将文化创意产业视为未来的明星产业，以创造精致生活产业、创造就业机会与提升经济产值。因此，很多人相信台湾的未来必须从“台湾制造”（Made in Taiwan，MIT）转型为“台湾创造”（Created in Taiwan，CIT），借由创造力摆脱微利竞争的噩梦。[④]

台湾决策部门自 2008 年提出“挑战 2008：‘国家’发展重点计划”，正式纳入文化产业，该计划所界定的文化产业包括：文化艺术核心事业、设计产业、创意支持与周边创意产业、文化展演设施产业、创意生活产业。2010 年 2 月 3 日《文化创意产业发展法》通过，该法第四条称：“本法所称文化创意事业，指从事文化创意产业之法人、合伙、独资或个人。”

① 大卫·索罗斯比著，张维伦译：《文化经济学》，台北：典藏艺术家庭股份有限公司，2003 年。

② 金元浦：《当代文化创意产业的崛起》，http：//www.culstudies.com。

③ 邹广文、徐庆文：《全球化与中国文化产业发展》，北京：中央编译出版社，2006 年。

④ 王竹君：《未来能力 4：创造力》，《Cheers 杂志》2006 年第 70 期。

第五条则对文化创意产业的类别明确予以定义："本法所称文化创意产业，指源自创意或文化积累，透过智慧财产之形成及运用，具有创造财富与就业机会之潜力，并促进全民美学素养，使国民生活环境提升之下列产业：一，视觉艺术产业；二，音乐及表演艺术产业；三，文化资产应用及展演设施产业；四，工艺产业；五，电影产业；六，广播电视产业；七，出版产业；八，广告产业；九，产品设计产业；十，视觉传达设计产业；十一，设计品牌时尚产业；十二，建筑设计产业；十三，数位内容产业；十四，创意生活产业；十五，流行音乐及文化内容产业；十六，其他经中央主管机关指定之产业。"显然比学术界所定义的范围更为广泛。

二、台湾客家经济的崛起与转型：从"山区经济"到"创意经济"

台湾客家经济是崛起于"山区经济"的传统经济形态，而成功转型于以客家文化创意产业为主的"创意经济"形态。

台湾客家人早在明清时期，就分别从粤东、闽西、赣南、广西等地分别渡海来台，居住于台湾北部的桃园、新竹与苗栗，中部的东势与国姓，南部的高屏六堆地区，东部的花莲与台东等。自移民以来，支持台湾客家人的重要产业几乎都以劳力密集的初级产业为主，如种植水稻、茶叶、樟脑、木材、水果等经济作物。在发展粮食种植的同时，客家人善用广大山区资源，发展经济作物产品，如苗栗的木炭、樟脑、香矛油等，新竹的茶叶、草莓、蓝染等，桃园的柑橘、造纸、花卉等，美浓的竹器、烟叶等，花东的稻米、茶叶、水果等，因而衍生出"山区经济"的形态。①

20世纪40年代至50年代，台湾地方政府推出"以农业培养工业，以工业发展农业"的政策，以初级产业为主的经济形态已经无法养家糊口，客家社会配合经济情势发展，因应以出口扩张、外销为导向的产业政策，开始调整客家传统经济结构，在发展农业与林业的基础上，渐渐发展出手工制造业、农产品加工业，如造纸、陶瓷、木雕、农产品加工（如生产柿饼、米糕、仙草）等。然而，这些手工制造业、农产品加工业所创造的产值相当有限，且容易受到国际经济的冲击，特别是20世纪70年代曾发生两次全球性的石油危机，使得能源依存度高、产值低的加工产业面临发展瓶颈，客家传统经济所赖以维生的樟脑业与造纸业由盛转衰；木炭业则因

---

① 丘昌泰：《客家政治与经济导论》，载江明修主编：《客家政治与经济》，台北：智胜出版社，2010年，第1－28页。

瓦斯家电的普及而走入历史；美浓地区的农田中再也看不到烟草业的荣景。原本从事初级与二级产业的客家子弟，纷纷从农村走向工厂；或者离乡背井，走入都市边缘开设餐饮店、蔬果店或小店铺，赚取微薄收入。传统客家经济的主角——初级产业，逐渐成为副业或遭人遗忘，客家人遂成为都市中被遗忘的边缘族群。[①]

台湾客家传统经济之所以能够快速转型，顺利跨入三级产业的门槛，主要归功于2001年6月14日成立的台湾“行政院”客家委员会[②]。客家传统经济汲取了三级产业的创新服务、产品营销或休闲旅游之养分，以创新加值的产业升级方式，重新改造传统客家经济的原始风貌，开创了蓬勃发展的新产业商机。客家文化创意产业发展的重要法规——《客家特色文化加值产业发展计划》，协助客家地区文化与产业相结合，发展具有客家特色之文化创意产业、绿色休闲产业及其他地方特色产业，并协助传统客家产业之转型与创新，以创造就业机会，带动地方经济发展，发扬客家文化。

近几年来，透过台湾“行政院”客家委员会的发展策略、非营利组织与小区发展组织的密切配合，以及透过创意的发挥，客家文化融入视觉艺术、数字网络与精致生活产业，发展出一种高附加价值的、生机蓬勃的客家文化创意产业。

自从客家文化创意产业蓬勃发展后，台湾社会已经出现新的认同风潮，正如同哈日、哈韩等概念一样，出现“哈客”一词，相较于传统客家的文化认同，“哈客”似乎更糅合了当代信息科技与营销管理的手法，将客家文化从保护、延续与维系转变成为一种能够产生附加价值的文化产业。过去提到客家文化，通常是指传统、落伍的文化代表，总脱离不了客家山歌、义民、擂茶、姜丝大肠、蓝布衫等传统意向，不仅使得客家文化难以吸引年轻族群，更不符合时代需要。但经过创意经济注入于创新的火花后，台湾客家社会将更多的创新元素注入于客家文化中，成为新的文化流行时尚，台湾的客家经济从以“山区经济”为主的传统经济成功转型为

① 丘昌泰：《台湾客家族群的自我隐形化行为：显性与隐性客家人的语言使用与族群认同》，《客家研究期刊》2006年创刊号，第45－96页。

② 客委会网站：http：//www. hakka. gov. tw。除了“行政院”成立客家事务机关外，地方政府方面也有相关机构，例如，台北市与高雄市政府都设置客家事务委员会，屏东县政府设置客家事务处，新北市政府则设置客家事务局，其他各县市政府虽并未设置独立机关，但都有设置主管客家事务的内部单位，故设置客家事务专责机关是推动台湾客家文化产业发展的主要动力。

以客家文化创意为主的“创意经济”。[1]

三、台湾客家经济的发展模式

台湾客家经济从传统的“山区经济”转型到“创意经济”，发展模式不外乎有下列三种：

（1）以政府客家事务主管机关为中心的发展模式：台湾于 2000 年成立主管客家事务的政府机关，编列各种预算，拟订各种推动客家文化创意产业的办法，如《客家特色文化加值产业发展计划》，透过各种客家节庆的举办，带动客家经济的转型。如以桐花祭而论，从客委会成立至今已举办 12 个年头，由于主管机关以公共计划与预算带动经济活动，至今已衍生出相当大的桐花商机，从食、衣、住、行、育、乐等各方面都可看出与桐花或客家意向有关的客家创意商品，真是不胜枚举。

（2）以微型企业为中心的发展模式：台湾客家文化产业的兴起原因之一是盛行于各地的“一乡一特产”（One Town One Product，OTOP）运动，“一乡一特产”之构想主要是来自日本的“一村一品”、泰国的“一乡一产品”（One Town One Product，OTOP）、马来西亚的“一地区一产业”（One District One Industry，ODOI）的发展经验。[2] 该运动的主旨是：每个乡（镇）应该结合当地特色，发展具有市场区隔性的手工艺、建筑或农林特产之地方特色产业。地方特色产业的“地方”以乡、镇、市为范畴，其所发展出来的特色产品需具历史性、文化性、独特性或唯一性等特质。该运动系由台湾“经济部”中小企业处负责推广，涵盖内容相当广泛，发展出莺歌镇的陶瓷、新竹市的玻璃、大溪镇的豆干、鱼池乡的红茶等地方特色产业。[3]

（3）以小区营造为中心的发展模式：小区是民众生于斯、长于斯的生

---

① 丘昌泰：《台湾文化创意产业的现况与展望》，中华海峡两岸客家文化经贸交流协会、北京联合大学台湾研究院、世盟基金会、世界客属总会、中华文化发展促进会联合举办，2006 年 11 月 11—15 日于北京。

② 台湾 OTOP 地方特色网：http：//www. otop. tw/news2/106288. html。

③ 丘昌泰：《以“客家小区营造”再创客家文化产业的风华：台湾“一乡一特产（OTOP）”运动的经验分析》，第三届客家文化高级论坛，四川省社会科学院、四川省社科界联合会、四川省侨务办公室主办，2012 年 9 月 18—21 日；丘昌泰：《经营客家特色，实践幸福梅州：以“一城镇一幸福”促进梅州幸福导向产业的发展》，世界客家文化艺术节客家文化与发展幸福导向型产业论坛，文化部、国务院台湾事务办公室、国务院侨务办公室、广东省人民政府、嘉应学院等联合举办，2012 年 11 月 19—20 日，地点：梅州市嘉应学院客家研究院。

活共同体，也是民众接触最频繁的基层政治结构，民众可以不关心国家大事，但无法漠视小区对于个人生活的影响。台湾客家文化创意产业兴起的动力来自1993年以来风行于台湾各地的小区营造运动。台湾各地客家人组成小区发展协会，举办小区营造活动，从产业发展、社福医疗、小区治安、人文教育、环保生态、环境景观六大面向（故称“六星计划”），透过小区营造活动的举行，寻找小区文化的共同历史记忆，培养小区居民的情感，凝聚以公共利益为基础的小区意识，创造独特的小区文化产业与优质美好的小区生活环境，以开创客家文化产业的风华。[①]

在上述三个发展模式中，台湾客家经济的发展模式最初主要是“以政府为中心”，占客家经济贡献度的九成以上，但随着小区与企业对于客家文化创意产业的经营手法日趋纯熟，以微型企业与小区营造为中心的发展模式正在不断地提高其比例，显示台湾推动客家创意经济已经出现“政府放手，民间接手”的发展趋势。

四、“客家文化产业化、客家产业文化化”的吊诡

“以政府为中心”的模式是台湾推动客家创意经济的主要发展模式，而其中一个关键性的思路是“客家文化产业化，客家产业文化化”[②]：

（1）客家文化产业化：对所有客家文化应该设法予以产业化或市场化；如果过份拘泥于传统客家文化的保存与发扬，却无法同时改善客家人的生活，则此种文化仍将是一种只供欣赏而无法创造幸福的文化，于是政府机关透过各种公共计划与相关办法为所有具有特殊意涵的少数族群文化注入产业与市场的价值与目标，使得客家文化的保存能够与就业机会、人民财富的增加联结在一起，故客家文化创意产业的目标之一是增加就业人口、提升文化产业产值。

（2）客家产业文化化：客家人从事的经济活动未必都具有文化意涵，若未具文化意涵，则以客家地区的经济实力，自然难以抗衡其他产业的竞

---

① 丘昌泰：《以“客家小区营造”再创客家文化产业的风华：台湾“一乡一特产（OTOP）”运动的经验分析》，第三届客家文化高级论坛，四川省社会科学院、四川省社科界联合会、四川省侨务办公室主办，2012年9月18—21日；丘昌泰：《经营客家特色，实践幸福梅州：以“一城镇一幸福”促进梅州幸福导向产业的发展》，世界客家文化艺术节客家文化与发展幸福导向型产业论坛，文化部、国务院台湾事务办公室、国务院侨务办公室、广东省人民政府、嘉应学院等联合举办，2012年11月19—20日，地点：梅州市嘉应学院客家研究院。

② 文建会：《文化创意产业创意手册》，2003年。

争威胁，因此，应将客家文化注入于客家产业，让客家人所从事的产业活动都能说出其背后的客家故事与展现客家特色，一旦客家产业能够文化化，则必然可以活化客家传统经济，提升客家文化的附加价值。因此，客家文化创意产业的目标之一是形成客家文化特色产业，以提高客家产业的文化质感。

在前述动人的口号下，政府编列预算积极推动客家创意经济，确实让客家文化创意产业创造出可观的产值，然而，经过这么多年来的运作，出现四大问题——客家创意经济的“微型化”“商业化”“节庆化”与“去主体化”①：

（1）客家创意经济的“微型化”：在“客家文化产业化”的号召下，客家文化商品纷纷出笼，多如过江之鲫，但一般而言，台湾客家文化商品经营者的规模都很小，属于家庭式的、个人工作室的经营形态者居多，不容易产生“规模经济”的效果。而且，台湾目前的客家文化产业商品的消费人口偏重于台湾内部，甚至是以该产业活动附近的县市居民为主要客群，这种产业消费人口的地方化结果使得文化创意产业活动的魅力大减，无法形成一种产业，扩大利基。因此，客家文化产业化是客家创意经济发展的重要里程碑。但目前来看，尚难达到“产业化”的要求。进一步分析其原因不外乎以下几点：①客家人本来就不是善于经商的族群，并没有市场营销或连锁加盟的概念，使得小型商品过多，无法降低经营成本，创造大规模的商机，如台湾的凤梨酥；②客家人所经营产业的资金与人力规模原本都是小的，经营体质较弱，面对近年来风起云涌的全球经济大萧条，创业者的心态更趋保守，“小本经营者”成为当前主要的经营形态；③以政府为中心的发展模式出现了瓶颈，毕竟经营市场并非该政府部门的专长，必须借重于经济、商业、农业或观光部门的长才，然而，这些部门基于“族群融合、族群平等”的原则，并不愿意独厚于属于“客家人”的文化产业，于是出现客家事务主管部门单打独斗的场景。

（2）客家创意经济的“商业化”：在“客家文化产业化”的旗帜下，理应造就“台湾客商”无限的商机，但在“族群融合、族群平等”的号召下，政府招标文件不准特别设立“族群籍贯”的限制，否则视为违法，于是很多“非客商”挟着丰厚的资金、人脉与经验，看准客家商机，纷纷聘用专业的创意公关公司或市场营销公司投标，从事客家创意商品的制造、

① 丘昌泰：《台湾客家文化产业发展战略的探索》，首届客家文化发展战略国际高峰论坛，2010年12月17—19日，广东省梅州市。

推广与销售，其竞争实力很强，正牌的客商望其项背。

另外，台湾商品特色就是创意性很强，但局限于短期的流行，经常是发光、发热一阵子后，就迅速沉寂陨落。台湾客家社会出现很多仅出版一本书的作家或只发行一张音乐专辑的客家乐手；也有更多的客家商品仅贩卖于一时潮流，此后就销声匿迹。客家文化可以在很短时间内创造与累积最大量的财富，但往往也消失得很快，这种商业化特质使得台湾当代客家创意经济往往出现“只顾眼前，不重长期”的弊病。

（3）客家创意经济的“节庆化”：台湾客家创意经济之所以难称为可持续发展的“产业化”，主要是过分热衷于举办“节庆活动”，以为只要举办与客家文化有关的“节庆活动”就创造了客家经济产值，事实上，这些节庆活动往往只是热闹一两天或者一两个月，当节庆活动结束后，人去楼空，一切归于平静，客家地区仍然相当萧条，无法形成一种可持续性的产业活动。例如，台湾几个著名的桐花村，平日游客甚少，唯有在桐花祭举办期间才能吸引大量人潮。在此情形下，客家文化产业的投资必须要靠政府政策与经费的补贴，没有了政府的经费支持，文化产业经营者本身的财力有限，根本难以永续经营，能够真正形成一种永续发展的客家文化产业经营者，真是屈指可数。何以客家创意经济如此偏爱节庆活动？这一方面与台湾的地方选举文化有关，地方首长认为唯有举办节庆活动，才能让人民“有感”，有利于为未来竞选铺路；另一方面，则是举办节庆活动是台湾地方社会不分族群的共识，据估计台湾地方政府每年举办的节庆活动至少上百场，客家文化产业在此氛围下，也走上节庆活动化的道路，一时的热闹有余，永续的经营不足。

（4）客家创意经济的“去主体化”：许多客家研究者指出：台湾社会领导者经常呼吁大家要团结合作，族群融合，但融合结果令具竞争力的“非客商”进入客家文化创意产业，使得种种属于客家文化产业的特征，经过这几年的“族群融合”，失去了客家文化的独特性与主体性，以致于呈现“去主体化”的弊病。例如，我们常说客家人有“硬颈”精神，但很多福佬人认为“硬颈”是台湾先民的共同性格，不是客家独有的族群性格。又如蓝布衫、客家小炒等向来被客家人认为是属于客家的特色，但在台湾社会中则成为闽客的集体记忆，并不专属于客家。客家文化创意产业的主体性是推动客家创意经济的核心，欠缺主体性的客家经济就欠缺能力去分辨客家与非客家的差异，当然无法形成客家文化的独特性。

总之，目前台湾的客家文化产业尚处于萌芽发展阶段，其成果尚不能称为成功，未来尚有相当大的努力空间向海外输出。基本上，客家文化产

业活动必须根源于土地，如果底部土壤不够肥沃，这样的优势也只会出现具有上述四大弊病的经济形态，从长期来看未必有利于客家人。

五、多元文化主义视野下的台湾客家经济

台湾客家经济之所以能从传统经济顺利转型成为以第三级产业为主体的客家文化创意产业，主要得力于族群融合的多元文化主义（multiculturalism）。在台湾社会中，客家人固然是第二大族群，但人口数目不过占总量的15%左右，这样少量的人口比例，却要动用到庞大的政府预算与行政资源，若没有客家以外其他族群之支持，不可能通过该项预算，该项政策也无法创造出应有的经济与社会效益。因此，台湾是一个可以容纳客家文化蓬勃发展的文化多元主义社会，这可说是台湾客家经济发展成功的基础。

近年来，全球化浪潮席卷下的弱势族群文化有被灭绝的危机，故有关多元文化主义的课题逐渐增加，换言之，从少数族群的文化权探讨一个国家如何展现多元文化主义的族群融合关系乃是当前族群研究的新趋势。关于此项研究的文献，有从公共领域与多元文化主义的角度出发者①，有从文化认同与族群认同角度出发者②，亦有探讨多元文化主义与教育之关系者③，真正以特定少数族群为对象的研究者仅有张锦华等④。

沃特森认为多元文化主义具有下列特征：①多元文化主义的核心是承认文化的多样性，承认文化之间的平等和相互影响；②多元文化主义是一种历史观，关注少数民族与弱势群体，强调历史经验的多元性，一个国家的历史经验与传统是多民族的不同经历相互渗透的结果；③多元文化主义是一种主张多元文化的教育模式，故学校教育中必须修正过去对于非主流文化的排斥与忽视；④多元文化主义是一种强调所有族群在政治上、经济上、社会上平等的公共政策；⑤多元文化主义强调的是种族平等与宗教宽

---

① 洪泉湖：《台湾的多元文化》，台北：五南书局，2005年；张茂桂：《多元主义、多元文化主义论述在台湾的形成与难题》，载薛天栋主编：《台湾的未来》，台南：成功大学社会科学院，2002年；刘阿荣：《多元文化与族群关系》，台北：杨智文化，2006年。

② 刘靖：《差异、认同与教育——从社群论到多元文化论》，《国学校行政》2004年第34期；洪泉湖：《从多元文化的观点论公民养成》，《公民训育学报》1999年第8期。

③ 但昭伟：《多元文化主义观点之下的道德教育与评量——一项初步的观察》，《教育数据集刊》2000年第25期。

④ 张锦华：《多文化主义与广播政策——以台湾弱势族群（原住民与客家族群）为例》，1997年；洪泉湖：《台湾的多元文化》，台北：五南书局，2005年；刘阿荣：《多元文化与族群关系》，台北：杨智文化，2006年。

容，其所追求的并不是文化上的平等，而是社会上的平等。①

洪泉湖对于多元文化主义的定义是：应该要将“多元”与“文化”加以拆解，前者是指尊重差异，让各种不同声音、看法与价值观得以展现，后者则意涵广泛，包括拥有不同世界观、操持不同的语言与拥有不同的生活风格等。他认为多元文化主义具有三项内涵：①破除他者的迷思，呈现多元的文化样貌；②追求积极的差异性对待，而非一视同仁的消极性批评；③强调行动的积极展开。从前述的论点可以得知：多元文化主义批判的对象是“单元文化主义”，它基于主流族群优越感，常将少数族群的生活习惯或异文化加以排斥、曲解甚至歧视，以至于形成族群隔离与刻板印象。②

多元文化主义的相对概念是文化融合主义（cultural inclusion），它是指为了加强国家的统一性与社会的和谐进步，少数民族不能自认为“特殊”“与众不同”，如此将破坏人民情感、社会和谐与国家秩序，因此少数族群必须充分融合于主流文化（mainstream）中，水乳交融，内化为主流文化的一环。推动文化融合主义最彻底的是美国，作为一个多元种族的国家，为了建构族群与国家认同，强化各个少数族群对于美利坚合众国的忠诚支持，长期以来，美国社会就一直灌输种族融合的重要性，希望这些来自不同国家的后裔能够放弃自我族群性格而融合一起再生（re-forming）为另一个优秀的新民族，这就是著名的民族大熔炉理论（The Melting Pot）③。然而，民族大熔炉理论在美国逐渐发酵的结果却形成了一个以盎格鲁撒克逊民族为主体的美国化（Americanization）社会，其实质是希望美国境内所有其他少数民族都应该融入以白人文化为主流的美国社会。④

我们用简单概念比较多元文化主义与文化融合主义的异同。假设一个国家中，有比例最多的福佬人（用大圈表示）、两个中圈（外省人与客家人），还有一个比例最少的小圈（原住民）。文化融合主义的主张是：为了国家再生的战略目标，少数族群必须放弃其特色而认同主流族群，换言之，两个中圈与一个小圈必须融入于大圈中，设法学习大圈的语言、文化与生活方式，成为一个新而特大的大圈。依此，文化融合主义的策略思维是弃异取同，化异求同，以成就一个新主流社会（见图1）。

---

① 沃特森著，叶兴艺译：《多元文化主义》，长春：吉林人民出版社，2005年。

② 洪泉湖：《台湾的多元文化》，台北：五南书局，2005年，第7－8页。

③ ZANFWILL I. The melting pot. New York：Macmillion，1909.

④ 王希：《多元文化主义的起源、实践与局限性》，《美国研究》2000年第2期。

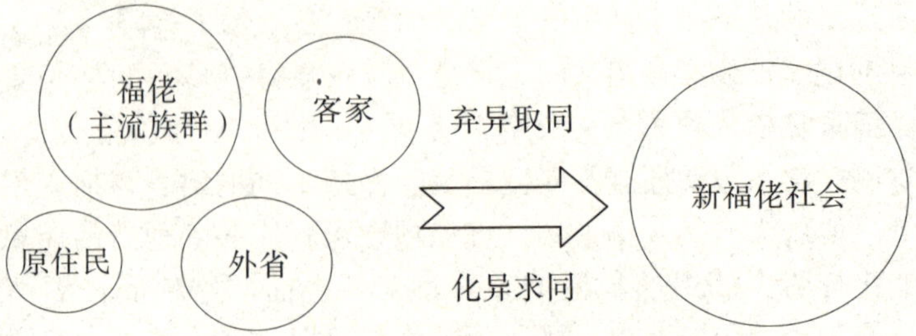

图1　文化融合主义的策略思维

然而，从多元文化主义的思维而言，文化融合结果是少数族群文化特色的消失，少数族群的灭绝，因此，维持地区的可持续性发展与社会的和谐进步的责任并不在于各小族群，而在于主流族群，唯有“主流族群”尊重“支流族群”，才能建构一个和谐的社会。因此，大圈、中圈、小圈长久融合，虽然彼此之间透过长期的族群互动，会形成共同的文化价值观，但仍应各自维持各自族群的文化特色，彼此基于相互尊重而得以和平共存、社会进步与国家发展。总言之，多元文化主义的策略思维是“同中求异，异中求同”，以成就一个“服从多数，尊重少数”的多元文化社会（见图2）。

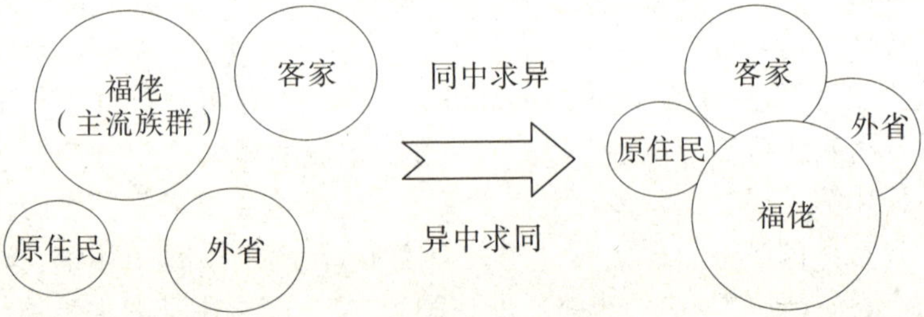

图2　多元文化主义的策略思维

文化融合主义强调的是“弃异取同，化异求同”，特别强调的是少数族群“同”化于主流族群的重要性，最后造成客家族群的消失；多元文化主义则是强调“同中求异，异中求同”，强调差“异”的价值，并不刻意强调同化融合。

在当前重视“族群融合、族群平等”的号召下，客家文化产业的哲学基础必须追求多元文化主义，而非文化融合主义。很明显，盲目地追求文化融合主义，慢慢就会使客家与其他族群文化的界线愈来愈含糊，当客家不成为客家的时候，其实也是客家文化殒殁之时。因此，多元文化主义的基本出发点是承认各少数族群的差异性（recognition of difference），主流族群所控制的国家法制必须落实于肯定并且衷心接纳少数族群有所差异的基础上，才能避免落入同构型文化帝国主义（cultural imperialism）的陷阱①；同样地，必须将这种尊重少数、承认差异与宽容平等的文化概念纳入政治领域中建构真正平等的肯认政治（recognition of politics），少数族群权利才能真正获得保障。

依据多元文化主义与文化融合主义的思维观察台湾客家创意经济的瓶颈与困境，很明显会不知不觉地掉入文化融合主义的泥沼，客家文化创意产业正因过度的"商品化"而逐渐地"去主体化"。表面上，客家文化以新创意形式出现于市场中，受到顾客青睐，客家文化的再生（re-birth）成为吸引客家认同的口号。事实上，我们都很清楚，这些过度强调创意化与商品化的客家商品的制作者并无客家意识，只是以客家为保护伞，牟求个人最大的利益，一切以市场利益为优先考虑，客家文化并没有因为客家文化创意产业的发达而得到进一步的保护与发展。

多元文化主义视野下的台湾客家经济，对于客家文化创意产业的正确态度是：一方面固然可以大胆创新，创意设计，以开发市场，开创创意经济，但也应尊重传统，坚持原味，以传承客家文化为追求的价值之一，如此才可以达到"同中求异，异中求同"的目标。一方面应继续原有的创新路线，发展文化创意产业；另一方面则必须推动传统经济，维持固有的客家文化传统，保存客家文化风貌。

以客家歌剧为例，在设备一流的豪华剧院中观赏融合西方与当代中国戏剧手法于一炉的现代客家剧，固然是一种视觉享受，但难免失去了客家味道，总不如随兴而唱的山歌更感觉真实。再以客家美食为例，过多的客家创意料理固然满足了我们的味蕾，但总会产生严重的失落感，让人怀疑这属于客家的食物与食材吗？客家人本来就住在资源并不丰富的山间，物资缺乏，勤俭持家，真正客家料理应该强调家乡风味，朴实纯真，透过原汁原味的烹调，更让人感受先人的辛劳与节俭。

在多元文化主义视野下的客家经济，要兼顾"创新"与"传统"的双重要素，一方面固然要发展以客家文化创意产业为主的创意经济，另一方面则不能放弃以初级与二级产业为主的传统经济。在当前社会中，各行各业已经为我们提供相当多的创新设计人才，却欠缺相当了解客家传统，具

① YOUNG I M. Justice and the politics of difference. New Jersey: Princeton University Press, 1990.

有客家意识的创新设计人才，基于此，我们建议未来客家经济发展的方向是：

（1）客家传统经济的特色化：客家传统经济最能维持客家本色，不能予以放弃，但问题在于能不能呈现“客家本色”。客家文化产业应该发展出足以成为客家品牌或客家口碑的特色，该特色可能是客家美食、客家节庆、客家古迹文物、客家人物等。我们要说得出这些特色背后的客家文化意涵，要学会说客家的故事作为实现客家产业文化化的根本。

（2）客家传统经济的加值化：客家传统经济之所以无法生存于当代社会，根本关键在于无法创造令顾客青睐的附加价值，以至于产生的效益相当有限。客家传统经济必须予以加值化，发展策略为：号召营销管理专家与客家文化工作者，组成一个跨领域的专家团队，为每项客家传统商品鉴定其价值，并且将创意商品与客家文化的价值予以串联，以形成一个能够产生商机的“价值链”，使顾客能够认同进而购买。例如，我们可以推动“有机客家农业”，不是只有“动嘴吃美食”一途，而是应该对“体验客家生活、与当地居民互动、借住当地民宿与品尝当地小吃”等一连串的体验行为加以串联，若能配合因特网的建制则其影响力将更为深远。由于现代社会愈来愈重视饮食的健康，推动有机养生食物对于特定人群颇有吸引力。

（3）客家创意经济的主体化：客家文化创意产业必须要扣紧客家文化的主体性，不能因为创意而失去客家味道。为了维持客家精神与文化特色，每项客家创意商品必须要学会说客家故事，因此，我们建议：在客家创意经济发展过程中，应该要将客家文化工作者纳入进来，作为客家文化创意产业的咨询顾问，俾其能在设计创意商品过程中，提出不偏离客家传统的建议，使各项商品的设计仍可保留充分的客家元素。

（4）客家创意经济的责任化：客家创意经济发展过程中，政府应该要建立“回馈客家文化与社会的机制”，成立“客家文化发展基金”，换言之，任何客家地区的文化创意产业经营者，一旦成功开发某项产品，应该抽取固定的利润回馈于客家文化，以展开客家文化的保存与发扬工作。

六、结语：期待一个多元文化主义的客家经济

对于一个健康成熟的多元社会而言，多元族群的共存共荣是社会繁荣与国家发展的资产，而非负债，此种资产唯有在民主社会中才得以受到法制上的保障、多数群众在行为上的承认与心理上的尊重。多元文化主义的出现确实为长期以来不平衡的族群关系提供了一个公平正义的族群融合基

础，借由多元文化主义思路的展现，弱势族群主体性的追求就不能被视为破坏族群融合的象征。唯有承认弱势族群文化在客观表征上的差异性，以及主观意义上的特殊性，并且在政策上适度加以保障，多元文化主义下的族群关系才有其存在的时代意义。

在多元文化主义架构下的客家经济，必须兼顾传统客家与创新客家的双重价值，不可偏废，客家传统经济必须强化其“特色化”与“加值化”，以提高客家传统经济的文化质感，至于当代客家创意经济则必须强调其“主体化”与“责任化”，以消除创意经济所呈现的四大弊病——客家创意经济的“微型化”“商业化”“节庆化”与“去主体化”。

在这个多元文化主义的社会中，弱势族群千万不能抱着被压迫者的悲情，使得美好的族群关系蒙上尴尬的阴影，唯有以健康的心态看待弱势族群的文化特色、呈现多元文化才能创造客家社会的共同资产。

参考文献

1. 文建会：《文化创意产业创意手册》，2003 年。

2. 王竹君：《未来能力 4：创造力》，《Cheers 杂志》2006 年第 70 期。

3. 王希：《多元文化主义的起源、实践与局限性》，《美国研究》2000 年第 2 期。

4. 丘昌泰：《台湾文化创意产业的现况与展望》，中华海峡两岸客家文化经贸交流协会、北京联合大学台湾研究院、世盟基金会、世界客属总会、中华文化发展促进会联合举办，2006 年 11 月 11—15 日于北京。

5. 丘昌泰：《台湾客家族群的自我隐形化行为：显性与隐性客家人的语言使用与族群认同》，《客家研究期刊》2006 年创刊号。

6. 丘昌泰：《客家政治与经济导论》，载江明修主编：《客家政治与经济》，台北：智胜出版社，2010 年。

7. 丘昌泰：《台湾客家文化产业发展战略的探索》，首届客家文化发展战略国际高峰论坛，2010 年 12 月 17—19 日，广东省梅州市。

8. 丘昌泰：《以“客家小区营造”再创客家文化产业的风华：台湾“一乡一特产（OTOP）”运动的经验分析》，第三届客家文化高级论坛，四川省社会科学院、四川省社科界联合会、四川省侨务办公室主办，2012 年 9 月 18—21 日。

9. 丘昌泰：《经营客家特色，实践幸福梅州：以“一城镇一幸福”促进梅州幸福导向产业的发展》，世界客家文化艺术节客家文化与发展幸福导向型产业论坛，文化部、国务院台湾事务办公室、国务院侨务办公室、

广东省人民政府、嘉应学院等联合举办，2012 年 11 月 19—20 日，地点：梅州市嘉应学院客家研究院。

10. 但昭伟：《多元文化主义观点之下的道德教育与评量——一项初步的观察》，《教育数据集刊》2000 年第 25 期。

11. 金元浦：《当代文化创意产业的崛起》，http：//www. culstudies. com。

12. 洪泉湖：《从多元文化的观点论公民养成》，《公民训育学报》1999 年第 8 期。

13. 洪泉湖：《台湾的多元文化》，台北：五南书局，2005 年。

14. 张茂桂：《多元主义、多元文化主义论述在台湾的形成与难题》，载薛天栋主编：《台湾的未来》，台南：成功大学社会科学院，2002 年。

15. 大卫·索罗斯比著，张维伦译：《文化经济学》，台北：典藏艺术家庭股份有限公司，2003 年。

16. 张锦华：《多文化主义与广播政策——以台湾弱势族群（原住民与客家族群）为例》，1997 年。

17. 沃特森著，叶兴艺译：《多元文化主义》，长春：吉林人民出版社，2005 年。

18. 邹广文、徐庆文：《全球化与中国文化产业发展》，北京：中央编译出版社，2006 年。

19. 刘阿荣：《多元文化与族群关系》，台北：杨智文化，2006 年。

20. 刘靖：《差异、认同与教育——从社群论到多元文化论》，《国学校行政》2004 年第 34 期。

21. YOUNG I M. Justice and the politics of difference. New Jersey：Princeton University Press，1990.

22. ZANFWILL I. The melting pot. New York：Macmillion，1909.

分裂的认同：19 世纪围绕槟城国际港口的客家社群

王琛发[1]

一般讨论东南亚客家同乡的历史时，往往认为槟城的嘉应同乡或者增龙同乡最早为当地乡人建成会馆。在槟城华人史上，嘉应会馆的地契志明1801 年，最初称为“仁和社”或“仁和公司”[2]，增龙会馆由增城与龙门先贤合创，前身则是“仁胜公司”，其会史曾经说明，嘉应会馆 1801 年的地契上有标明“仁胜公司”在其北侧。[3] 此外，以客家人为主流的惠州公司则是在 1822 年建馆。[4] 同期间，在永定陈洪魁于 1840 年逝世以前，他也将打铁街门牌七号的房子移交给永定和大埔同乡作日常联络座谈之“永大馆”。[5] 此举距英国 1786 年最初上岸殖民槟岛还不到半个世纪，亚洲第一个国际自由港的都市最初雏形正在逐渐形成，这四家会馆陆续兴盛，显然说明客家人在当地进出落脚日趋频繁。只要把这几间会馆的位置对照Home Riggs Popham 在 1798 年绘制的槟城东北角港口地图[6]，可以发现，各股客方言势力占据邻近海岸的不同角落各设会馆，照顾各自的成员。这也正好反映，最初聚居在当地的客家群体，不见得是一体同心；各会馆早

---

① 作者简介：王琛发，男，马来西亚人，宗教学博士，医学博士，马来西亚道理书院道教学院董事会主席兼院长，大同韩新传播学院教授。

② 曾辉青：《槟城嘉应会馆会史》，载刘果因主编：《槟榔屿客属公会 40 周年纪念特刊》，槟城：客属公会，1979 年，第 669 页。

③ 钟炎坤：《槟城增龙会馆简史》，载林廷佾主编：《槟榔屿广东暨汀州会馆 200 周年纪念特刊》，槟城：广东暨汀州会馆，1997 年，第 431 页。

④ 王琛发：《槟城惠州会馆史》，载王琛发：《槟城惠州会馆 180 年——跨越三个世纪的拓殖史实》，第 25 页。

⑤ 胡文希：《槟城永大会馆概况》，载胡嘉达主编：《北马永定同乡会新会所开幕暨会庆 42 周年纪念、青年团 9 周年纪念庆典特刊》，槟城：北马永定同乡会，1992 年，第 232 页。

⑥ Khoo Su Nin 的 *The Development of Georgetown's Historic Centre* 所附录Ⅻ、XIV、XVIII，XX、XXII、XXIV、XXVII地图（原件属槟州博物院收藏史料），载槟岛市政府城市古迹规划建议书，1993 年，未公开发行。

期成员是本着中国原乡地域差别，拥有各自的利害关系，各有不同的认同方向。

当然，自19世纪起客家先民漂洋过海下南洋，他们立足港口，长期通过港口作为跳板开拓周遭内陆地区，以及对外输出农、矿原产品，也在催促着许多来自山村或矿区的先民转变视野。他们是面向海洋，以及最早和西方交流的客家人。然而，回到当年的历史脉络去看，这些各据港口位置的同乡组织在海岸前线建馆的目标本就是接应从华南南下又进出邻近各埠的来往人口，以及争取让本集团的合作开拓邻近各地的内陆资源。因此，这些客家先辈互相竞争是主流的局面。而竞争的剧烈也导致他们不只分化，甚至一度趋向带动区域上整个华人世界的两极分化，而大家又不断在实质分裂的现实中追寻大众心里共同想要的认同。

一、分裂年代的现象：港口乡会分别成为邻近同乡聚落的中枢

在Popham绘制的地图上，有一条街道叫“中国街”，街道由海边笔直伸延到陆地，路口直指海邻近较高的小丘。在他绘制地图的两年后，当地华人才在小丘上边建成望向大海的观音庙，这座“广福宫”在当年是地方华人社会共同的社会组织兼信仰中心，现在依然是地方上的华人信仰重镇，逢年过节必然热闹。再以Popham的地图对照后来出现的嘉应会馆和增龙会馆，两间会馆从初建到现在依然在相同位置，即地图上“中国街”靠海前端的左邻。只是，嘉应会馆和增龙会馆都是在Popham绘制地图没几年之后拿到地契的，当时的海岸线尚未向前扩延填海，海边也尚未出现现有的两条横街，两间会馆都建造在槟城海港港湾岸边，左侧不远是英殖港口海关碉堡，又是槟城向着马六甲海峡北方通往印度洋的海岸线。先人选址，看来是为了配合海港都市的经济特征，掌握乡亲在会馆门前上下港口的守望优势。

再看当时惠州先民在惠州公司建馆前后的聚居地，其地理位置和增龙以及嘉应会馆显然保持距离。惠州人在港湾另一边建馆，其会馆以前的大门向着现在后门的方向。[①] 现在，会馆后边原来的地点已经变作大沟渠，可是它在19世纪时曾经是进出槟岛内陆的繁忙河道，现在保留着“港仔墘”的地名，说明它曾是河港岸边。从Popham的地图看，永大馆所在的打铁街，当时街口尚未连接后来填海填出的“海墘街”，打铁街路口本来

① 温梓川：《埋没了的洪门致公堂——兼述与槟城惠州人渊源极深的振汉社、联胜堂》，《星槟日报》新年特刊，1984年1月1日。

就是闽南人俗语中名副其实的“海墘”，即港口另一片可供人上岸的“海岸地”。

这几个客家乡会在槟城海港前线各自分布在策略性位置，首先，其格局反映着当时不同籍贯的客家群体相会在同一个港口都市，却并非一体，而是各自以原乡为认同，由乡亲组合成维护所有个人生活的“公司”。其次，这也说明，各籍贯客家人来到槟屿，各有共同组织，各自可以依靠自家人设立会馆聚族，过着守望相助的群体生活。再次，几家会馆的地理位置，也反映先民似乎都在乎沿着港口海湾抢占岸边“码头”，各据地盘。最后，从这些客家组织各自选占海港边沿具有优势的地理位置，可见先人那时早已深受港口经济生态影响，眼界都是跨海的。

早期港口生态的事实也确是如此这般。19 世纪客家群体虽说分布各地从事农业或矿业，但是一切出口俱靠槟城自由港从事国际贸易的优势。像增龙会馆的领导郑景贵，即使身为霹雳太平甲必丹，但其居住与经商，还是以槟城为基地。又如后期在霹雳州拿乞与端洛采矿致富的永定人胡子春，其“春园”一样是位于槟城。即使在槟岛上，遇上当时的陆路交通不便，从内陆的阿依淡要到槟城市区，还是要走岛西南方浮罗港口的水路。[①]

如果再以 Captain James Scott 在 1786 年绘制的地图，对照槟岛市政局在 19 世纪 20 年代建议开宽港仔墘河道的另一张地图，更可知惠州先人在 1822 年建馆选址其实经过深思熟虑。在 19 世纪，槟城的惠州公司主要的成员都在槟城南面至西南面一带务农或捕鱼，也有在吉打和威省从事种植或远赴太平一带采锡，当时海岸线并没有延长到今日的海墘街，海滩就在馆址不远处，惠州馆门朝港仔墘，实际是把守着河海交界的港岸，而港仔墘的地理位置则是正对马来亚半岛马当（Matang）河港，两边拥有距离最短的海程。[②] 正如瑞天咸（Frank Swettenham）在英国殖民者介入拿律战争以后的调查所见，马当河港曾经是惠州先民在拿律矿区进出、运粮以及输出锡矿苗的水路命脉，也是防守关卡和仓库所在。[③]

配合当年的地图去解读槟城客家组织可知，19 世纪中叶之前，南洋乡会多从组织性质自称“公司”，依其实质硬体建筑的功能则自称为“馆”，

---

① 温梓川：《客家人在槟城》，载刘果因主编：《槟榔屿客属公会 40 周年纪念特刊》，槟城：客属公会，1979 年，第 720 页。

② 王琛发：《追寻槟城惠州人最早的聚居地》，载王琛发：《槟城惠州会馆 180 年——跨越三个世纪的拓殖史实》，第 87 – 88 页。

③ BURNS P L & COWAN C D ed. Sir Frank Swettenham's Malayan journals 1874 – 1876. Kuala Lumpur，London：Oxford University Press，1975.

意义并不矛盾。“公司”即属“公”之“司”。众人之所以创立或加入“公司”，是基于共同需要，赋予“公司”照顾众人各种利益的职责，而又形成众人对其的归属与依赖。而“馆”则有“客舍”之意，有“馆驿”则可以供张行旅。“公司”为“会”众而设，聚“会”有“馆”而称会馆，即由于组织必须接引南来海外开垦劳动人口，集散从港口分配各开荒地区或者从当地撤回的成员。公司必须有会馆，在于必须有空间培训同乡武术以及谋生根底、收留病患或失业者、提供工作安排、埋葬死者。时而称“公司”，时而称“馆”，其实是从不同方向自我了解。

当然，正如上文有提到的广福宫，在惠州、嘉应、增龙、永大各公司出现的同时间，地方上也不是没有跨民系的华人组织。嘉庆五年（1800）《创建广福宫捐金碑记》提到“槟榔屿开基以来，日新月盛，商贾云集，得非地灵人杰，神之赐惠欤”，而结论为立庙之举是“同沾乐利，广福攸归”①。这是以神道设教确立庙宇协调社会联系的地位，以大家在神明眼前讲究互相公道作为原则，成立广、福两省人民在地方上沟通议事的机构。槟城广福宫现存道光四年（1824）碑记有说“有广福宫者，闽粤人贩商此地，建祀观音佛祖者也”，同治元年（1862）碑记则说“槟屿之有广福宫，固两省都人士所建，于以宁旅人而供香火也”，又说“有事则解纷排难，同消雀角之争”；可见槟屿开辟之初，各籍贯华人，包括增龙人、嘉应人、惠州人，确实是共同根据广福宫的信仰基础，在共同事务上寻求合作协调。至于嘉庆六年（1801）《广东义冢墓道志》也一样是不分籍贯，说明至迟在乾隆年间，广东人在当地已经往来贸易谋生，大众有需要设立义冢，为不幸身亡异乡的同乡集体安排埋身之处。19世纪南洋华人神道设教之所以兴盛，还有个背后的理由：正待开垦的新社会面对着不同族群/民系/籍贯的开拓群体和冒险者蜂拥而入，不见得有足够的执行权威支持法律与制度。

小丘上的广福宫高高在上供奉着观音菩萨以及诸方神仙，而港口前线各股会馆势力分布在港口对外交通的策略性位置，这样一幅历史图像，方才是帮群政治真相的写照。

《创建广福宫捐金碑记》有“商贾云集”之说，商业世界的本质毕竟是竞争，同业为求共生，方才会重视社会道义与协商同业利益。仅根据“仁和公司”和“仁胜公司”的历史（这两家客家人组织和“广福宫”与“广东义冢”是同期出现的，也都是在1801年获得地契），可知嘉应、惠

---

① 本文引用碑文，凡属现场抄录者，不另作注。

州、永大、增龙等诸组织的成员，更注重乡会只限成员的内聚性认同，以及认识到通过此种共同体营造和保护的共同福利。而在地的乡亲认同又是结合着港口地缘势力的共同利益，会持续互相推进，也互相巩固。因此，不妨说，下南洋的华人不待他人“分而治之”，本来也有势力分化之态。客家组织的成员参加槟城广福宫，以及各组织联合参与和支持槟城广东暨汀州公冢募款，固然是基于更大的“华人”或“广东”认同，但也是考虑共同利益有利小群体，代表着各自同乡的利益而与他人团结。当时华人对广福宫的认同、广东人对广东义冢的认同，是建立在各有主体、各依主体的根基上，可谓是种“分裂的认同”。

更具体地说，槟榔屿开发港口初期，华人先民初到该境或暂居槟城，不一定人人都要居住岛上，更别说是长久建屋。以惠州先人的经验为例，前人解释会馆缘起，曾说：“前清道光二年，惠州属人组织惠州公司，时有老乡李兴氏，以三百二十五元购得瓦屋两间，地皮一段，无条件捐赠惠州同乡以作会馆之用……定名惠州会馆，凡居住乡村僻埠之同乡，因事至槟城者，均以会馆为憩息之所。”① 很多时候，各府县先人成立“公司”，由公司建设会馆，其实是为了照顾其成员寄居，为乡亲陆续到达港口转往各地谋生提供方便。再以嘉应会馆为例，在嘉应同乡的记忆中，当初的乡亲会馆的任务之一，是把初到槟城的新客，在登岸后分配到内陆各州，一切手续由会馆办理。② 再到后来，嘉应会馆还办起过疗养院，集中照顾在各处工场因病回槟的同乡，提供休养治疗的福利。③ 由此可见，公司除了送乡亲到内陆生活，也有责任照料从内陆撤出的同乡，范围包括在华社内部为自家人争取养生送死。早期下南洋的先民最重要的是要能在异地生存下来，谋得生计。能保障大家在异地克服生活障碍的组织，也方才是群体最具体的认同对象。在“分裂的认同”底下，不同籍贯的客家先民虽说同属客家，但其各自“公司”以成员“公众”利益为上，是否时时切合更大的“公”概念，则是历经考验。

这种心态情势也可以根据广东暨汀州公冢不同时期的碑记措辞说明。在嘉庆六年，《广东义冢墓道志》说明“凡粤东之客，贸易斯埠，有不幸身故者，埋葬于此”，到道光八年（1828），其组织已经改称“广东暨汀州

---

① 丘若峰：《槟城惠州会馆会史》，载刘果因主编：《槟榔屿客属公会40周年纪念特刊》，槟城：客属公会，1979年，第664页。

② 李国贤：《发刊词》，载《槟城嘉应会馆成立170周年纪念特刊》，《星槟日报》特刊版，1971年7月25日。

③ 刘果因主编：《槟榔屿客属公会40周年纪念特刊》，槟城：客属公会，1979年。

府、诏安县捐题买公司山地”。按闽粤俗语，“公司”即共同出资与共同拥有。可是，碑文上各组织分明，亦证明人们是在籍贯/方言的基础上合作。广东省原本是多方言的，在“广东暨汀州府、诏安县捐题买公司山地”的碑记上，明显看到潮州府与底下的大埔县各作题捐，显然当时在槟的潮汕方言潮州人，和属客方言的潮州府大埔人尚有语言距离，未曾建立后来“韩江家庙”的认同。[①] 反而，同一碑上，源自福建汀州府和诏安县的先人，可能因为语言上更亲近广东客家人，不是参加福建人的义冢，而是加入广东省的阵营。到咸丰四年（1854）捐款碑，当时各府县显然都已经各有会馆，但不见汀州和大埔的名称，出现的是“永大馆”，可见广东省各籍当时接受着大埔先民一度“离潮抱永”的亲近之情。福建永定本来就毗邻大埔，南洋永定先人侧重客家认同多于福建的地域认同，以致“永大馆”出现，是立下至今“广东暨汀州”共同体的基础。只是，如碑所志，也是至迟在1854年，诏安县从此又脱离出原来的阵营。

到了今天，围绕着槟城的邻近大小乡镇饱经从19世纪走到21世纪的变化，各地区随着地方上的人口剧增，都出现地区性质的同乡会。早期槟城以跨地域“公司”作为所有这些市镇同乡的中枢，在港口维持“会馆”以方便集散人口，已经是属于历史的组织模式。可是，如果有心人能细心对照19世纪槟城各会馆碑文与邻近地区的文献史料，还是可以发现当年在槟城设立的这些同乡“公司”是跨地域的联盟体。这其中，增城与嘉应两家会馆的众多领袖有过跨地域投资，跟随他们的员工也多为乡亲，是较具体的例子。

在惠州人间，黄陈庆留在各处的捐款遗痕，也让惠州会馆跨地域领导乡亲的模式有迹可循。1862—1863年槟城《重修广福宫碑记》记录黄陈庆捐款60元，仅是排名29位的跨地域捐款人之一；但同治八年（1869）的《重修惠州馆碑记》中，他就以捐款260元名列捐款人榜首，可见他当时也是把持“分裂的认同”，在认同华人共同体之余，较倾向以惠州同乡关系为主。到了1877年，黄陈庆在高巴三万的大鱼潭坟场《大山脚题缘碑记》中以排名第一的总理人身份排在捐献者名单第三位；再到1886年，黄陈庆出任当地社会与信仰象征的福德正神庙“匡理”，他在《募题捐助建庙芳名》石碑留下捐款465元的纪录，当时全部263名捐款人总共才捐献出2 740.9元。相关黄陈庆的这一系列碑文从旁佐证了槟城惠州会馆在

① 王琛发：《潮州会馆史论》，载《槟榔屿潮州会馆成立134周年纪念特刊(1864—1998)》，槟城：槟榔屿潮州会馆，1998年，第18－24页。

当时属于跨地域组织，结合其他材料也证实惠州先民在大山脚镇曾经的主流地位；而黄陈庆的活动领域又反映出其时惠州会馆领导或成员不一定都来自槟岛。[①]

二、分裂年代的特征：各自通过跨民系联盟抗争其他客家对手

回归到19世纪的时空脉络，上述黄陈庆在1862年与1869年两次捐款会出现厚此薄彼，不一定是由于不同年代遇上经济预算制约，又或者是由个人与组织的亲疏关系决定捐款数目。在历史上，不论是在黄陈庆捐献广福宫的那年，又或者是惠州会馆重修的年代，都是整个马六甲海峡北部华人社会最分崩离析的时代。在1860年到1874年爆发了三次拿律战争，从矿区对决到槟城港口的主要对敌阵营，据说是义兴公司和海山公司两股会党势力，主力还是增城人和惠州人。增城公司的领导人郑景贵或刘三，本来就是以增城人的势力领导海山公司，而惠州公司的领导人，也都是义兴公司的领袖。当年这交战双方基于对会党名义的敏感，无论是义兴还是海山发给海峡殖民地当局的申诉书，都不曾以会党的名义，义兴公司是以“四邑公司”和“惠州公司”的名义发出信件，海山公司则是使用了“五邑公司”的名义。[②] 不仅双方在申诉书中自称的名义证明当地的客家是分裂的，两个势力组织之间的争论也反映着早期华人地缘与语系分界之争的特点：先是有帮派经济利益的分歧，而后是以会党武装为解决的后盾。

事实上，英殖民地官员早就搞懂同乡“公司”与会党一体两面，或者在其成员重叠的情形下随时可以互相转化。利昂康伯（Leon Comber）在其著作《马来亚的华族私会党，1800—1900》引述1825年槟城警察长R. Caunter针对会党和会社的调查，把惠州、仁和、仁胜等七个组织列为会社；同时，在一则注解中，引用前英殖华民卫护司巴素的看法，认为所谓“守法”的会社也不过是就“欧洲人概念”而言，华人组织遇到疑惧或对抗政府，就会把一切视为“秘密”。[③]

现实中，黄陈庆领导马来亚大山脚社会其实便是同乡组织、社区与会党势力一体三面的例子。在大山脚镇外的高巴三万村区大鱼潭义冢，黄陈

① 王琛发：《惠州人在大山脚开发史上的地位与组织的变迁》，《马来西亚华人研究学刊》2000年第3期，第178－181页。

② WONG C S. A gallery of Chinese Kapitans. Singapore：Dewan Bahasa Dan Kebudayaan Kebangsaan，1963：104－105.

③ COMBER L. Chinese secret societies in Malaya：a survey of the Triad Society from 1800 to 1900. 1959：40－42.

庆在1891年的《大山脚题缘碑记》是排名第一的总理人，但参与捐款的名单没有籍贯组织，只有来自义兴祖馆和当地的义兴馆领捐，其他都是血缘群体采用姓氏堂号的捐款和大批个人捐款。这足以说明当时这整个地区是义兴公司的势力范围，而地方上主要的开拓群体也是惠州先人，所以属于当地全体华人生死大事的义冢才会只见血缘小群体捐款，却不见其他籍贯的地缘组织参与。①

这其中，要是单纯从中国原乡的“地缘性”或者“方言群”入手，顾名思义以之作为认识这些“公司”的准则，则可能只看到它们依靠“乡团”凝聚的含义，忽略了它们到马来西亚以后，是依靠着东南亚当地的地缘利益的背景而有必要维持共同体，其存在的主要目标在于保护成员在地方上的共同利益。② 从18世纪末到19世纪初，当年客家各籍贯先民下南洋，并不是互相联系而一致行动。他们从各自的原乡召唤和组织自家人，因此首先会受到原乡地缘认同合理化与巩固互相的凝聚力，而众人到了南洋必须通过“公司”获得个人的生存与发展，必然就更需要确保脚下开拓的土地是属于异地重建的“增城”或“惠州”，并且以相同的意识向外扩展。这样一来，在中国大陆原本就家乡相距甚远、互不认识的各籍贯客家先民，下南洋之后又是竞争对手，各自成立“公司”，各自以“会馆”召唤和壮大实力，分化本不可免。双方在中国各自梓里相距甚远，到了南洋不可避免增加接触，一旦发生太多人事纠纷，后边又潜伏和牵涉利益冲突，势必难以避免争斗。

在槟城岛上，咸丰十年（1860）新立《广东省暨汀州众信士新建槟屿福德祠并义冢凉亭碑记》的碑文固然说到“联类聚之众心”，又有“展同心之欢愉，慰旅魂之零落”等互相认同的理想；究其实，全文却足以暗示当时各方势力的竞争自20世纪50年代开始白热化为斗争，而捐款各界也重申希望缓和矛盾的共同意愿，包括将互相折中的方案延伸到清明扫墓的实践上。在碑文上，当时各馆祭墓时间按规定错开，可能就是为了避免各方人马扫墓时互相发生冲突。其规定说：“每逢清明之日则义兴馆，前期一日或两日，则海山馆，前期三日或四日，则宁阳馆。凡各府州县及各族姓，便随订期，同祭分祭，总不离清明前十日之后十日者。”

上述规则，若非所有涉及会党与会馆势力一致同意，是难以做到的，

---

① 王琛发：《惠州人在大山脚开发史上的地位与组织的变迁》，《马来西亚华人研究学刊》2000年第3期，第168－169页。

② 王琛发：《东南亚客家乡会是地缘利益结合的共同体》，《中国社会科学报》，2011年7月28日。

一旦化为碑文又显示着互相要求共同固守的意愿。大家在打打谈谈之间一方面把更多资源用在本身的“公司”，另一方面依然不忘支持广福宫或者广东暨汀州这类跨乡团组织的共同需要，也说明大家在分裂中还是不忘记有共同的认同，依旧愿意继续通过广福宫或广东暨汀州的途径合作与对话，保留最终一线的和谈机会。

可惜，后来的历史告诉大家，从18世纪60年代到70年代，客家五属毕竟还是由于矿区利益以及其他方面的利害关系，无从把在分裂中维持的认同维持在最高的稳定程度。他们最后是各自结合其他方言群，互相在更广泛的“公司”旗帜下联盟，大动干戈。在马来西亚拿律战争那十余年的冲突中，分裂的不仅是客家人，几乎整个华人社会都牵扯了进去。

以当时的情势，惠州、潮州以及古冈州宁阳（台山）、新会、开平、恩平四邑联盟都在义兴公司的旗帜下，增城人则在海山公司的号召下联合广州府南海、番禺、东莞、顺德、香山五郡。① 而早在1840年之前大埔人原本与永定人结成“永大馆”，双方的联合看来在1864年之后也一度消沉；1864年潮州公司发展为“韩江家庙”，大埔人、揭阳人以及其他零星的潮州府所辖各县客家人都加入了，潮语系与客语系的潮州府人显得一致，已经是义兴公司的一方。② 而永定领袖胡泰兴和漳州人一路都有生意联系，又显然较喜欢与增城人及福帮来往，他反而和义兴对头的福建人建德堂领袖辜尚达、邱天德等走在一起。③

按1825年槟城警察长 R. Caunter 的调查，惠州公司当时在槟城的会员只有160人。④ 但是，单在1861年，参与海山公司的增城人攻打抢夺义兴公司的惠州先人在新吉联（Klian Bharu）的矿区，义兴成员未被杀伤或俘虏者，有近千人辗转花了两个月时间撤退到达槟城。⑤ 对比1825年和1861年这两组不同情况的数目，可以说明客家地区开采锡矿的生产力导致前往

---

① WONG C S. A gallery of Chinese Kapitans. Singapore：Dewan Bahasa Dan Kebudayaan Kebangsaan，1963：106－107；BLYTHE W L. The impact of Chinese secret societies in Malaysia：a historical study. London：Oxford University press，1969：542－543.

② 王琛发：《槟榔屿潮州会馆史论》，载《槟榔屿潮州会馆成立134周年纪念特刊》，槟城：槟榔屿潮州会馆，1998年，第18－22页。

③ 陈剑虹：《19世纪槟城华族秘密会社》，《星槟日报》新年特刊，1982年1月1日。

④ COMBER L. Chinese secret societies in Malaya：a survey of the Triad Society from 1800 to 1900. 1959：41.

⑤ BLYTHE W L. The impact of Chinese secret societies in Malaysia：a historical study. London：Oxford University Press，1969：121.

南洋开拓的人口年年急速增长，也可以反映拿律战争华人同室操戈战况之惨烈。

再根据英殖民政府后来的调查报告，1865 年惠州领袖苏亚昌在增城人与马来武装夹击下，再次率领义兴部众撤退，想要借道古楼（Kurau）转往槟城，不幸路上被马来武装阻拦俘虏后送往马当杀害。[①] 当时的古楼地区是蔗糖产区，由同样属于义兴阵营的潮州人控制，后来战况一再延续，英国人的记录中，1873 年 2 月 8 日，有一群采用红底镶白边旗帜的武装在吉辇河巡游，他们自称是“许武安的人”。[②] 这位许武安还曾经呈交英殖警察总长一份“华人陈述书”，直承自己是义兴公司的“先生”。他投诉说，他曾在 1872 年期间积极供应粮食用品到拿律支持四邑和惠州盟友，结果敌人攻不下马当，便登陆到他的园坵打砸和掠夺，惨杀了六十条生命。[③] 可见会党势力联盟，也涉及万一战乱时互相支援或照应的需要。

回过头来看，西方发生工业革命以后，早期工业生产各领域大量需要锡矿，是促使华南客家人南下的主因。马来西亚客家人之间过去流行“客家人开埠”的顺口溜，也是极形象化的，可以说明矿区开拓的特点。清代惠州府原本就是中国最大锡矿产区；在其他客家地区，人们靠山吃饭，也累积了采集各种金属矿的丰富经验。华南客家人本来来自亚热带，较习惯热带作业，他们走出当时掌握世界较先进采矿技术的中国山地矿区，到最近的广东各港口出海，占有开发当地主要经济资源的优势，很快就互相成为抢夺南洋各地矿区的竞争对手。可是，即使华南客家人掌握先进技术，又习惯在炎热的山区采矿，但他们的日常生活有赖来自其他方言群的各行业工匠以及菜农为他们支援；同时，他们身在异地荒野的无秩序状态，也不得不依赖武装自治的共同体。久而久之，来自中国不同省份和县区的客家人，几乎都在把先进技术带来的同时，也引进会党意识形态和组织结构，运用在马来西亚保护自身的经济势力，通过会党的形式确保组织严密，也以会党伦理巩固组织/社区的伦理取向。并且，以会党武装自治作为开荒集体的主体，才能够在没有秩序的土地上维护内外秩序，对抗外侵与内乱。如此，早期客家农区和矿业生产地盘，实际上多是以乡情为纽带、以会党为组织的武装经济生产聚落，形成了“会党结盟、乡群实力、

---

① BLYTHE W L. The impact of Chinese secret societies in Malaysia：a historical study. London：Oxford University Press，1969：121 – 122.

② WINSTEDT R O & WILKINSON R J. A history of Perak. JMBRAS，1934（12）：86.

③ WONG C S. A gallery of Chinese Kapitans. Singapore：Dewan Bahasa Dan Kebudayaan Kebangsaan，1963：90，107 – 108.

经济生产”为特征的社区形式。

从天地会历史的角度来看，如此长时间而大规模的兄弟阋墙，更是非同小可。洪门本来是按照明代军队运用五行之制，分为五房，五房弟兄皆以歃血为盟认清自己与其他各房同属一源，不论何时何地都有兄弟之情，并重视以仁、义、礼、智、信象征五房合作的价值观，以此论述“反清复明”的必要性正当，也解释会党存在的合理意义。在南洋的会党之间，义兴公司原属二房，海山公司原属三房。天地会成员自 19 世纪 60 年代在南洋掀起如此大规模的内战，也是前所未有的长期战争，未免使整个组织的纪律、理想受到动摇。

整个华人社会，包括客家人互相之间所谓的握手言和要等到 1874 年之后，而重构整体客家认同，则是在 20 世纪初期方才完成。至于南洋的洪门，也在拿律战争之中，受到许多负面影响，以致转入地下。以后还有郑景贵儿子郑大平以义兴大佬陈亚炎义子身份走访各路矿区，出现痛定思痛的“二房做戏三房”，但那已经是后话。

20 世纪以后，一般会馆刊物提到早期历史总是语焉不详，总是以“敦睦乡谊”“排解纠纷”“照顾贫病”带过，其中原因，既源于文献散佚，也由于后人避谈过去忌讳，以致刻意向自己的读者忽视同时存在的中英文文献。就以后人编写槟城惠州会馆馆史来说，诸种客家组织的特刊上，大家总要相继诉说会馆起源于李亚兴在河边养鸭，收容乡人，后来捐赠私宅赠送给大家当会馆。但李亚兴身为领袖，若说仅是养鸭也不必千里迢迢赶到槟城，单靠自己养鸭又如何掌握会党权势？何况，乡人陆续南下，选择住在如此繁忙的大河边，纯粹为养鸭子谋生，要养多少鸭子才够？但是，考虑过去以来客观的历史环境，先人的态度是应该受到理解和尊重的。毕竟整个 20 世纪，东南亚华人要团结才能谋生，也不想在他人反华冷战和种族主义抬头的大环境下落人口实，大家应对客观艰难，都认为不应该主动提起祖辈公司（会馆）之间的械斗史。

三、分裂年代的变异：从原乡血缘与地缘认同转向在地的文化认同

以清代州治的地缘关系解说，惠州十邑当然包括海丰与陆丰两县。若按照原乡的范围，海陆丰人虽有讲客方言和闽方言之分，但海陆丰人多有讲闽方言而参加马来西亚槟城和印尼棉兰惠州公司，也是天经地义，没有不妥。只是，自 20 世纪始，南洋各地的海陆丰人其中往往有不懂得讲客家话而自以为自己讲的是某一种客家话，自称“福佬客”的；他们也都很真诚踊跃地参与属于客家各籍贯联合体的海珠屿大伯公庙，以至参加客属公

会，甚至因此成为全国客属公会联合会的领导。这不是单凭方言群划分可以解释的。

这里边，其实涉及祖辈的“战斗情谊”。亦就是说，不同向度的分裂与认同的过程，其实是同时存在的。马来西亚北方的例子正是由于原来帮群/会党时代的演变，海陆丰人中的客方言者随着原乡地缘参与了惠州公司，又随着惠州公司的主流参与后来客家人走向联合的各种组织，最后是历代出钱出力，打死不退。

就以槟城美湖乡区的海陆丰人来说，当地海陆丰人本来有不同姓氏，一度几乎每家都来自陆丰的上陈村，大家不论在祖籍地还是在槟城都是同乡兼同一祖系，形成槟岛惠州福佬社群之中最大的一支群体；在槟城惠州会馆 1980 年到 1985 年的会员记录簿中，美湖的会员人数有 31 人是陈姓陆丰人，其他尚有曾、萧、庄、吴、卢、赖、郑、张等姓陆丰人，施、陈、曾等姓海丰人，廖姓龙川人，邹、庄、叶、何、罗等姓惠阳人。所以，当地是客方言与闽方言惠州人共聚的社区，以客方言和潮汕方言同行，这些惠州人多数又以渔业谋生，间中也有从事其他行业者。[①] 有一个说法，从 19 世纪末到 20 世纪初期，对岸威省其他惠州人以至客家的种植区，很多靠其直接供应海鲜和其他食粮。

类似的情形，其实也发生在不少原来属于客家人的矿区/农区，一些来自其他籍贯的先民长期和客家人交流，或者客家先人收养同盟战死者的孤儿，又或者异族子弟受到收养，这些本地成长的第二代，原乡不在中国任何客家地区，却很自然地跟随地方上的大众选择自己的“祖籍”。

---

① 王琛发：《聚居美湖的福佬惠州人》，载王琛发：《槟城惠州会馆 180 年——跨越三个世纪的拓殖史实》，第 115 – 116 页。

客家学学科理论体系建构研究

客家学何为

——客家学理论建构中的价值论思考

张应斌[①]

自20世纪30年代罗香林发表《客家研究导论》以来，特别是自80年代思想一律被打破以来，客家研究在学术规模、学科体系等方面都取得了深入发展的成就，在这样的基础上，客家学的理论建设问题突出地表现出来。其实，客家学理论建构一直受到学界重视。20世纪90年代以来，吴泽的《建立客家学刍议》[②]，以及此后万陆的《客家学论纲》[③]、王东的《客家学导论》[④] 和《客家学：研究中国历史与文化的新视角》[⑤]、庄英章的《试论客家学的建构：族群互动、认同与文化实作》[⑥]、李逢蕊的《客家学研究的回顾与前瞻》[⑦] 等，都对客家学的理论建构做出可贵的探索。今天，客家研究的重镇——嘉应学院客家研究院集中天下群贤，专门集中地研究和讨论客家学的理论建构问题，表现出客家学理论建设的学科自觉。

客家学的理论建构可有多种理路，如理论体系的建构，或理论的性质和价值问题。笔者曾撰《21世纪的客家研究——关于客家学的理论建构》一文[⑧]，这次，笔者拟从客家学的价值入手，探讨客家学的意义和功能等基础性问题。

---

① 作者简介：张应斌，男，湖北利川人，岭南师范学院人文学院教授。

② 吴泽：《建立客家学刍议》，载吴泽主编：《客家学研究》（第二辑），上海：上海人民出版社，1990年。

③ 万陆：《客家学论纲》，《赣南师范学院学报》1994年第2期。

④ 王东：《客家学导论》，上海：上海人民出版社，1996年。

⑤ 王东：《客家学：研究中国历史与文化的新视角》，《华东师范大学学报》1997年第3期。

⑥ 庄英章：《试论客家学的建构：族群互动、认同与文化实作》，《广西民族学院学报》2002年第4期。

⑦ 李逢蕊：《客家学研究的回顾与前瞻》，《龙岩学院学报》2008年第5期。

⑧ 张应斌：《21世纪的客家研究——关于客家学的理论建构》，《嘉应大学学报》1996年第4期。

一、客家研究早期的价值论

人类秉性常自相矛盾，人本好客，古印度人奉师如神，也奉客如神。《泰迪黎邪奥义书》载古印度人的誓词：“毋拒任何客人来舍。”在古希腊，天帝宙斯是客家的保护神。荷马史诗《奥德赛》卷九：“宙斯，客家的尊神，保护浪迹之人的权益，惩报任何错待生人和恳求者的行端。”但人类对于定居的外邦人，却常常排挤。中国客家研究的产生，缘于客家的抗争。亚里士多德说：“自然不造无用之物。”① 客家研究自其诞生之日起就承担了“有用”的功能性的价值。“客家”概念的历史，学界有不少专题考证。但是，客家人自己在社会生活中的表达更实际。学界把徐旭曾的《丰湖杂记》作为客家学的开端，但徐旭曾对客家的界定与宋湘有关。嘉庆三年（1798），宋湘在《家园杂忆四十韵》中云：“世吾过二十，族众约三千。”这是客家意识的萌芽。宋湘的诗歌与黄遵宪《己亥杂诗》中论述客家历史的“野外团蕉岭上田，世传三十子孙千”完全一致。宋湘在《致徐旭曾书》中曾说到“嘉应、汀州、韶州之客人”，这是徐旭曾客家概念的直接渊源。但是，在宋湘《红杏山房诗钞》中无“客家”一词。宋湘与徐旭曾是同年进士，他在嘉庆五年（1800）主持惠州丰湖书院，比徐旭曾任此职早了15年。宋湘虽私下讨论客家，但没有正式地提出客家概念。可见，为客的生涯是艰苦的。《圣经·约伯记》：“结伴的客旅离弃大道，顺河偏行，到荒野之地死亡。”为客的言说，最初是微弱的。

客家人最早自己表述客家概念的是徐旭曾。嘉庆二十年（1815），他在《丰湖杂记》中说：“今日之客人，其先乃宋之中原衣冠旧族，忠义之后也。”徐旭曾如此称颂客家不是因为别的，是因为嘉庆年间东莞、博罗等地发生了规模不小的土客械斗。土客械斗清初就已有发生，清刘体仁《异辞录》卷一：“新兴、高明等县有嘉应客民，屡与土人斗，避难者多入羚羊峡。”清初械斗的客家人的原籍在嘉应州，但规模不如嘉庆大。罗香林在《客家研究导论》称颂客家，是因为清咸丰、光绪年间广东爆发了排斥客家的土客大械斗。同治元年（1862），广东肇庆府恩平、开平、新宁、鹤山、新兴、高明等县再次发生土客械斗。械斗的规模大、时间久，所谓“地延八县，事阅九年”。械斗中，土著攻破客家村寨，肆意杀戮，焚毁村落，数百里内，人烟一空。同治四年（1865），清政府派将军卓兴率军督押客民赴恩平之那扶、金鸡、赤水等处安置，恩平土民将客民掳杀数百

---

① 亚里士多德著，吴寿彭译：《政治学》，北京：商务印书馆，1965年，第7页。

人。面对土著的屠杀，客家奋起反抗，却又遭到官府军队的残酷镇压。《大清穆宗毅皇帝实录》卷五十八载同治二年皇帝《上谕》：“刘长佑奏：新宁县东西两路客家，勾结非类，突入广海寨，挟仇焚杀。现派文武大员，驰往查办……派令臬司吴昌寿、副将卫佐邦带兵，赴新宁剿办。”政府并非能在大多数时间保持公正，将军刘长佑时任两广总督，他迫于土著压力，便使用军事手段向弱者开刀。土客械斗被政府说成“客匪与土民互斗”，政府因息事宁人而偏袒由此可见。政府军队镇压客家时，广东鹤山、高明、阳春、阳江等地，都是镇压“客匪”的战场。同治五年（1866），政府镇压了客家头领之后，将其余几万客家人押往高、廉、雷、韶和广西贺、容、贵等县安置，土客械斗遂以遣散客家告一段落。在武器批判的同时，他们还对客家进行文化批判，诬蔑客家是“猪”，是“獠”，是“犵狫”。民国《香山县乡土志》卷五：“客民，即犵狫，俗名客家老。明田汝成《炎徼纪闻》：犵狫，一名犵獠，种类甚多。”清末的《广东乡土历史》：“广东种族有曰客家、福佬二族，非粤种，亦非汉种。”[①] 在此基础上，无论是徐旭曾，还是罗香林，他们所表达的主题可用黄遵宪的话来概括——黄遵宪《送女弟》：“中原有旧族，迁徙名客人。”《与胡晓岑书》：“客民者，中原之旧族，三代之遗民。”此后的客家研究都逃不出客家乃中原贵胄的命题。无论是说客家是中原衣冠士族，还是说没有客家就没有中国革命，这些研究中的千言万语可以概括为：客家正统论。1928 年林培庐编《民俗》第 23 期之《征集客家歌谣启事》说：“客家者何？干脆一句话，客家就是环亘于闽、赣、粤三省交界地，和广西武宣、马平一带地，以及四川隆昌、荣昌一带地而居住的特殊民族，也就是比较上可称最为纯粹的汉族。美人汉廷敦说得好，客家者中华人民中之精华也。”客家正统论和客家优越论的初衷，是反击对客家的侮辱和歧视。

但是，客家研究的最初功能和目的使客家学从其诞生之日起就染上了强烈的自辩色彩。无论是说客家是来自中原世族的世族论，还是说客家历史越古越好的八次迁徙说，都是客家在被歧视环境中争取正当生存权利的斗争，是客家生存本能和客家主体性在学术上的自觉表现。这本无可厚非，但又有不足。历史上客家人生活在封闭的环境中，这种封闭表现在两个方面，一是客家人所居住的山区自然环境的封闭，二是周边歧视客家的人为的社会环境的封闭。封闭和阻碍既形成了客家文化的特色，又造成人类精神环境的不健全。客家研究中的自争自辩、自我欣赏等弊病，就是客

① 黄节编：《广东乡土历史》，上海国学保存会，光绪三十三年（1907）。

居环境的压迫给客家人带来精神伤害的结果。如果我们对封闭和在其影响下所形成的文化特色失去辩证性思考，对封闭的副作用没有自觉，长此以往，客家学会局限在客家地区或客家人之中，成为自我世界中的自言自语。如果这样，虽然它在自我世界中倒海翻江，但是外界波澜不惊。这种现象促使人们思考客家学的性质和价值问题：客家学的本质是什么？客家学的意义何在？

二、客家学价值的现代境遇

客家研究的性质在客家研究起源时期和今天有所不同。在客家研究起源时期，在清末民初时代，客家研究的重点在客家的历史，因此，学界极力论证客家人是中原世族的后裔，目的是使客家回归中原汉族的大家庭，以极力否定客家人的特殊性，这可以称为“客家求同论”。例如，清代江西宁州的客家人从来不声称自己是客家，当地也没有“客家”的称谓，当地客家人最大的愿望是争取缴租资格，请求官府把自己编入当地户籍，以获得“土著”的名分和待遇。[①] 在此情形下，皇帝专门下达圣旨以使客家土著化：“棚民有膂力可用，及读书向学者，入籍二十年，准其应试。于额外酌量取进。南昌府之宁州武宁县、广信府之玉山县，棚民尤众。请将进贤县巡检二员，移驻宁州。”[②] 在今天，虽然求同论仍有市场，但客家研究的主题在不知不觉中发生变化，它已演变为客家文化与周边文化相区别的客家特色论，这可以称为“客家存异论”。求同论与存异论本是彼此矛盾的悖论，但它是客家研究中真实存在的。其实，最初的客家研究中已隐含着悖论：一方面，支持客家研究的哲学是自然哲学，即无论土著还是客家，一切人天生平等；另一方面，它又隐含着相反的命题，即认为客家是中原世胄（从而优越于土著）的客家优秀论。

平心而论，客家文化之所以有价值，就是因为其特殊性。客家研究的思维路径就应该是存异论。在客家研究的学术实践中，不管是说客家文化是闽粤赣边区的区域文化，还是说客家文化是汉民族中的一种民系文化，实质都是强调客家文化在周边文化中的特殊性。广东在民族学上有个有趣的现象，历史上广东与整个岭南一样均是百越之地，但现在的广东与广西完全不同，广东是省而广西是民族自治区。虽广东有连南、乳源等少数民族县，但广东民族学院撤销后，似乎广东原本不是百越民族的区域，似乎

---

① 许怀林：《棚民·客籍·客家意识——义宁州客家的历史实际》，《嘉应大学学报》2000年第2期，第98－103页。

② 鄂尔泰等编：《清雍正实录》，台北：华联出版社，1964年。

广东没有民族问题。这是因为，今天的广东地方文化差异被广府、潮汕和客家三大文化所掩盖。虽然这三大文化均是汉族的民系文化，但从发生学角度说，民系问题仍是文化独特性和文化差异性问题。历史为何会歧视客家？达尔文说："彼此争夺得最厉害的生物，是那些属于我们叫作异属和异目的生物。"[①] 广东三大民系的实质，仍然是文化的差异性问题。

人类原本没有文化，文化的产生是特定的人群在独特的天地关系中经过长时间的历史过程而凝定的。这种凝定，有如制作香肠，没有封闭的空间管道，没有一定的时间历程，难以形成。在人类历史长河中，时间越古，文化香肠越多。在新石器时代，中国境内有万国之称，它们没有一个不是封闭环境中的文化香肠。今天，全世界还有两百多个国家和地区，这些国家和地区在本质上仍然是新石器时代封闭格局中形成的政治经济和文化的延续，它们仍然是古代文化香肠的孑遗。没有封闭管道无法形成香肠的特色，但封闭的管道中又形成以特色自傲自闭的弊病。中国有成语"夜郎自大"和"敝帚自珍"，《庄子·秋水》中有"井底之蛙"，从发展的眼光看，无论是夜郎自大，还是井蛙自大，都是十分可怜的。形成特色文化的封闭和割据，是人类发展的祸害。英国历史学家汤因比的《人类与大地母亲：一部叙事体世界历史》中说："在过去的5 000年中，地区性主权国家制度在满足人类的政治需要方面曾一再失败。"他还说："如果中国人真正从中国的历史错误中吸取教训，如果他们成功地从这种错误的循环中解脱出来，那他们就完成了一项伟业，这不仅对于他们自己的国家，而且对处于深浅莫测的人类历史长河关键阶段的全人类来说，都是一项伟业。"[②] 对此，我们不能不警醒。

封闭即狭隘和不自由。为了摆脱狭隘和不自由，人类的智者造就了世界主义的构想。在公元前中国就有了世界大同的社会理想。古希腊时有了世界公民（weltbürger，希腊文 xoauonoAitn）的概念。公元2世纪时罗马皇帝马尔库斯·奥勒留就期望成立世界政府，他在《沉思录》卷一中憧憬"一种能使一切人都有同一法律的政体，一种能依据平等的权利与平等的言论自由而治国的政体，一种最能尊敬被统治者的自由的君主政府"[③]。他

---

① 达尔文著，周建人、叶笃庄、方宗熙译：《物种起源》，北京：商务印书馆，1995年。

② 汤因比著，徐波等译：《人类与大地母亲：一部叙事体世界历史》，上海：上海人民出版社，2001年，第582页。

③ 马尔库斯·奥勒留著，梁实秋译：《沉思录》，南京：江苏文艺出版社，2008年，第5页。

在《沉思集》卷十二说："人啊，你一直是这个伟大国家（世界）里的一个公民。"他还说："我们不应该说：我是一个雅典人或我是一个罗马人，而应该说：我是一个宇宙公民。"之后，"世界公民"一词于17世纪在欧洲流行开来，1764年伏尔泰《哲学辞典》说："盼望自己的国家伟大，就是盼望邻国倒霉。凡是愿意自己的祖国永远既不大也不小，既不富也不穷的人，也就是世界公民了。"1784年康德撰《从世界公民的观点撰写世界通史的想法》一文，1795年康德在《论永久和平：一部哲学上的规划》中重提世界公民、世界联邦的构想；他期望世界上能建立确保"世界公民权利的体制"，希望自己做"普遍的人类国家的公民"。1816年黑格尔《哲学史讲演录》提出"世界精神"的概念。1827年1月，歌德读中国的《玉娇梨》《好逑传》后赞扬中国文学说："民族文学在今天毋宁说是一个没有意义的名词，世界文学的时代已不太远了。"1848年马克思《共产党宣言》说："民族的片面性和局限性日益成为不可能，于是由许多种民族的和地方的文学形成了一种世界的文学。"① 在这80多年里，几乎每隔10年至20年就有一位哲人重提世界公民和世界政府问题。他们表达了人类打破封闭，以全球一体化实现人类广泛自由的世界主义思想。如今在国际事务中发挥作用的联合国和欧盟，就是世界政府的雏形和尝试。自19世纪达尔文的进化论诞生以来，再没有人怀疑人类的发展进化有其普通的规律。与达尔文同时的斯宾塞1857年发表《进步：其规律及原因》说："无论是在社会的发展中还是在政治、制造业、商业、语言、文学、科学及艺术的发展中，这种由简单经过连续的变异而进入复杂的同样的进化始终保持着。"人类文化的发展有其自身的普遍规律。世界大同，世界文化大同，都是必然的规律。在互联网时代，人类在信息上实现了世界一体化，并使世界融合的脚步越来越快。今天，虽然还有少数独裁者依靠新石器时代的武装割据顽固地关起门来做皇帝，但他们封闭国土、禁锢思想的做法越来越不得人心，越来越困难。世界大同是不可阻挡的历史潮流，消除地域封闭，清除思想封锁，淘汰"三个不符"的封闭落后的制度，是历史的规律和大势所趋。

今天，客家同样受到全球化浪潮的冲击。在生活领域里，客家封闭的地域状态正被全面开放。一方面，客家人纷纷走出围龙屋，走出梅州，走向珠江三角洲乃至全世界；另一方面，周边省市乃至全国的人群大量进入

---

① 中共中央马克思恩格斯列宁斯大林著作编译局编：《马克思恩格斯选集》（第一卷），北京：人民出版社，1972年，第276页。

客家地区，在此工作甚至定居。这些“新客家”深刻地改变着客家地区的政治经济格局和居民结构，改变着客家地区的文化结构。这种改变在语言上尤其明显：香港、惠州、廉江等地的许多客家后代已渐渐不能讲客家话，客家聚居地区讲普通话的客家人也越来越多。那种“宁卖祖宗田，呒卖祖宗言”的古训，正在被悄然改变。

现代化是物质变化规律在人类社会演化的体现。现代化必然导致全球化，在全球化的历史潮流中，客家学也应顺应自然规律和历史规律。如果固守昔日的研究风格和主体性，那么客家学必然会被历史大潮所淹没。

三、客家学未来价值论

由上可知，在现代化的冲击下，客家文化与所有的地域文化一样都有了危机。但这是否意味着客家文化没有价值，客学研究没有必要了呢?

答案是否定的。在现代化的形势下，主张地方主义或分裂主义是没有出路的，但是世界一体化的历史潮流并不排斥地方文化研究。在新的历史条件下，不仅仍然需要研究客家文化，而且应该以抢救的姿态抓紧发掘和研究。

历史的客家研究是客家在受歧视的环境中的抗争，是客家主体精神的生动展现。但世界上没有不变之物，主体性也是随着时代而改变的。往日的客家学主要阐述客家人的社会身份，它是客家人在受压制的环境中历史主体性的有力表现，但现在这种压制客家人的社会环境不复存在，客家的主体性也必然在被提升中发生改变。受制于他人的主体性有缺陷，获得自由的主体性才是健全的。未来的客家学应该是人类的自我意识体验到绝对自由的自我意识，这样才能表现客家人和人类真正自由的主体性。这种文化的主体性不仅具有客家人的文化属性，而且应该具有人类的主体性。只有这样，才能使客家人融入世界，才能使客家文化融入世界文化的大潮流。

具体而言，历史的客家研究重点在客家历史，其思想核心在说明客家人的族群身份。客家的八次迁徙说、没有客家便没有中国革命说等学说，都有其历史的必然性和现实合理性。但未来的客家研究的重点应发生转变，它应重在揭示客家人在客居环境中的生存经验，以客家人在迁徙、客居环境中的顽强生存精神和艰苦发展经验为中心，揭示人类在困苦中的创造力和不屈不挠的生存精神，以丰富人类的精神学说，从而把客家的客居生存经验和主体精神纳入人类的精神文化中，以丰富和补充人类精神文化的宝库。

“客”是一个过程性概念。在人类历史上，“客”具有普遍性，人类的历史就是一部不断迁徙和做“客”的发展史。从动态上说，公元前13世纪开始的中国以西的旧大陆民族大迁徙、阿拉伯人的民族大迁徙、游牧民族共同体从亚欧大陆向西的民族大迁徙、公元5世纪东日耳曼人和法兰克人的民族大迁徙、公元13世纪因蒙古人触发的新一轮民族大迁徙等，无不为“客”“客人”的生存方式深刻地影响了世界的历史和文明进程。从静态的概念说，“客”与“主”相对而言，“客”是暂时的，人类可能有永远的“主”，却没有永远的“客”。当人为“客”时，他是客观物理世界中的客体，也就是主观精神中的“客体”。“主”与“客”又是相互转化的，从过程哲学看，“客”占据一定的地理空间并在时间上稳定地定居下来，“客”便演变为“主”，“客人”便在客观的物理世界中成为“主人”，也在主观的精神世界中成为历史的“主体”。苏格拉底说：“哪怕他们的祖先来自另一个国家，但他们自己是这块土地的儿女，居住与生活在他们自己的土地上。”[①] 从法理上说，家并不是指祖籍，而是指定居地。古罗马查士丁尼《法学总论：法学阶梯》第四卷：“所谓家，指其人居住的地方，不论是自有的或租赁的，也不论是无偿居住的或作客居住的。”同时，迁徙和为“客”是人类的重要经历，也是人类文化发展的重要动力。古希腊罗马文化之所以繁荣，正是因为民族大迁徙运动推动了地中海东部文明的空前活跃。因此，客家学的意义在于揭示人类的特殊群体在不稳定的客居情境中的特殊生存状态及其精神运动。古人认为，大地有地德：“沃土之民不材，逸也。瘠土之民莫不向义，劳也。”[②] 从文明生长的角度看，过分安逸的环境不利于人类精神的活跃，自然也不利于人类的进步和文化的发展；困苦和压制对于生存是巨大挑战，它将对方置于应急状态中，使对方精神焕发，以应对环境的压力和挑战。人类历史上的波利尼西亚人、因纽特人、吉卜赛人和斯巴达人的历史，都是这方面的例子。大地是客体的，客家人在困苦环境中的生存正是把客体的“大地之德”转化为客家人的主观的精神品德。客家的客居精神体现了德国哲学家黑格尔《精神现象学》所说的“绝对自为地存在的自我意识”，客家人的创业过程体现了人类的自我创造过程。压力和挑战激发了客家人的生存和斗争意志，使他们在艰苦的环境中锻炼精神意志，更新和积聚精神力量，并最终将事业开拓到山外乃至全世界。

换言之，客家学应是人类客居情景中的精神学。它应该总结客家人在

① 柏拉图著，王晓朝译：《柏拉图全集》（第一卷），北京：人民出版社，2002年，第281页。

② 左丘明：《国语·鲁语下》，上海：上海古籍出版社，1978年。

闽粤赣三省交界穷困山区的客居环境中如何开山自立的生存经验，研究人类在困苦的客居情境中的精神激扬的动力和精神焕发的过程，总结客居环境中的创业精神，探索人类精神潜能的激发和精神品种的问题，以丰富人类的精神哲学和主体能动精神。

客家研究从自我确证向开放的现代学科转型的趋势

张英明[①]

在南方沿海地区开创以文化地域（族群）命名的新学科方面，梅州客家子弟罗香林很早就提出建立“客家学”的构想（1933 年）。1989 年 12 月，梅州又发出建立客家学的呼声，上海学者吴泽在梅州召开的客家学研讨会上，发表题为“群策群力，开创客家学研究的新局面”的演讲，提出“建立现代的、科学的、具有特色的客家学”的倡议。[②] 现在嘉应学院客家研究院又举办“客家学学科理论体系”国际学术研讨会，讨论客家学科建设问题。饶宗颐在 2001 年回忆说：“当年，我提出‘潮学’，是因为受‘客家学’的影响。笔者认为，在粤东地区提出‘客家学’是一件了不起的事。”“另外，福建受我们研究潮学的影响，他们要搞‘泉州学’研究。”[③] 由此可见，梅州和客家学学科建设的缘分很深，且名声远扬，影响很大，但是所面临的“后来者居上”的形势压力也很大。要问客家研究何以成为一门学科，或者说它凭什么成为一门学科，首先就要问它是不是一门现代的、开放的学科。20 世纪 80 年代以来，经过海内外学者的努力推动，客家研究已经取得了长足的发展，同时出现了新的发展趋势，就是从客家“中原汉室正统”的自我确证向一门开放的现代学科转型。

一、自我确证的客家研究

明末清初，粤东北客家人出现向广东西路移民的活动，开始和当地的广府人发生利益冲突，零星的“土客械斗”事件时有发生。广府人以客家移民的语言和文化习俗独特为由，攻击他们是“野蛮人种”。1815 年，客籍士绅徐旭曾执掌惠州丰湖书院山长时，向诸生谈论客家问题，力证“今

---

① 作者简介：张英明，男，江西师范大学历史文化与旅游学院教授。

② 吴泽：《建立客家学刍议》，载吴泽主编：《客家学研究》（第二辑），上海：上海人民出版社，1990 年。

③ 饶宗颐：《在潮汕历史文化研究中心的讲话》，《潮汕历史文化研究中心成立十周年专辑（通讯）》2001 年第 22 期。

日之客人，其先乃宋之中原衣冠旧族，忠义之后也”①。他后来将此次谈话记录整理成文，题为“丰湖杂记”。这是最早的关于客家问题的著述，客家研究由此萌芽。从那时起，客家“中原汉室正统”的自我确证，构成客家人研究客家问题的主旋律。

晚清时期，客家移民遭遇的土客矛盾冲突并非毫无化解的可能，但是来自官方的“种族歧视”起了火上浇油的作用，故而终于酿成一场大祸。1856 年，广东西部的高要、高明、鹤山、开平、恩平、新宁等地爆发土客大械斗，并且持续 12 年之久，双方死伤数以百万计，可谓惨绝人寰。在此期间，地方官府打压客家人，“听土人之诬捏，遂因械斗而目以叛逆，竟助土人而驱之灭之，必使无俾易种于斯土也”②。

客籍士绅林达泉迅速做出反应，撰著《客说》一文，愤然抗辩说：“客为唐虞三代之遗，避乱而南，而大江以南因有客家。汉回斗，尤曰戎不乱华；土客斗，奈何指客为匪！”又说：“客自汉以来，千有余年，祖孙父子与土人并列编氓，土客之名有殊，而自朝廷观之，胥著籍之民也。客与土斗，客非与官仇。呜呼！何不溯其所由来也。故为之说，以俟哀矜者之平其情解其怨焉。”林达泉要为客家人力争中原汉室正统的地位，因此在《客说》中强调：客家话即为中原正音，客家人皆为中原汉室子孙，其祖先“居丰镐河洛齐鲁之交，或为帝王之胄，或为侯伯之裔，或为耕凿之民，皆涵濡沐浴于礼乐诗书之泽数千百年”，还指出“客之源流，殆始于汉季，盛于东晋六朝，而极于南宋”。③ 客家源流史由这三次南迁高潮构成。

如同曾祥委所说，林达泉的《客说》“透露了一个非常重要的信息：客家人强调自己正统的文化血统，应对的是土客械斗中面临的灭种危机”④。从心理学看，广东西路大械斗对于客家族群而言，是一起空前严重的“创伤性事件”。客家集体潜意识反映了客家人在这场大械斗中的“创伤经验”，它沉淀为影响客家心理的观念纠结（“情结”），并且使之执着地看重“客家人出自中原汉室正统”的主张。因此，后来一些客籍人士如果遇到不同观点，就会本能地出现“创伤后压力反应”，表现出言辞偏激

① 谭元亨主编：《客家经典读本》，广州：华南理工大学出版社，2010 年。

② 温廷敬辑：《茶阳三家文钞·林太仆客说》，载沈云龙主编：《近代中国史料丛刊》（第三辑），台北：文海出版社，1988 年。

③ 温廷敬辑：《茶阳三家文钞·林太仆客说》，载沈云龙主编：《近代中国史料丛刊》（第三辑），台北：文海出版社，1988 年。

④ 曾祥委：《客家学文献：林达泉〈客说〉》，网易博客，2012 年 1 月 28 日。

的愤怒和反击，以求“自卫防御”，而不管它是不是学术上的“一家之言”。如果遇到这种情况，有关的研究者应当给以理解和包涵。

19、20世纪之交，以梅州为中心的粤东北地区成为客家运动的发祥地。温仲和、黄遵宪、丘逢甲等客家子弟在地方政治舞台上崛起以后，无不大力推动客家运动的发展，为梅州成为“世界客都”奠定了历史基础。他们著书立说，兴办报刊，学术结社，请愿抗议，争取舆论同情，反击歧视客家人的出版物，推动政府为客家人“正名分”，开创了客家运动与客家研究互为推动的新模式。1921年以后，香港崇正总会将这一模式发扬光大，继续促进海内外客家运动和客家研究的发展。该社团高扬“崇正”的旗帜，坚守“崇正”的核心价值观，说到底，就是将客家崇为“中原汉室”之正统。同时，从1905年至1930年，客家贤达和社团组织发起过三次反对“种族歧视”的请愿抗议活动，获得了海内外舆论的广泛声援，客家的汉族身份终于赢得了政府和社会的普遍承认。

20世纪初期，古典的客家研究开始向现代意义的客家学转型，梅州客家子弟罗香林成为这种转型的领军人物。他主要的学术贡献是：①受西方科学主义的影响，要把客家研究做成一门科学。也就是要遵照现代自然科学的原则，运用实证的方法研究客家问题，使之成为一门可观察、可分析、可预测的科学。②提出“民系”的概念，并将客家定义为“汉族客家民系”，使之获得了一种规范的学术名称。③将西方的社会达尔文主义与中国谱牒学相结合，从客家源流研究中确定客家民系的优秀特性，将客家的身份地位从“中原汉室正统”提升为“中华民族的精华”。通过上述工作，罗香林借助现代学术方法建构起客家民系的共同意识，他的著作成为客家研究的典范。

中国谱牒学何以能够与西方的社会达尔文主义相结合？在当时的客籍学者看来，古代中国人早就“得知优生学的作用，这可以从其溯源（谱牒学——引者注）的工作看出来”。“这是对优生家世的记录，只有这记录，才能知道优生家世，也只有这样才能使人的优生血统的选择有所根据。”因此，中国的谱牒学乃是中国传统的“优生学”，它和西方达尔文的优生学存在相通之处，只是“未有像达尔文那样的现代科学的研究方法”①。换句话说，中国谱牒学和社会达尔文主义的结合，正是中国传统的“优生学”和西方的科学研究方法的结合。因此，“科学方法＋客家谱牒＋客家

---

① 郑赤琰：《香港崇正总会与客家学开展》，香港：岭南大学族群与海外华人经济研究部，1999年。

源流＝客家优秀特性”，构成了罗香林的客家研究模式，其特点就是主要以族谱为客家争取“中原汉室正统”的地位，以及塑造客家的优秀特性。

罗香林的客家学术成就受惠于美国学者亨廷顿。1924 年，亨廷顿撰著的《种族的品性》一书刊布于世。该书以社会达尔文主义为指导思想，研究民族的“种族性”问题。书中的核心观点是：自然环境的变化和人口过剩与迁徙具有“汰弱留强”的选择作用，这是优秀的“种族性”形成的原因。客家人是亨廷顿论证这种观点的案例之一。他认为客家人是经历了多次大迁徙以后留下的“强者”，并且保全了“强者”“纯洁的血统”，具有可以遗传的优秀的“种族性”，是“中华民族的精华”。罗香林出版的《客家研究导论》（1933 年）和《客家源流考》（1950 年）的核心理论、基本观点和分析框架直接来源于亨廷顿的《种族的品性》。他的创新之处在于：通过运用客家谱牒研究客家源流的路径，回答客家何以成为“中华民族的精华”的问题，来证明人口大迁徙确实具有“汰弱留强”的自然选择作用，同时提出“社会遗业（文化遗产）”和“文教”也是养成“种族特性”之原因的新观点。

客家运动和客家研究起于反对客家汉族身份否定论的现实需要。在罗香林《客家研究导论》发表之际，社会已经相当普遍地了解和认可客家的汉族身份，于是客家运动和客家研究逐渐趋于沉寂。据张侃披露：“面对着客家族群松散的局面以及对客家族群内涵与理论上的模糊认识，胡文虎曾资助罗香林等人创立‘客家学’，要求对客家人和客家精神予以系统的研究，使客家族群有自己的历史叙述，这从客观上大大推进了客家族群共同意识的塑造。”[①] 1950 年，罗香林出版《客家源流考》一书，为以往的客家运动和客家研究作了总结，并且从理论上实现了“客家族群共同意识的塑造”。

20 世纪 80 年代以来，随着海峡两岸形势发生巨变，香港崇正总会、台湾客家社团、海内外相关高校和学术团体大力振兴客家运动和客家研究。曾任香港崇正总会会长的郑赤琰希望客家研究与时俱进，以生态学理论取代自然进化论，进而倡导族群之间的平等相待，追求和谐相处、共求大同的社会生态环境。[②] 这是在新形势下，客家运动和客家研究出现理论变动的新迹象，但是直到目前为止，它似乎未能引起众多的客籍学者的重

---

① 张侃：《从社会资本到族群意识：以胡文虎与客家运动为例》，《福建论坛》2004 年第 1 期。

② 郑赤琰：《香港崇正总会与客家学开展》，香港：岭南大学族群与海外华人经济研究部，1999 年。

视。在客家人的汉族身份早已得到确认的今天，客家“中原汉室正统”身份和“优秀特性”的自我确证与颂扬，继续主导着这场客家运动和客家研究的展开。于是客家研讨会就几乎开成了一种“自己和自己对话”的研讨会。有人甚至主张“研究客家必须是客家人”，似乎“非我族类，其心必异”。

2003 年，第 18 届世界客属恳亲大会在郑州举行。如果有学者运用严谨的学术观点，小心翼翼地表达客家人并非全部是中原南迁汉人后裔等观点，就会立即招致许多客家人士的强烈批评和抗议。① 第 23 届世界客属恳亲大会在河源市举办期间，客籍学者中出现批评的声音，说世客大会“显得不够开放和纳贤用人”，“建议客家学研究不要门户之见，应该广纳那些非客家人专家来探讨客家学科课题”，还呼吁“迫切需要对世客大会体制本身进行改革”，“客家学研究要百家争鸣，客家文化要百花齐放”。②

罗香林曾经描绘过未来的客家学的蓝图，但是自我确证与颂扬的客家研究“乃是尚未学术化的领域。大部分所谓研究，都经不起推敲”③，因此是和客家学的建设愿望背道而驰的。现代的学科必须具有开放性质和公共性质，是一个人格独立、思想自由、学术民主和百家争鸣的园地。罗香林开创的客家研究要想发展成为一门现代学科的话，就应该主动实行“门户开放”和“百家争鸣”的对策。

二、门户洞开的客家研究

早在 19 世纪中叶，西方传教士和学者就已经介入客家研究。他们不是来就客家研究客家的，而是意在了解中国的国情和民族的特性。20 世纪初期，顾颉刚、罗常培、潘光旦都认为客家史值得研究，因为客家史也是中国史的一部分，而区域史的分析又有利于中国史的概括。客家研究作为一门开放的现代学科早已开始萌芽。20 世纪 80 年代以来，客家研究这门涵盖了历史学、汉语方言学、民族学和文化人类学等诸多门类的边缘性学科，成为观照中国历史与文化的一个新视角。于是，海内外不同学科、不同学派的学者纷纷挤进客家研究的门户，一场自我确证的客家研究演变成

① 黄志繁：《什么是客家——以罗香林〈客家研究导论〉为中心》，《清华大学学报》2007 年第 4 期。

② 徐群贵：《客家学研究要百家争鸣，客家文化要百花齐放》，价值中国网，2012 年 7 月 29 日。

③ 龚鹏程：《民族研究的方法——客家研究的反思》，http：//blog. sina. com. cn/gongpengcheng。

为门户洞开的客家研究。正是在此基础上，客家研究发展为一门跨语际、跨国界、跨学科的显学。

当代客家运动中的客家研究之所以门户洞开，也和罗香林学术观点的自我修正有着直接关系。他在《客家研究导论》中，曾称“客家为汉族里头的一个支派”。后来又在《客家源流考》中，对上述论点进行重大修正，改称客家是“中华民族里的一支”。郑赤琰先生说罗氏“为什么要从源流考下手去研究呢？这也是受韩教授（亨廷顿——引者注）的启发。从源流考下手研究，最少可以有两大学术优点，第一是证明客家族群源自中原，具有久远的历史文化根源，而且是中华文化最早的文明一族……”至于“他（客家族群——引者注）是不是汉人，已不重要，重要的是他能算是中原文化最早的一族”。[①] 在此，客家是中原移民后裔的说法，增添了客家是“中原文化最早的一族”的内容。

房学嘉认为罗香林先生对旧说的修正，“是客家研究的一大进步，是罗氏对客家学研究的重大突破”[②]。他说自己的客家研究深受罗香林先生修正后的观点的启发，并且认为可以将罗氏说的“中华民族”理解为“中国各民族大家庭之意”。于是，既然古越族和汉族都是中华民族的一支，彼此便是一家，而无尊卑贵贱之分。因此，他的思想得到了解放，勇敢地在罗氏新说的基础上“再前进一步”，指出客家是中华民族内部新的一支，是由古越族后裔和中原流人混化而来的，其中前者构成了客家共同体的主体。[③] 这是他在《客家源流探奥》中提出的“一家之言”。

香港崇正总会会长黄石华比较开明，他为房氏新著亲笔题词说：“祝贺客家源流探奥出版，考证客家族群源流，发扬客家崇正光辉。”[④] 笔者从中受到启发，在此呼吁客家运动和客家研究与时俱进，超越传统的“崇正论”，确立新的“崇正论”，即全体中国人共同尊崇中华民族之正统，这个“正统”就是中华文化，说到底就是中华民族的认同意识，以顺乎当代中华民族团结和国家统一的大潮流。

王东在学术界发表评论，说房学嘉研究成果的提出可谓“石破天惊”，因为这个成果“突破了罗香林以来的客家研究传统，为新时期客家研究模

---

① 郑赤琰：《香港崇正总会与客家学开展》，香港：岭南大学族群与海外华人经济研究部，1999 年。

② 房学嘉：《客家源流探奥》，广州：广东高等教育出版社，1994 年，第 1 页。

③ 房学嘉：《客家源流探奥》，广州：广东高等教育出版社，1994 年，第 2 页。

④ 房学嘉：《客家源流探奥》，广州：广东高等教育出版社，1994 年，“黄石华题词”。

式的转换，作了有益的尝试”①。从此以后，客家运动中的客家研究，开始出现学术争鸣的新气象，并且推动它向开放的现代学科转型。

谢重光的学术贡献在于提出“客家是一个文化的概念，而不是一个种族的概念”② 的命题，为客家研究模式的转换输入了进步的民族观。他说：“客家是一个文化的概念，其理论依据是费孝通先生的‘民族多元一体理论’，和陈寅恪先生以文化界定北朝、隋唐民族的民族史观。我认为这两个理论完全适用于客家。客家的来源是多元的，但在中原先进文化的主导下，成为有机的统一整体；客家人与闽南人、广府人等汉族各个民系，在血统上、种族上并无多大不同，而使这些民系相区别的主要是文化。”③ 19世纪末以后，来源于西方“种族主义”的民族观，曾经加剧了岭南的民族内讧，并且给客家运动和客家研究带来负面的影响。谢重光倡导的是进步的民族观，并且希望“种族主义”的民族观能够向“文化主义”的民族观转型，这个主张对于客家研究而言本身也是进步的。

法国远东学院劳格文博士的研究工作，也有助于推动客家研究的理论更新。1994 年至 2007 年，他策划和主持了“中国农业传统社会结构研究”课题的研究工作，采用“本地人研究本地历史”的方法，对客家乡村进行广泛而深入的田野调查，其成果以《客家传统社会》的形式出版。这次研究工作的重点在于从客家研究中了解中国传统社会，也获得许多对客家问题的新认识。例如，劳格文指出：“毫无疑问，客家文化是汉文化之一支，但它明显也与畲及瑶族文化有关。”④ 还指出：“客家地区至少要分成四片，即闽西、赣南、粤东、粤北。我有一个很临时的想法，认为客家语言于元朝在闽赣交界区形成之后，很快就向粤东发展。从明中叶开始，这两个地区的移民把它带到粤北和整个赣南。因为粤北和赣南在清初之前不能算是客家，他们的文化与北方的赣文化有很多共同点，他们与客家的关系，更多的是同属于一个语群，而非族群。”⑤ 他还由此发现一个重大的学术理论问题：“‘族群’这个适用于欧洲的概念在中国是否适用，或者用‘语群’更加标准?”⑥

---

① 王东：《那方山水那方人：客家源流新说》，上海：华东师范大学出版社，2007 年。

② 谢重光：《客家源流新探》，福州：福建教育出版社，1995 年，第 12 页。

③ 谢重光：《我的客家研究之路》，《中国社会科学报》，2011 年 5 月 30 日。

④ 劳格文主编：《客家传统社会·序》，北京：中华书局，2005 年。

⑤ 劳格文主编：《客家传统社会》，北京：中华书局，2005 年，第 492 页。

⑥ 劳格文主编：《客家传统社会》，北京：中华书局，2005 年，第 1001 页。

王东率先对劳格文提出的重大学术理论问题做出回答。他认为客家语言的历史与文化为研究中国历史与文化在不同时期、不同地域内的传播、流布及变异，提供了一个典型的个案。通过研究这一个案，我们不仅能加深对中国传统文化在空间发展上的多样性、丰富性和层次性的认识，而且能加深对中国文化的历史承传与时空转换的内在关系的认识。所有这些都是宏观的文化史研究所无法做到的。① 在此研究基础上，王东指出客家的形成是赣闽粤边区地域社会与文化发展的必然结果，这个结果既不是罗香林说的“民系”，也不是西方民族学说的“族群”，而是形成一个方言群，亦即一个“语族”。② 这是对客家学理论的又一次重大突破。

一般而言，汉族内部支派的细分，只有“地方”的概念。所以，汉族内部支派的细分，大都按各自所在的地方行政区划细分来命名，例如“浙江人”“宁波人”“奉化人”“溪口人”等，走的是“地缘认同”之路。于是，汉族内部支派细分，又可以借助汉语内部的大小方言来细分。从这个意义说，汉族内部的支派可以说是汉族内部的方言“语族”。汉族正是因为具有这种特点，所以形成更为强大和坚韧的凝聚力。汉族的客家支派历史上出现过上述“地缘认同”的趋势。近世以来，广东西路的客家移民在所谓“种族”身份的问题上，陷入被“污名化”的境遇。于是，在客家认同建构运动中，客籍士绅、客籍学者无不主张客家人出自“中原汉室正统”，故而在客家人转向以“血统”为凭据的“族群认同”之路的问题上，发挥了理论和舆论上的主导作用，从此客家认同的建构涵濡出了自己的特殊性。③

汉民族早已是一个混血民族，而内部的支派差异主要存在于地方文化习俗方面，汉语方言是其中的显著标志。因此，王东将客家界定为汉族里的一个方言“语族”，自有学理上的和史实上的根据。澳大利亚学者梁肇庭从 1982 年以来，提出“客家是一个社会学意义上的族群”的新观点，从社会学视角研究客家问题。④ 当下也有学者倡导以“族群”转换“民系”，从人类学研究客家问题。客家研究领域的“民系”和“族群”“方言群”之间的学术争鸣，将有助于拓展客家研究的学术视野，以及推动中

---

① 王东：《客家学：研究中国历史与文化的新视角》，《华东师范大学学报》1997 年第 3 期。

② 王东：《那方山水那方人：客家源流新说》，上海：华东师范大学出版社，2007 年。

③ 张英明、张翔：《“石壁”：客家人的原乡图腾》，《客家研究辑刊》2010 年第 2 期。

④ 梁肇庭：《客家历史新探》，《中国社会经济史》1982 年第 1 期。

国本土化的民族理论和概念的创立。

“客家”是客家学的核心概念，“客家”的界定是建立客家学的头等大事，而客家源流研究则直接关系到“客家”的界定，因此属于客家研究的核心课题。客家“南迁说”曾经在客家运动和客家研究中长期居于正统的权威地位。20 世纪 80 年代以来，学术界先后出现以房学嘉为代表的客家“土著说”、以谢重光为代表的“多元一体说”等新观点，开拓了界说“客家”的新视野。一般而言，“土著说”强调客家的主体是赣闽粤交界区的土著，或者说“本地人”，同时也有中原流人融入。“多元一体说”认为客家的主体是“中原先进文化”，同时，就其族群的来源而言，则是多元混成的汉族民系之一。

罗香林的客家“南迁说”，强调客家的主体是中原移民，然后融入了少量畲族人，因此可以将这种观点视为罗氏的“融合说”。2008 年在西安举行的第 22 届世界客属恳亲大会对罗氏的“南迁说”再次进行阐述：没有中原汉人南迁就没有客家人；没有南迁汉人与赣闽粤边区的土著和少数民族相结合也就没有客家人。这是强调中原汉人为主体的客家“融合说”。

许怀林力主客家“土著说”亦即“本地说”，其理由是：①客家的主体是赣闽粤交界区的土著；②北方迁入者被当地土著同化为土著；③“外来者落籍四五代以后，坟茔在此，田园在此，也就由客变土，成为当然的土著人了。”[①] 世易时移，由客变土，这是中国古今移民的通例。实际上，“土著说”也是一种“融合说”。笔者认为许怀林说的“土著”，指的是和新近的外来者相对而言的原住民。民性和文化的塑造受自然和人文环境的制约，这在古代社会尤其如此。因此，“土著说”强调“土客融合”是“在地化”的融合过程。同时，笔者认为这是一种多祖源的、多族群的周而复始的客变土的混化过程，所以说“客家的主体是赣闽粤交界区的土著”，而这种“土著”的本身也是多元混成的土著。

张英明、张翔从分析心理学的视角，考察赣闽粤边区客家石壁崇拜的原型，从中勾勒出当地土著混化和文化演变的历史脉络，即“禹夏文化—百越文化—畲民文化—客家文化”。同时，也为“土著说”清理出客家源流演变的历史谱系，即“禹夏人—百越人—畲族人—客家人”，这体现了依次混化和转化的过程。客家及其先民都经由多元族群混化而成。例如，畲族也是多元混化而来的，其中就包括来自北方的移民。自明代中叶王阳

① 许怀林：《走进客家——“南迁说”质疑》，载陈世松主编：《移民与客家文化国际学术研讨会论文集》，桂林：广西师范大学出版社，2005 年。

明主持南赣巡抚衙门以来，赣闽粤边区山地社会日益“王化”，畲民族团随之日益分化。客家是畲民族团分化而重组的结果，故而依然保持着古老的“石壁”原乡图腾崇拜。清康熙年间修撰的《程乡县志》依旧称当地乡民为“畲民”。光绪年间客籍士绅温仲和主持修撰的《嘉应州志》，改称当地乡民是中原移民的后裔，借此可以测出赣闽粤边区山地社会“王化”的进度。[①]

20世纪80年代以来，客家研究在门户洞开以后，开始超越西方的“种族论”，而以“文化”的民族观否定“种族”的民族观；开始超越传统的民族细分概念，而以“语族”“族群”概念拓展“民系”概念的学术视野；开始超越传统的“客家源流”界说，而以客家“土著说”“多元一体说”回应“南迁说”；开始超越历史上“族属之争”留下的阴影，而以实事求是的科学态度克服偏执与偏激；开始超越狭隘的大汉民族主义，而平等对待历史上的百越和畲族。所有这些努力，都有利于推动传统的“崇正论”向新的“崇正论”转型，以及推动客家研究从自我确证向开放的现代学科转型。罗香林提出的“客家是中华民族里的一支”的新说，黄石华为房学嘉著述的题词，郑赤琰倡导客家研究的理论更新，以及从客籍学者中发出的吁请“世客会”改革的声音，也有利于促进客家研究的自我开放。

① 张英明、张翔：《“石壁”：客家人的原乡图腾》，《客家研究辑刊》2010年第2期。

从藏学学科的建立谈客家学理论体系建构

周润年①

很荣幸受邀参加这次盛大的研讨会。我在客家学研究方面是门外汉，但学科之间的相通性，决定了其他学科的发展一定能为客家学的建立和理论建构提供参考。作为从事藏学研究多年的学者之一，我愿意用我院建立和发展藏学的历史与经验，为客家学理论探索提供参照。

中央民族大学是面向56个兄弟民族的高等学府，是56种民族文化的荟萃之地。藏学和藏语言文学的教学与研究在我校历来占有重要的地位。中央民族大学的藏学在党中央的亲切关怀下、在上级领导的亲自指导下，于1951年由新中国藏学奠基人于道泉教授亲手创办。50年来，我们招收了藏族、汉族及其他民族3 000多名大专生、本科生、研究生。在培养的这些学生中，现有些已成为国内外知名的藏学家，有些已成为藏区高、中级领导干部，产出了一批国内一流、国际知名的藏学研究成果。1960年，根据周恩来总理的指示，中央民族大学藏学专业举办了两届古藏文研究班，由于道泉先生、东嘎·洛桑赤列先生主讲，并聘请中国佛教协会会长喜饶嘉措大师、副会长周叔边居士，著名藏学家法尊法师、观空法师，著名学者季羡林教授、任继愈教授给研究班授课。1978年恢复研究生招生以后，我校藏学是第一批招收硕士研究生的专业。现在，全国高校和科研单位中，从事藏学教学和研究的许多知名学者，都是我校藏学专业培养出来的，可谓桃李满园、硕果累累。

目前，我校的藏学已形成了丰厚的人文资源和强劲的学科优势，其藏学研究整体水平在全国居领先位置。其中的藏族史、藏语言文学、藏族文化史、藏传佛教思想史、敦煌学等学科历史悠久、力量雄厚、成就卓著、影响广泛。其间所形成的藏学教学与科研体制、方法、内容、体系、思路等，对全国的藏学教学与研究产生了重大的辐射影响，奠定了中国藏学的现代学术规范。因此，藏学是我校的特色学科，藏学研究的成果，是我校

---

① 作者简介：周润年，男，中央民族大学藏学研究院博士生导师，教授。

的拳头产品。为了推动我校藏学教学和研究的深入发展，适应国际藏学发展的需要，2000 年，我校请示国家民委领导，以 21 世纪藏学发展的战略眼光，将藏学系扩建为藏学研究院。这就为中央民族大学的藏学专业铺设了广阔的发展空间。

早在建校之初，中央人民政府在建立中央民族学院的有关决定中就明确指出，中央民族学院的任务一是培养少数民族干部，二是研究和弘扬少数民族语言文化。几十年来，我校在发展藏语文教学和科研的基础上，于十年前建立了藏学系，之后又建立了藏学研究院，创办了藏学本科教育和硕士、博士研究生教育，学院现有中国少数民族语言文学（藏）和汉藏翻译两个本科专业方向以及藏语零起点班，藏族语言文学、藏族历史、藏族宗教文化三个方向的藏学专业硕士点，包括藏族宗教史、藏族文化史、古代藏族历史及文献、近代藏族历史研究和藏族宗教文化等研究方向的博士点。学院现有专业教师 17 人，其中教授 8 人，副教授 5 人，讲师 3 人，博士生导师 5 人，硕士生导师 8 人。60 年来，藏学研究院为西藏、四川、青海、甘肃、云南五省藏区以及国家有关部门培养了大批优秀人才。

目前，藏学研究院有本科生 285 人，硕士生 106 人，博士生 36 人，留学生 12 人。近年来，学院在学科建设、教学科研方面取得了较大发展，承担多项国家省部级科研课题、“985 工程”课题和“211 工程”课题。其中，喜饶尼玛教授等人所著的《西藏历史地位辨》荣获北京市第四届哲学社会科学优秀成果特等奖；李秉铨教授等编著的《中国西藏地方藏文历史史料选辑》获得北京市第二届哲学社会科学优秀成果一等奖和全国高校首届人文社会科学优秀成果二等奖；周润年教授等人著的《中国藏族寺院教育》获得北京市第六届哲学社会科学优秀著作一等奖；周润年教授等人的九项学术成果获得了首届和第二届“中国藏学研究珠峰奖”。这些学术研究及其科研成果在教学中的运用大大提高了教学水平，其中“藏族文学史”被评为北京市精品课程，“非藏族学生学习藏语文的培养模式及意义探索”获准北京市教改立项项目。一些教师在所从事的研究领域具有较高的学术地位，在国内外发表学术论文，进行学术交流。同时，在近十年内，许多兄弟民族院校也为发展藏学专业的教学和研究做出了很大贡献。我们应该共同总结这一宝贵的历史经验，把藏学及藏语言文学的教学和研究在新世纪推向一个新的阶段。

一段时间以来，面对新世纪的发展，我们一直在思考：应该建设一个什么样的藏学学科？应该建设一个什么样的藏学专业？应该培养什么样的藏学人才？要解决这些问题，一个关键环节就是必须根据时代的需要，建立一套规范的、成熟的藏学专业主干课程体系。这是办好藏学专业的基础。

如何建构客家学理论体系，关系到嘉应学院“培养什么样的人”“怎样培养人”的问题。我认为，客家学理论体系的建构学科的设置，首先要有一个正确的指导思想，这就是要坚持以马克思主义、毛泽东思想、邓小平理论和“三个代表”重要思想等为指导。其次是客家学理论设置的方向必须要符合先进文化的前进方向，那就是民族的、科学的、大众的、社会主义的文化。

一、客家学理论体系是体现客家文化特色的

从客家文化的内涵看，客家学是以客家的历史、宗教、文化和客家地区的发展为研究对象的一门综合性学科，既包括人文学科，又包括自然学科，既包括义理学科，又包括应用学科，其内涵博大精深，其历史源远流长，是国内外公认的享誉世界的显学。但是如何用现代学科的方法和其包含的本来内容来延伸、规范、整合，并将其组织成现代客家学理论体系，那应全面反映客家传统文化的精华，反映出客家学是中华民族文化的一部分，在历史文化上与其他兄弟民族之间的相互交流、借鉴和影响，即应将客家历史、客家文学、客家宗教、客家文化作为主要研究对象，将客家文化交流史等内容纳入客家文化研究的内容，以此来呈现客家文化在中华文化中海纳百川、兼收并蓄的气概。

二、客家学理论体系是科学的

所谓科学的，就是说客家学作为现代人文社会科学的一个学科，作为现代高等教育专业课程体系中的一个专业，必须具有科学性。首先，必须以马克思主义，特别是唯物史观作为指导，必须培养学生以马克思主义的立场、观点和方法去分析和研究客家传统文化。同时，必须吸收现代科学包括自然科学、社会科学的研究成果和研究方法，弘扬科学精神。

科学技术已经与生产力息息相关、水乳交融，发展先进文化与发展先进生产力也逐渐成为同义语。因此，发展中国的先进文化，不能离开世界先进的科学技术和科技革命的发展大道。我们必须在马克思主义的指导下，积极开展多种形式的对外文化交流，博采各国文化之长，包括西方发达资本主义国家优秀的科技文化成果和管理经验，以及包容所有文化之精华的中国先进文化。

众所周知，客家学的主体是传统文化，面对如此理论深邃、体系庞大

的学科对象，如果没有科学的世界观和方法论、没有哲学思维的基本训练，则无法探其究竟、明其底蕴。马克思主义是人类认识史上科学的世界观和方法论，它对于学习和研究哲学社会科学和自然科学都提供着方法论的指导。应用马克思主义，特别是唯物史观作为指导，使学生在学习专业的过程中，能够具备较为扎实的理论基础，树立科学的世界观、宗教观、价值观、人生观，以此来培养学生的抽象思维能力，提高学生观察问题、认识问题、解决问题的水平。在这样的思想背景和理论基础上学习和研究客家学，就能科学、客观地认识我们的研究对象——客家学的庐山真面目，以便能更好地继承传统，与时俱进，开拓创新。

党的十七大报告中指出："普及科学知识，弘扬科学精神。坚持社会科学和自然科学并重，充分发挥哲学社会科学在经济和社会发展中的重要作用。"众所周知，在客家学的学科中，渗透着浓厚客家文化多样性的思想。因此，客家学专业的学生就不可避免地受到客家文化多样性的影响。我们一方面要积极吸收客家文化中的合理内核、积极因素，另一方面要抛除、削除客家文化中的消极因素、落伍观念。要做到这一点，一方面要用马克思主义的科学世界观武装头脑，另一方面要大力宣传、弘扬科学知识、科学精神、科学理念，使同学们能用科学知识、科学思维方式来对待人生理想，对待自然发展，对待社会进化。在对学生进行科学知识的教育过程中，将客家学中的科学知识、科学方法、科学理论这一宝贵的历史遗产挖掘、整理出来，将这一客家先辈所发明的，现代客家青年耳濡目染、耳熟能详的科学知识向同学们宣传、讲授，这样，客家传统的科技就会成为使同学们接受现代科学知识的铺垫，并与现代科学相衔接，凸显其中的科学内涵，弘扬其中的科学精神。

三、客家学理论体系是体现人民大众文化需求的

客家学的理论体系必须从当代广大客家人民群众的现实生活中和新的文化工作实践中吸取营养，反映新中国成立以来客家人民新的文化成就，跟上客家人及其经济社会文化发展的现代化进程，从而使我们培养的客家学人才能够更好地为客家文化人民服务，满足客家地区经济、社会、文化的发展需要。

大众文化是我们文化服务的对象。中国先进文化建设的源泉，是亿万人民群众的伟大实践。人民群众不仅是创造物质财富的主体，也是创造精神财富的主体。正是实践中产生的无穷无尽的研究课题、实践中产生出来的新的文化需要、实践中涌现出来的多姿多彩的精神现象，给文化的创造

提供了不竭的动力和源泉。我们要用主旋律文化整合社会多样性的文化，为培养有理想、有道德、有文化、有纪律的公民提供优秀的精神食粮，为全社会铸造起强大的精神支柱，为人民创建出一个理想的精神家园。

我们的专业设置，我们的教学服务，即教学、管理、育人都是为了学生，都是为了培养高质量、高素质的人才。那么，我们建构客家学理论体系，应从一切为了学生这一核心思想出发，合理配置教育资源，优化专业结构，使我们培养出来的学生能够充分适应当地人才的需求。党的十七大报告指出："坚持教育为社会主义现代化服务，为人民服务，与生产劳动和社会实践相结合。"

因此，我们建构客家学理论体系，必须牢牢把握两点：第一，客家学本科专业课程体系必须从当代广大客家人民群众的现实生活中和新的文化工作实践中吸取营养，反映新中国成立以来客家人民新的文化成就；第二，客家学本科专业课程体系必须为广大客家地区的经济建设服务，为客家人民服务。

在我国，人民群众既是文化的创造者，又是文化成果的享有者。博大精深、内涵丰富的客家学是客家人民创造的，因此，作为文化现象的客家学教育，就要坚持为客家人民服务，造就和培养适合客家地区需要的高质量、高素质的人才，充分体现客家人民的愿望和利益，使客家地区实现"社会从基本稳定到长治久安，经济从迅速发展到跨越式发展"的历史性转变。

四、客家学理论体系是适应有中国特色社会主义要求的

客家学的理论体系必须符合社会主义高等教育的要求和国家的教育方针，必须符合面向世界、面向现代化、面向未来的要求，与时俱进，开拓创新，使客家学理论体系更加完善，不断迈向更高的水平。

我国现阶段的教育方针指出："坚持教育为社会主义现代化服务，为人民服务，与生产劳动和社会实践相结合，培养德智体美全面发展的社会主义建设者和接班人。"这里明确指出了两个问题，即我们的教育"培养什么样的人""怎样培养人"的问题。首先，我们培养的人才，在政治上，维护祖国统一，加强民族团结，反对民族分裂；在思想上，能坚持辩证唯物主义和历史唯物主义的世界观和方法论；在行动上，能实事求是，解放思想，开拓创新，具有全心全意地为人民服务的思想境界和道德品质。建构一个科学的、适合客家地区现代化发展的培养人才的专业课程体系，必须将这些问题考虑进去。其次，我们的客家学理论体系必须面向世界，即

不仅在课程设置上与国际接轨，这种课程设置所辐射出的教学和科研水平也要与国际接轨，这与把嘉应学院发展成一流的大学的理念是相吻合的。梅州作为客家学的故乡，应挖掘、整理、研究这一深厚的文化资源和历史积淀，把客家学蕴含的各个分支学科的内容要素、体系结构、发展脉络，用现代学术的方法阐释解读和现代转换，使客家学的各分支学科与现代学术相衔接，是客家学界同仁肩负的历史使命。为了实现这一目标，我们在客家学学科的建设，客家学高层次、高尖端人才的培养，客家学研究成果的产出等方面，都应处于国际领先地位。最后，我们的客家学理论体系必须面向现代化，面向未来，顺应历史潮流，培养出客家学通识人才和专门人才。因此，客家学理论的设置还要向高层次方向发展，即不仅要有本科专业，还要有培养高层次人才的硕士点、博士点和博士后流动站。这既是嘉应学院的初衷，又是全国高校客家学界同仁对你们寄予的厚望；既是嘉应学院学科建设的方向，又是客家学与国际学术接轨的迫切需要。总之，建构客家学理论体系的指导思想是马克思主义的基本原理，宗旨是继承传统、与时俱进，方向是代表社会主义先进文化的前进方向，目标是为文化的繁荣发展服务。

论海峡两岸客家学之建构与客家学研究方向

刘焕云①

一、引言

客家研究在海峡两岸都已经成为显学。客家学（Hakkaology）自20世纪得到发展以后，历经不同情境与环境，今日海峡两岸之客家学术研究，日益受到民间与政府的重视。以大陆而言，各地多所大学早已设立客家学院或客家研究中心，各地纷纷组织客家联谊会，经常举办客家文化学术研讨会，邀请港澳台及海外客家学专家学者参与，探讨客家文化的方方面面议题。再以台湾而言，1988年的客家运动，促使官方于2001年成立客家委员会、客家电视台，并推动“台湾客家文艺复兴运动”。台湾多所公立大学先后成立了“客家学院”，许多私立大学亦成立“客家研究中心”，专门从事客家学术研究。

海峡两岸学术界注重客家研究与客家学术之阐扬，此种现象正说明了客家学正在蓬勃发展之中。对客家人而言，千百年来由客家先祖在海内外各地不断移民、迁徙，形塑而成的客家文化，最终成为世人研究的对象，成为学术研究的范畴，终能唤起客家“文化寻根”意识，对自身族群存在的处境重新理解与诠释并赋予新意义。

客家研究原本是西方汉学的一支，全球各地的汉学家，不乏对客家研究怀有兴趣者。早在1868年，就有外国学者撰文研究客家与土著血统之差异，从血统来研究客家人、客家源流。20世纪30年代，罗香林根据族谱、谱牒、志书，先后写成《客家研究导论》《客家源流考》二书，对认识和了解客家、客家人与客家文化有很大的帮助。罗香林还提出“客家学”这一名词，② 此后，大多数的“客家学”研究，都是依循罗香林之研究典范。

---

① 作者简介：刘焕云，男，台湾人，台湾联合大学全球客家研究中心副研究员。

② 客家学（Hakkaology）于民国十九年（1930）由钟一帆与罗香林共同使用起至今，罗香林可说是客家学研究之鼻祖，见罗香林：《客家研究导论》，台北：南天书局，1992年，第24－25页。

若要探讨21世纪海峡两岸客家学之建构与客家学研究方向，并思考客家学学术理论与方法论之建构，必须就过去海峡两岸客家学或客家研究之历史、研究概况与方法，以及已存有之研究成果做一考察，方能理解与诠释今后海峡两岸客家学之建构与客家学研究方向。

二、人文与社会科学中的客家学

在西方20世纪60年代后期展开的“反文化运动”中，传统的实证主义受到了挑战。单靠一种典范化的标准或方法的科学，已经不存在了。科学标准和方法论的多元化、自由化和不确定化，使西方社会与人文科学研究进入了一个崭新的时代。随着以信息与科技之知识为主体的第三波工业革命的到来，社会走向多元与开放，各种文化议题包括政治、经济、族群、性别、女性主义、现象学、后殖民、后结构、解构、后现代、传记式、美学、神学以及其他各种边缘化的议题等，在人文与社会科学研究的领域中，不断地相互激荡起阵阵涟漪，跨科跨领域的混种，为人文与社会科学研究增添充满活力的养分。

自从人文科学、社会科学、自然科学鼎足三分、各自发展之后，各个学科也日益分殊化。随着全球化知识经济的兴起，自然科学的方法论被扩充到社会科学与人文科学，形成了一种科学研究以及社会进步的主流典范。20世纪70年代，西方学术界对实证主义主流典范之批判与反省，深深影响了英美分析哲学与欧陆所兴起的各种学术理论。当时整个科学研究领域兴起了值得注意的两点现象：一为科际整合研究的趋势，自1968年以降，科际整合成为多种学科研究领域中必要的研究方法。例如，文化研究成为多种学科，像史学、哲学、文学、社会学、传播科学等。又如认知科学的研究，也在科际整合的方式下进行。二为在人文与社会科学领域中，产生科际整合的潮流，使得旧日学科之间的边际逐渐崩解、模糊，促使研究趋向走向不同学科的会通，意即学科的互动与整合兴起。甚至，综合数种学科的较大领域的研究方向和思想趋势正在汇集。同时，一些新兴的、独特的、分殊化的研究领域，也日益受到重视。

近代科学研究在大学的设置以及其他研究机构中被制度化，大学被视为是理性具体而微的形象；大学中有各种不同的科系，各个学科致力于个别发展，而且产生互动、产生整合的地方。以台湾而言，台湾社会逐渐从现代性结构转移至后现代全球社会的新典范。大陆亦因改革开放而需要新的人才。海峡两岸的大学纷纷成立人文与社会科学领域新兴系所；各个学科里头，都有各自不同的研究方法与方法论。通常某一学科的方法论构成其理论基础与骨干。各学科的理论结构、理论功能、理论语言、理论的成立各有其逻辑、概念和方法论。

海峡两岸当代的社会科学家绝大部分是在西方（尤其是英美）接受专门的教育的。他们自然而然采取西方的理论，作为了解海峡两岸社会现象的依据。过去台湾社会科学家之中，能够运用西方的概念、理论和方法，同时兼顾到台湾社会现象，推陈出新，建立富有台湾特色的学术研究成果者并不多。多数学者只是采取西方的社会科学理论，研究台湾的社会现象。大学和研究机构在社会科学方面，只变成西方研究的延长。于是，有识之士便提倡“社会科学研究的中国化”，认为台湾文化有其独特之处，应该有其文化主体和价值方向，兼采其他文化里的数据，建构概念架构。① 社会科学研究的中国化基于方法论上的原因和理由，意即使用西方移植而来的学说理论与方法，这是方法与方法论的转移，旨在验证由西方移植过来的学说理论，必要时对那些理论加以修订、改正和扩充。所以说“社会科学研究的中国化”比说“社会科学的中国化”适当。②

从这样的角度来思考，海峡两岸的人文社会科学研究者，有必要在批判反省后，将西方研究典范融入与转移到海峡两岸社会文化的研究上。杨国枢在《人文学及社会科学研究的台湾经验》一文中指出，台湾学术界社会及行为科学研究的中国化运动，其实是一种学术本土化（indigenization）运动，是运用适当理论与方法有效研究台湾社会文化现象。③ 今日我们探讨海峡两岸人文与社会科学之研究问题，要立定脚跟，重新肯定中国传统。透过对西方知识传承的反省与批判，我们得以从各种形式的意识形态中解放出来，重新在海峡两岸的历史文化脉络中，寻找到一条适合中国特色研究发展的道路。

海峡两岸人文与社会科学之研究者，必须体认到人文与社会科学之间有相互帮助之处，不能抱着“唯我独尊”与“独善其身”的态度，而是跟

---

① 20 世纪 70 年代中期，台湾社会及行为科学研究者已开始讨论以社会与行为科学研究中国的问题；1980 年 12 月台湾“中央研究院”民族学研究所举办了“社会及行为科学研究的中国化”研讨会，讨论是否应建立台湾学术研究的独立性与自主性，摆脱学术边陲地位，追求对世界学术提供独特而有价值的贡献。见杨国枢、文崇一主编：《社会及行为科学研究的中国化》，台北：“中央研究院”民族学研究所，1982 年。

② 何秀煌：《从方法论的观点看社会科学研究的中国化问题》，载杨国枢、文崇一主编：《社会及行为科学研究的中国化》，台北：“中央研究院”民族学研究所，1982 年，第 9－10 页。

③ 杨国枢：《人文学及社会科学研究的台湾经验》，载赖泽函主编：《三十年来我国人文及社会科学之回顾与展望》，台北：东大图书公司，1987 年，第 10－11 页。

随"兼容并蓄"的多元典范，在研究上必须采取科际交流、合作及整合的观念与做法，形成科际沟通与合作的有利趋势，增进学科之间的互动与渗透。从这个角度看，属于人文与社会科学范畴内的海峡两岸客家学或客家学术研究的勃兴，实符应了科际整合研究的历史趋势。

客家研究在海峡两岸已经成为显学，日益受到民间与政府的重视。现今海峡两岸客家学知识体系之建构，仍需要人文与社会科学界对"客家学"的认同与支持。因为，海峡两岸从事客家学研究的专业学者仍然有限，大多数是从其他人文与社会学科各专业跨行而来的，例如历史学者、社会学者、人类学者、政治学者、经济学者、语言学者、文学研究者，甚至音乐家或建筑学者等。

过去海峡两岸学术界各不同领域的人文与社会科学研究者，逐渐将客家研究加入研究范畴，民间的客家研究亦有许多人在默默耕耘，出版了不少学术著作。他们对客家研究的贡献分布在各方面，除了出书、写文章、办杂志、参加学术研讨会之外，进行田野调查、编辑词典、拍摄纪录片、制作与客家相关的电视节目，样样都有。海峡两岸各地的文史工作者不仅成为客家研究的推动者，也都陆续和客家学院内的客家知识体系建构有密切的关系，他们常常受邀请到各处客家学院进行讲学或讲演。①

不过，台湾学界对于客家进行研究，比起台湾其他两个本土族群——原住民、福佬的研究都要来得晚。解严以前尚未成为集体的、有意识的研究行动，学术分类上欠缺"客家学术"范畴，更遑论客家学之建构。② 有较为明确及普遍的客家意识与客家学概念，是自 1988 年客家人倡议"新个客家人""还我母语""还我客家话"等客家文艺复兴运动之后，才逐渐蔚为风气。此后，具有客家主体意识的客家学研究才成为重要课题。客家学研究领域的发展与客家族群运动有密切的关系，两者相互激荡，其长远目标都在于发扬客家文化与客家学，使得客家学之发展，逐渐走上一条集体自觉的道路。

大陆各地的客家文史与学术工作者，亦已陆续投入客家社会文化与语言的整理工作，以及客家学术的田野调查及地方乡土志的撰写工作；学术界有志于客家学研究之人士，也纷纷运用各学科的研究方法来研究客家相关学术，客家文化与相关学术研讨会正陆续举行中，硕、博士研究生论文

---

① 张维安：《把民间学者拉近来：台湾民间科学家研究者的研究取径》，载《2005年全国客家学术研讨会》，中坜："中央大学"客家学院，2005 年，第 26－27 页。

② 刘焕云：《台湾客家学初探》，《云林科技大学汉学论坛》2003 年第 2 期，第 125－147 页。

及客家学书籍也大量出版中。

进入21世纪之后，海峡两岸可合作推动并建立客家学知识中心及工作平台，建立客家学术研究、资源汇集与整合的机制，使海峡两岸之客家学研究学科化、集中化、知识化与信息化，不仅满足合作之必要性及急迫性，也有助于海峡两岸客家学之弘扬。可以说，21世纪是海峡两岸客家学发展之新契机，客家文化与学术研究日益受到民间与政府的重视，海峡两岸人文与社会科学研究者，可以采取更宏观的研究视野，进行海峡两岸客家学之比较研究。例如海峡两岸之地理学、社会学、政治学、人类学以及一些新的学术领域如大众传播的学者们，可以合作成立研究团队，以多学科科际整合或综合性的研究方式进行客家研究。

笔者认为，海峡两岸客家学的研究，目前还是要使用自然科学、人文科学和社会科学等学科的方法，做科际整合的客家研究。以下图为例：

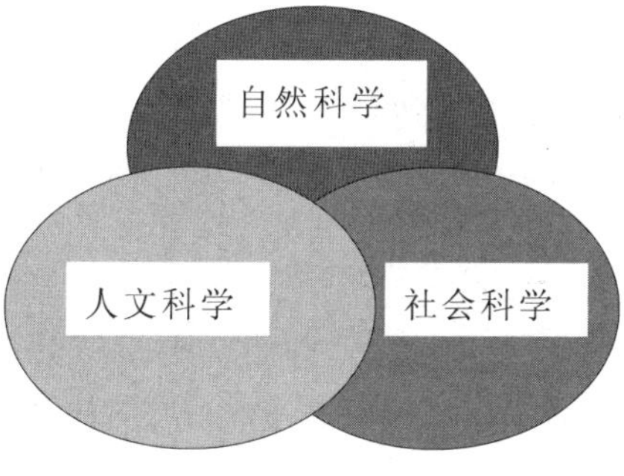

客家学的研究方法图

海峡两岸的客家学研究者可以分享共同的研究典范，进行客家学研究，这些典范有其常规科学的研究范例，有其解析与诠释客家社会的一套方法，甚至逐渐定义出客家学作为一个学科的独特研究理趣，以及客家学知识的性质。

三、建构海峡两岸客家学的意义

建构客家学并不像一般的学科那样，只从理论建构与验证的观点来讨论科学，亦不只从运作的程序和社会学、政治学、人类学等学科之含义来讨论，而是把客家学安置在整个中国现代文化进程里面来予以定位，并以之作为带动中华民族伟大振兴的历史脉络。客家研究从诠释学的观点来看，不仅可以让研究主体分享共同境遇感与共同理解，而且要重构现代客家文化的意义。以高达美（H. －G. Gadamer）的观念来形容，使用诠释学方法诠释客家学的目的，不仅止于意义的理解，而且要达到研究视域之融

合（fusion of horizons）。[①] 因为，传统与现代的客家文化，客家文化与其他文化，分别有其客观的视域与意义，必须经由研究主体的诠释过程来予以融会贯通。唯有在人以不同态度对于传统进行“过滤”后，才有可能创造出新的文化产物，这是历史真正的价值所在。[②]

笔者认为，带动海峡两岸现代客家学进步的两个最基本动力，一个是客家人文关怀带动客家历史意识觉醒，另一个是政府与民间普遍注重客家学研究。用海德格的观念来说，人存在的意义在于彰显“存有”，“存有”之彰显，并非科学概念体系所能网罗控制，人无法用知识与方法包办“存有”的自显，而应进一步去体会。一切有意义的客家学，都是“存有”在某一时代开显的结果。一切客家学术，皆应以对历史的境遇感和对未来的共同理解为基础；而一切有意义的客家学，皆在言诠客家文化在长远传统中所形成的共同主体性，表现客家学的特殊意义形态。特别是深化客家学建构，在于透过学科之研究达到后设的目的与意义，那就是带动客家文艺复兴，这是客家学在当今海峡两岸社会的共同意义问题。

也就是说，探讨客家文化发展所蕲向之生活世界，目的是使客家学成为一门推动海峡两岸社会迈向“合理与理想社会”的学科；客家学的建构也必将成为21世纪中华民族振兴与建构海峡两岸和谐社会时深具意义的“社会与文化工程”。客家学的方法、典范与存有，都是在动态开显之中。客家学之发展体现了存有与召唤，而成为显学，需要继续开拓与耕耘，深化其存有，并继续推动客家学理论与方法论的建构，方能使客家学成为恒久之学。

四、当前海峡两岸客家学研究方向

目前为止，海峡两岸的客家学术研究已积累一定的成果，海峡两岸客家研究的范畴，包括移垦、产业、政治、社会、语言、民俗、学艺、人物、文教、建筑、古迹、民俗文物、戏剧、音乐、民俗技艺、美术、工艺、摄影、传播媒体、文学评论、故事与传说、艺文活动、文化创意产业、小区营造等，成果都非常丰硕，但都可继续深化其研究，甚至筹组研究团队，以科际整合研究方法，共同合作，建构客家学知识平台，挖掘更多研究潜能。哲学和科学的发展存有一种互为体用的关联，一门学科的进展，必须以某种哲学思想作支撑。[③] 正如科学哲学史家 Lakatos 曾说：“没

---

① GADAMER H. Truth and method. London：Sheed and Ward Ltd.，1975：273－274.

② 黄光国：《社会科学的理路》，台北：心理出版社，2003年，第381页。

③ 黄光国：《科学哲学与创造力》，台北：立绪文化事业有限公司，2003年，第127页。

有科学史的科学哲学是空洞的；没有科学哲学的科学史是盲目的。”同理客家学的发展，也必须有哲学的反思。从哲学角度反思，笔者认为当前海峡两岸客家学研究方向，尚须注意如下几点：

第一，客家学研究不能把客家文化全然视为外在的物质文化，成为外在研究的材料，而应该“把文化收进来，落在生命上，落在生活上”①，即把客家文化传统视为一种客家人日常生活的精神传统，甚至是生活哲学，有待生活主体者的创造与诠释，以活化客家文化。也就是说，由方法所建构的客家学，是客家人对客家自身之认知，客家语言成为日常生活语言，或是从事客家复兴运动所蕲向之生活世界，是一切现代客家意义的原始根源，使得客家学的恢宏，诠释了客家语言与文化存在的意义。

第二，客家学研究是对客家文化传统的再诠释，诠释学特别重视对于传统的再肯定和再诠释。海德格主张我们应该针对未来的设计来重新理解传统，传统不是一种束缚，而是人们理解自我和世界的依据。诠释学提供了有关诠释经典、文字、行为和世界的方法步骤与基本观念，对于传统和现代的衔接有很大的帮助。因此，使用诠释学方法研究客家学，是现代客家学十分重要的工作。此一工作的意义，是使传统客家文化能够与现代社会衔接，创新现代客家文化，也要使现代客家社会能在传统中找到根源，亦要使客家传统在现代社会文化中，开显新的表达方式与建构新的意义，在意义的追寻及批判继承与创造的发展中，再度诠释客家传统。如此，才能使客家学成为一门推动中国社会和谐发展、促使中华民族伟大振兴的学科，亦使客家学的建构能有助于海峡两岸和平发展的进程。

第三，目前不必担心客家学没有方法论的问题，西方学术发展历经千百年的发展，才有今天的局面。自古以来，人类理性的调理与扩充，即有赖于学术；学术是一种有方法、有理想的研究与发展，同时也是一种净化兴趣的生活方式。如果理想不恢宏、方法不严谨，则研究难以进入胜境，亦难以实践一种堪当理想的生活方式。任何学科的任务就在于为学术奠基，为理性效命，并在充分反省之中结合学术理论与生活实践。而且，从客家学的范畴、定义、内涵、外延来看，自然科学、人文科学或社会科学的研究方法，都是客家学可使用之研究方法。“科学”这一名词，在德文中（Wissenschaft）包括知识、学问、学术之意。任何有系统、有组织的知识皆可以称为“科学”。在这个意义下，客家学成为学，绝不成问题。

第四，客家学的发展已成为衔接传统与现代客家文化之所在，近代海

---

① 牟宗三：《道德的理想主义》，台北：台湾学生书局，1980 年，第 227 页。

峡两岸的学术研究，除了努力介绍西方的学术之外，大部分人文工作者把精力投掷到传统的诠释上。例如新儒家特别针对传统道德哲学予以诠释，尤其对宋明儒学进行再诠释，为现代人指出了道德心性的重要。如唐君毅用黑格尔哲学来诠释儒学，牟宗三用康德哲学来诠释儒学，他们采用东西方对比融会的研究途径，确实为当代新儒学开辟了一条康庄大道，丰富了现代儒学内容。因此，客家学的发展，可以采用对比研究的方法，并成立海峡两岸多元化科际整合之客家研究团队，朝向集体自觉的多元客家学研究来发展。

五、结论

国家有国家的发展战略，文化也有文化的发展战略。大陆的战略目标是到21世纪中叶基本实现现代化。今后几十年，大陆将坚定不移地推动改革开放、和平发展，绝不走“国强必霸”的路子。今后大陆推动之大政方针有：一，将继续集中精力发展经济，发展仍是中国的第一要务，是解决一切问题的基础；二，继续深化体制改革；三，继续扩大对外开放；四，发展教育科技；五，弘扬中华优秀文化。[①] 同理，台湾地区亦必须建构一套文化发展战略，希冀能立足台湾，胸怀中国，放眼全世界，让台湾自身之发展，能符合于历史脉络，加入与引领全中国之发展，促进海峡两岸和谐发展，并带动中华民族之伟大振兴。

海峡两岸客家学之建构与客家学研究方向之省思，能促进海峡两岸客家文化之交流，塑造海峡两岸和谐的文化气氛，为海峡两岸关系的改善提供有利的条件及环境。从历史与文化的角度来看，台湾与大陆是血浓于水的关系，双方应该透过了解与良性互动，为达成再统一创造和谐条件。不论困难有多大，海峡两岸交流是不应中断的，这是海峡两岸人民的共同利益所在。特别是在“九二共识”之下，海峡两岸和谐地长期发展下去，双方相互尊重，交换意见，化解隔阂，一定可以培养出善意，这无疑是中国分裂历史上值得珍惜的特殊发展过程。

总之，海峡两岸必须以批判的继承与创造的发展为途径，建构一套恢宏而又完整之客家学与客家文化发展方向，经由深化海峡两岸客家文化之交流，对中华文化之复兴做出贡献，最终促进中华民族之振兴、繁荣、富强。

---

① 2010年9月23日温家宝总理在联合国大会讲话，见《联合报》，2010年9月24日。

四川客家建构论

陈世松[①]

客家人迁居四川是距今两三百年前的事，如何运用罗香林所创立的现代客家学理论来探讨四川客家族群的独特个性，澄清在四川境内的“客家人”即“客籍人”的概念混淆，关系到客家学理论体系在四川的建构，以及对于客家文化多样化的认识。为此，本文不辞简陋，略对研究实践中所遇到的一些具体问题进行系统梳理，并作简要的论述，不当之处敬请方家指正。

一、四川有客家

四川作为闽粤赣客家大本营之外一个至今仍有300万左右客家人生活聚居的省区，早已得到学界公认，无须再作有无之论证。这里仅从罗香林所创立的客家学理论建构的角度，来阐释四川在客家体系中的存在。

1933年，罗香林在撰写《客家研究导论》构建客家学说理论体系时，对于生活在祖国西部的四川客家的源流和分布作了全面的阐述。《客家研究导论》第三章以民国年间“现行的县区为单位”，将客家人在全国的分布情况作了这样的排列：①江西省；②福建省；③广东省；④广西省；⑤湖南省；⑥四川省；⑦台湾岛。其中，涉及四川客家的源流时，他指出：

> 客家第四步的迁移，则以内部人口的膨胀为主因；盖客家大部分于宋末至明初，徙至广东内部以后，经过朱明至清初的生息，系裔日繁，资力日充；而所占地域，山多田少，耕植所获，不足供用，以是，乃思向外移动；恰好当时有四川一省，因为，曾经张献忠多年屠杀，户口凋零，田园荒落，清廷不得已，下谕各地农民，入川开垦，客家农民，得此机会，便

① 作者简介：陈世松，男，四川省社会科学院客家研究中心主任、研究员。

跟着两湖农民，走上川去。[①]

据此可知，四川之有客家，始自于清前期的“湖广填四川”移民运动。尽管客家民系的形成至迟在宋元之际即已奠基，在明代即有客家移民迁居四川[②]，但相对于绝大多数客家人入川时间为清前期说来，源自明代迁川的客家人毕竟是少数，加之居住分散，他们早就被历史所湮没，没有也不可能保留客家习俗的特点。因此，从这个意义上说，我们今天所习称的四川客家人，其主体应该是从清前期移民热潮中迁徙而来的。

在论及四川省的客家分布时，罗香林作了这样的勾画：

四川省：四川一省，亦没有纯客住县，惟非纯客住县则较湖南为多，计有：涪陵、巴县、荣昌、隆昌、泸县、内江、资中、新都、广汉、成都等十县。巴县即旧重庆府首县，涪陵即旧涪州本州，泸县即旧泸州本州，资中即旧资州本州。这些地方的客人，都是清初自粤赣二省迁去的，亦与湘赣系人杂居。[③]

对于四川这十个县中客家人来源的问题，罗香林在第二章中有这样的说明：“今日四川东自涪陵、重庆，经荣昌、隆昌、泸县、内江、资中，西至成都、新都、广汉，其间居民，大牵（率）皆康熙末年（1711—1721）自广东惠州嘉应州及江西赣南等县搬去的客家。”又说：“当日迁居四川的客民尚不仅限于惠州及嘉应州等地，即南韶二州的客家，同时亦颇移殖其地。”他由此推及：“当时移川的客家，其众多不难想象而知了。”

罗香林的上述判断，系根据康熙末年入川移民的文献资料，以及从原乡和四川所能搜集到的谱牒资料做出的。对于客家迁川的文献资料方面，罗香林在书中没有过多列举，但我们知道，在一些官方文献中，就有不少直接证据。[④] 不过，罗香林更多依据的，是他从广东客家原乡所得到的五

---

① 罗香林：《客家研究导论》，上海：上海文艺出版社，1992 年，第 59 页。

② 如原籍广东龙川头仁里张氏，4 世祖尧公“往西蜀”，7 世祖法思“往川”，9 世祖国栋、国模“往川”，10 世祖瑞生公生五子“往川”，自修公生二子“往四川落居”。对照旧谱上相关人物生平可以知道，4 世祖迁川的年代，大致在明代中期（据香港崇正总会张新霖先生提供《张氏族谱》）。又如光绪三十二年《隆昌乡土志》引《薛氏族谱》载：“薛姓，明天启（1621—1627）年间由粤入蜀，计传 12 代。”

③ 罗香林：《客家研究导论》，上海：上海文艺出版社，1992 年，第 97 页。

④ 刘正刚：《闽粤客家人在四川》，南宁：广西教育出版社，1997 年，第 90 - 94 页。

种谱牒［李伯裁先生所寄的五华《李氏族谱》（节抄）与《魏氏谱抄》，以及兴宁东门《罗氏族谱》、南雄胡志孚先生家藏《胡氏续修谱》、兴宁曾坑《陈氏族谱·陈氏源流》］。此外，还有从四川征集到的两部族谱（桂湖新都《陈氏族谱》和荣昌《罗氏族谱》）。[①] 据此罗香林断言，四川广汉就是中国客家居住区域的北部边界线。[②]

以上就是罗香林在他的客家学奠基之作中，首次向外界公布的有关四川客家人的分布情况。尽管这一勾画与今天四川客家的实际分布有较大的出入，但在当年足迹未到四川的情况下，他能够做出这样的描述已经是难能可贵的了。今天我们从清代、民国地方志对本地居民原籍的统计资料中证实，四川上述十个县确实存在一定数量的来自闽粤赣边区的客家人。但是，需要指出的是，其中有的县并非客家人的聚居区，如涪陵，“自楚迁来者十之六七”[③]；巴县，“自晚明献乱，而土著为之一空，外来者十九皆湖广人”[④]；忠州丰都县，“清初……悉外省人移补，而湖广麻城人尤多”[⑤] 等。

随着当代调查研究的深入，当今客家人在四川的分布状况越来越清晰，其范围已大大突破了当年罗氏所称的十个县。20 世纪 80 年代以来，语言学者根据客家话的调查研究，已经把四川客家人的分布范围扩大到三十一个县市。[⑥] 至 90 年代，根据四川语言学者统计，全省的客方言县已达四十六个，加上有客家人居住的县市十七个，二者合计为六十三个，并预言若继续进行艰苦细致的调查，“这个数字可能还将扩大”[⑦]。广东学者刘正刚依据民国《简阳县志》所提供的氏族资料，分析出清代广东移民的迁出地原籍，主要分布在：惠州府、潮州府、韶州府、嘉应州、南雄州，以及广州府和罗定州。他还以原籍为兴宁、平远的一些客家移民家族的族谱

---

① 据罗香林：《客家史料汇编》（台北：南天书局，1992 年，第 94、177 页）载：“《新都陈谱》写本一册，同学陈晓钟惠寄……新都陈氏，其先世原出曾坑，清康雍间，始自兴宁迁居西蜀，迄今语言习俗，未改客家旧观。”按：陈碧咸为陈晓钟之“尊人”，新都《陈氏族谱》为道光陈万才所修纂。民国三年（1914）荣昌《罗氏族谱》木刻本载，罗氏入川一世祖名奕遴，原籍广东省惠州府长乐县黄龙约汤湖里，康熙五十七年（1718）移居四川省重庆府荣昌县古桥里安富场居住。

② 罗香林：《客家研究导论》，上海：上海文艺出版社，1992 年。

③ 民国《涪州志》卷七。

④ 民国《巴县志》卷四、卷二十一。

⑤ 民国《丰都乡土志》第三章《食货》。

⑥ 崔荣昌：《西南官话以外的汉语方言》，《方言》1986 年第 3 期。

⑦ 崔荣昌：《四川方言与巴蜀文化》，成都：四川大学出版社，1996 年。

为实例，考证出这些家族的分布地遍及清代四川的十六个府州厅四十多个县。刘正刚还参照其他资料，绘制了一幅《清代闽粤客家人在四川分布图》。图注中指出：在清代四川一百多个州县厅中，只有十三个县“暂无发现闽粤客家人落业落户的史料”①。言下之意，客家人的分布范围，基本遍及四川各个角落。

至此，我们可以对四川客家人的源流及分布得出这样的结论：客家人的迁出地，正位于闽粤赣三省交界的山区丘陵地带；客家人迁入四川后，其居住地既有广阔的平原地带，也有山区丘陵乃至少数民族聚居地。这样，在罗香林建构的客家学说理论中，一个源自闽粤赣边区的四川客家聚居区，就建构起来了。

二、客家有四川

客家大举进入四川地区，其影响是双向的。一方面，四川有了客家，巴蜀文明体内就增添了一个新的文明因子，这就为丰富巴蜀文化创造了条件；另一方面，客家有了四川，就为客家文化内涵的丰富、客家体系的拓展奠定了基础。关于前者，不属于本文探讨的范围，这里着重从后者进行解读。

首先，四川客家的加入，扩大了客家的居住地域。客家基本住地闽粤赣边区素有“帝国边陲”之称，追寻其由来，既有地理环境因素的影响，也有非地理因素②的作用。关于前者，主要是指其地理位置偏远，远离帝国政治中心；地利条件较差，“居地狭小”，“贫瘠不毛”，“农产缺乏”，“不能利用其地各种自然环境”③ 等。与此形成鲜明对比的是，巴蜀有着优越的地理环境，地利优势十分明显，素以“天府之国”而著称。由于四川盆地非常适于农耕，在西南诸省中，巴蜀最早吸收中原先进的农耕技术，较早习染中原文化，故能成为西部最先开发的农业区，同时也是地域经济中的富庶之区。从此，在客家文化的版图上，又增加了一个“内陆盆地”型的地理单元。这样，客家分布地域也就由原来的“帝国边陲”推进到了中国的“内陆腹地”。凭借四川客家的加入，客家族群因此迎来了一个在

---

① 刘正刚:《闽粤客家人在四川》，南宁：广西教育出版社，1997 年，第 126 页。

② 彭兆荣等在《边际族群：远离帝国庇护的客人》（合肥：黄山书社，2006 年，第 27 页）中指出，客家基本住地闽粤赣边区之所以称为“边陲”，除受地理环境的影响之外，同时还受国家政治力量及其等级格局、经济网络结构、区域性的观念——宗教体系以及族群认同等方面的制约。

③ 罗香林:《客家研究导论》，上海：上海文艺出版社，1992 年，第 114 页。

更为广阔和宜于生存的空间中展示自己的张力和个性的机遇。

其次，四川客家的加入，丰富了客家文化的类型。在客家迁入四川地区之前，客家文化与周边文化的接触，主要集中在客家同汉族南方其他支系的，以及与以畲族、瑶族为主的少数民族文化的接触之上。当客家文化导入巴蜀地区之后，旋即陷入巴蜀文化的包围之中。从历史上看，巴蜀地区是长江上游文明的发源地，与中原文化联系密切，是秦汉以来就纳入中原文化圈的一个底蕴十分丰厚的文化区。由于四川客家分布的地域远离华南客家文化的中心区域，属于客家文化的边缘区，加之它又散落在以西南官话为标志的巴蜀文化的汪洋大海之中，面临从数十万到数千人不等，因此它不能不遭遇到强势的巴蜀文化的侵蚀和影响。于是在其作用之下，一种既含有闽粤赣客家文化定型化的本质特征，又具有一定的巴蜀文化特色的新形态的客家文化——巴蜀客家文化就此产生了。有学者据此将巴蜀客家文化归纳为一种与“大陆模式”“次大陆模式”“大岛模式”和“岩礁模式”相并列的新的客家文化模式，即“小岛式客家文化圈”模式。① 客家文化在巴蜀地区的传播及其定居融合，一方面造就了巴蜀客家文化绚丽多彩的内容和特征；另一方面丰富了客家文化体系，使之类型更加多样，内涵更加丰厚，特色更加鲜明。

最后，四川客家的加入，拓宽了客家文化的接触范围。客家人长期生活的闽粤赣边区，是一个以客家人为主体的定居社会，族群关系相对较为简单。而随清初移民大潮进入四川地区，由客家移民所携带的客家文化，一开始就面临着一个移民人口超过土著人口的移民社会。移民社会的内外关系较为复杂，不仅表现在移民与土著的关系上，而且表现在不同来源的移民之间的关系上。在这里，虽然移民是社会的主体，但土著文化的影响力依然十分强大。移民群体彼此混居，省籍来源多样，南北兼容。在多达十多个省籍移民共同聚居的区域中，闽粤客家在人数上并不占优势。错综复杂的族群关系和多元文化并存的格局，极大地拓宽了客家文化的接触范围。这些都使客家文化经受了一次与多族群文化跨地域接触交流的考验，由此所带来的挑战与机遇也是前所未有的。

三、客籍非客家

这里不是从字面上对“客籍”与“客家”的概念进行界定与异同辨别，而是探讨其所指代的内涵是否为现代客家学说定义中的客家，以及现

---

① 林浩：《客家文化人类学视野》，台北：爱华出版社，2007 年，第 29 页。

代客家学说意义上的“客家”在四川流传的情况。

众所周知，客籍非客家。[①] 按照百度百科的解释，客籍是指具有外地籍贯的本地居民。而百度百科又给出了一个特例解释：“客籍，专指客家人，如朱德在《回忆我的母亲》一文中提到：我家是佃农，祖籍广东韶关，客籍人，在‘湖广填四川’时迁移四川仪陇县马鞍场。”在其他地区，客籍与客家是一个只需要简单说明就可以搞定的问题；而在四川地区，则是一个并非三言两语就能解释得清楚的复杂问题。

客籍是相对于土籍而言的，二者是在传统社会户籍和赋税管理制度背景下产生的。以清代四川为例，“明初土籍曰旧，以康熙客籍曰新”[②]。清以前本土旧民为土籍，康熙年间外来新移民为客籍，二者区别甚为分明。这种区分，还体现在户籍登记上，如在巴中县，“明中叶入邑者黑册，清代陆续入巴者红册”[③]，巴中辖区内的百姓，凡是明代旧民（土籍）就登记在封皮是黑色的户口簿上，凡是清代移民（客籍）就登记在封皮是红色的户口簿上。之所以作这样的区分，主要是为了征收赋税方便起见。因为，四川地方当局执行清王朝的赋税政策规定，康熙前期是“（凡移民）抵蜀安插之后，一年分田垦地，二年习成土著，三年起科”[④]，后期则把起科征收的年限延长至五年。

源于清代四川移民社会中的这种土、客籍区分，原本是地方当局出于管理需要而形成的，它当然也成为区分居民身份的依据。后来，当移民社会与定居社会实现融合后，移民社会初期那种户籍管理和赋税征收办法已经不复存在了，但留在居民间的这种划分土、客籍的观念根深蒂固，它不仅难以消失，而且会一代代地传承下去，以至在四川乡土社会中，人们往往会依据祖先当时入籍的身份来判断或定义自己或他人究竟是“土籍”还是“客籍”。例如，郭沫若在《我的童年》中，就对于其祖先落籍地嘉定沙湾的土、客籍划分观念及其流传的情况，作了这样的描述：

现在的四川人，在清朝以前的土著是很少的，多半都是些外省去的移

---

① 有学者曾经以毛泽东《湖南农民运动考察报告》中所提及的井冈山地区的“客籍”为例考证指出，字面上提及的“客籍”，不一定具有现代“客家”的含义。具体出处，无暇细查，待补。

② 光绪《广安州新志》卷十《户口》。

③ 民国《巴中县志》第二编《人民志·民籍》。

④ 康熙六年（1667）十一月四川巡抚张德地奏疏，载康熙《四川总志》卷十《贡赋》。

民……不怕已经过了三百多年，这些地方观念都还没有打破，特别是原来的土著和客籍人的地方观念。杨姓是我们地方上的土著，平常他们总觉得自己是地方上的主人，对我们客籍总是遇事刁难的……杨姓人在乡里差不多成为了一般人的公敌了。①

郭沫若自称，“我们的祖先是从福建移来的，原籍福建汀州府宁化县。听说我们那位祖先是背着两个麻布上川的”。因而他自称“我们是两个麻布起家的客籍人”。他承认，“在客籍中我们一姓比较发达，因而和（土著）杨姓便形成了对立的形式”。可见，在客籍人口占绝大多数，且土籍、客籍观念根深蒂固的四川社会中，当人们在使用“客籍”这一名词时，其所指代的就是外来移民身份之意，这是再清楚不过的了。只不过，恰好郭沫若的祖先来自“福建汀州府宁化县”，朱德的祖先来自“广东韶关”，这两个地方正好又是罗香林构建的现代客家学说中的“纯客家县”，于是，这就出现了“客籍人”与“客家人”相交集和重合的情况。

从这一个事例中可以看出，作为外来移民的客家人，肯定属于与土著人相对应的客籍人的范畴。四川客籍人的构成范围甚广，据统计，在清代大约有十八个省的移民都属于客籍人，来自闽粤赣边区的客家人只是其中的一个组成部分。显然在四川，“客籍”比“客家”的外延更大，客家肯定属于客籍，但不能由此反推，客籍就等于客家。作为客籍人的朱德、郭沫若，当今已被公认为是客家的著名代表人物，这在客家体系中是没有异议的。但要说他们当年在文章中自称为“客籍人”时，就是已经在强调自己的“民系”“族系”特征，而不是陈述籍贯②，即已具有现代客家民系意识，这未必符合历史实际。

在四川地方志中，也可以发现一些个别特殊案例，将本该书写为“客籍”的外来入籍之人，写成了“客家”。例如，清道光《城口厅志》称“民少土著，五方杂处……多外来入籍之人”，“土著者谓之老户”，“外来入籍者谓之客家”。③ 显然，这里的“客家”，是不规范的书写方式，不可

① 郭沫若：《我的童年》，载《郭沫若选集》卷上，成都：四川文艺出版社，1994 年，第 11 页。

② 裴伟在博文《〈回忆我的母亲〉中的“客籍人”》中，质疑初中语文教材将“客籍人”注释为“一般指整村整族迁徙到一个地方定居的人。他们一般保持原籍的方言和一些生活习惯”，认为文中的“客籍人即客家人，汉族的一个独特民系”。这显然是以今律古，以当代流行客家学说中的客家概念，过分附会朱德原文精神所致。

③ 道光《城口厅志》卷六《风俗》。

将其与现代客家学说中的客家民系概念相混淆。现代客家学说中的客家概念之出现于四川，比罗香林的《客家研究导论》要晚七八年。毕业于四川大学历史系的成都客家学者钟禄元，于 1941 年 8 月 30 日在成都出版的《文史教学月刊》第 3 期上，发表了题为“蜀北民族风光”的文章，该文第一次向外界报道了成都近郊的一个特殊“民族”——客家人的“奇风异俗”。1943 年，他又在成都《风土什志》创刊号上发表文章《东山客族风俗一瞥》，指出：

住在这块丘陵地上（成都“东山”）的人们，纯粹是客家人。“客家”这一个名词现在有许多的人也许不很了解，她是汉族中最优秀的一支，在东方人类学上占据了最重要的位置，英文叫 Hakkas。凡是研究过人类学的都知道，而西方人研究得比我们更清楚。所以拜士克先生说：“客家人是中华民族的精华，好比牛乳上的乳酪似的。”它肇基中原，即今伊洛一带地方，在上古和中古时期，它受文明的洗礼较国内各民族为早。后因两晋之际，五胡乱华，再及唐末、元初，曾作三次的民族大迁徙，所以江南诸省遍满了他们的足迹，尤以岭南山地（粤东北部）为客族的大本营。其苦干能力和冒险精神，为国内各民族所不及，所以每到一地方，往往为当地土著所嫉妒。在从前他们原是北方衣冠之族，门阀较高，土著称他叫客人，所以相沿至今，即称客族。在成都则普遍的称为“土广东”。

钟禄元的这些议论，是否受了《客家研究导论》的影响，不得而知；但其结论大体与罗香林构建的现代客家学说相接近。不过，根据他当时对成都“土广东”所使用的诸如“民族”“客族”“客人”“客家人”等称号看，钟禄元似乎还不完全具备现代客家学说知识，更没有罗香林所具备的那样清楚明晰的客家学说体系构架。钟禄元只不过是运用了西方传教士所传递的一些信息，来描摹成都近郊的这样一个特殊群体。以至几年后的 1948 年，华西协和大学文学院社会学系有一个名叫徐宝田的大学生，在参考钟禄元的文章撰写的毕业论文——《四川省华阳县客家民族之研究》中，对这个群体所使用的概念，同样也是“客家民族”。有趣的是，论文绪论坦承：“本篇可资参考之资料，实在缺乏，余原拟参考罗香林先生所著之《中国客家民族之研究》一文，但仅此一文，虽寻遍成都各书局及图书馆，问尽相知之各友人，亦未获得。”从这里透露出，罗氏构建现代客家学说的奠基之作——《客家研究导论》，当时并没有传入四川。[①]

当今四川已经成为客家大家庭中的一员，世界客属恳亲大会和多次国际客家学术研讨活动在这里举行。随着对客家知识的了解和普及，四川对于现代客家学说的认识也逐渐加深起来。然而，不时仍在发生将“客籍人”与“客家人”等同起来的笑话。[②] 这使我们不得不正视这一概念混淆现象背后的深层次的社会根源。

四、客家在四川

本节不是讲客家人迁入四川之后的生产、生活情况，及其对四川经济发展的贡献[③]，是从人地关系与族群互动的角度出发，通过解构四川客家人的生存环境，来探讨四川客籍与客家相混淆的深层原因。

按照现代客家学说对于客家源流的建构，客家民系的形成源自汉族南迁，可以说迁徙客居是客家民系形成的前提。在进入闽粤赣之前，南迁的汉人称客家先民；而进入闽粤赣边区形成客家民系之后，他们才被称为客家人。前者如果属于汉族流动人口的范畴，那么，后者则显然应当归属具有客家族群认同意识的居民共同体。17 世纪中期客家人大举进入四川，遭遇了什么样的处境？先看同时代客家进入其他地区所遇到的状况。

现代客家学告诉我们，17 世纪后半期至 19 世纪后半期，正是客家民系向外发展的关键时期。随着客家移民的迁出，几乎在其余迁居地区，围绕定居问题都发生了一系列无法回避的武装争斗现象。例如，明末清初，来自闽西、粤东的客家流民大量进入赣南后，在宁都县、南安府等一些地方，引发了一场严重的“土客械斗”，一度出现“平民死者尸横遍野”的

---

① 2006 年 11 月 4—5 日，在香港举行的“罗香林教授百年诞辰国际学术研讨会”上，笔者曾在发言中提到，罗香林《客家研究导论》的原著，直到 2001 年以后，笔者才从香港崇正总会张新霖先生的寄赠中获得，这可能是四川最早见到的该著的版本。休息时，已故陈学霖教授插话戏言：“我从 80 年代起即寄赠图书资料与你，你当初为何不提罗著，不然罗著早就进入四川了。”记此以表对陈学霖教授的怀念。

② 例如至今不少人在公开场合宣称：“我们都是湖广填四川进来的，我们都是客家人。”有人甚至戏称：“我们讲的客籍，是广义客家，你们讲的是狭义客家。”如此等等，不一而足。

③ 有关四川客家这方面的著作，主要有刘正刚：《闽粤客家人在四川》，南宁：广西教育出版社，1997 年；孙晓芬编著：《四川的客家人与客家文化》，成都：四川大学出版社，2000 年；陈世松主编：《四川客家》，桂林：广西师范大学出版社，2005 年等。

惨象。[①] 在台湾，几乎在客家移民迁居四川的同时，也有一部分广东客家人跨海迁往台湾。其后，围绕入垦各种利益与所占资源权益的分配，在福佬与客家两大族群之间发生了大规模的分类械斗。分类械斗始自康熙末年，终于光绪初年，而以乾隆四十七年（1782）至同治六年（1867）之间的械斗最为频繁，咸丰朝达到高峰。[②] 在粤西，随着清廷招民开垦政策的推行，惠、潮、嘉等地的客家开始向西（赣南）向南（广东中西部）迁移。降至雍乾时代，这些地方的客家人又大批向广州、肇庆诸属迁移。到了咸同之交，迁至广东西部的客家，与土民互相攻击，渐次演变为一场持续长达 13 年（从咸丰四年至同治六年，1854—1867 年）的土客大械斗，斗祸延及 17 个县，土客双方死伤散亡人数 50 万 ~ 60 万。正是这场“被遗忘的战争”，让中外人士渐知客家，并致力于客家问题的研究。[③]

在不同文化的接触交流与族群互动中，不同地域的差异，决定了它们在吸纳、消化上存在着天壤之别。一般说来，一个对外来文化缺乏包容精神或者持排斥态度的地区，必然不利于外来移民文化的吸取沉淀。反之，一个包容性较强的地区，对于外来移民文化吸纳和沉淀的深度与厚度肯定都会超越前者。客家族群进入四川后，在这里遭遇到的，正是一个有利于族群和谐相处的生存环境。

巴蜀地区由于特殊的人文地理因素等条件，具有较强的吸纳功能，这是本区一个显著的文化特质。巴蜀地处青藏高原与江汉平原的过渡地带，是游牧经济与农耕经济的交汇地带；地处青藏高原、云贵高原与成都平原的交汇地带，是西南少数民族文化与汉族文化的交汇地带。频繁的经济往来，使得巴蜀地区在与中原文化、多民族文化和中外文化的交流中，塑造了一种独具特色的兼容文化个性，造就了一种厚载多源文明、兼收并蓄的精神和海纳百川的胸怀。这就保证了客家族群进入此区后，不致受到本土居民的排斥和拒绝。经过明末清初长达 60 多年（从明天启至清康熙中）战乱之后的四川，地荒人稀，人地关系较为宽松，获取、租赁土地较为容易。张献忠大西政权在此的滥杀和瘟疫的流行，使得土著人口几乎丧尽，

---

① 曹树基：《中国移民史》（第 6 卷），福州：福建人民出版社，1997 年，第 210 - 214 页；黄志繁：《“贼”“民”之间：12—18 世纪赣南地域社会》，北京：生活 · 读书 · 新知三联书店，2006 年。

② 曹树基：《中国移民史》（第 6 卷），福州：福建人民出版社，1997 年，第 350 - 355 页。

③ 罗香林：《客家研究导论》，上海：上海文艺出版社，1992 年，第 3 页；刘平：《被遗忘的战争——咸丰同治年间广东土客械斗研究》，北京：商务印书馆，2003 年。

结果必然摧毁了社会的生机和活力，使之难以聚合成一个足以与外来移民相对抗的土著势力。再加之，清初以来迁入四川的移民省籍达十多个，南北之间的语言、风俗不同，客籍人之间的文化差异分散了移民族群凝聚能力，无形中形成了消解、制衡机制，除了人数占多数的湖广族群外，任何其他族群都难以称雄坐大。

显然，在这样的生存环境中，多元文化的融合是必然的历史趋势，族群关系发生撕裂是难以想象的。因此，当客家人进入巴蜀地区之后，所遇到的族群关系相对缓和，在定居融合的过程中，客家人没有因族群异俗、观念有别而与其他族群发生冲突与矛盾，基本上防止了类似的“土客械斗”事件的发生，从而有效地避免了社会的冲突与震荡。在迁川的早期，客家族群与其他移民族群一样，主要是通过维持原乡聚族而居的方式，以形成客家族群共同的文化生活圈；通过固守宗族传统来强化客家族群的血缘根基联系；通过坚守固有方言来保持与祖籍地的密切关系和客家的自我认同意识。可以说在这一阶段，迁川的客家族群是由一种根基性的联系凝聚在一起的。其后，随着社会渐趋融合，移民会馆开始大量兴建，原乡意识出现反弹。在这一过程中，出于资源竞争需要，由“广东人”称号所代表的身份标记，又成为引领他们立于不败之地的精神象征。正是在一种和谐交融的局面中，客家人为推进巴蜀地域经济的发展和社会的进步与发展做出了重要的贡献，堪称客家历史上和平徙居的典范。①

五、四川之客家

在客家族群进入该区之前，在巴蜀地区历史上曾经出现过两次规模巨大的移民迁入，迁入的移民群体主要是秦汉时期的中原人和明清时期的湖广人。巴蜀正是凭借区内自古以来就存在的这种内聚性强、吸纳性强的兼容性文化模式，在与中原文化和湖广文化打交道时，既不完全被这些外来文化所取代，也不将外来文化同化掉，而是通过彼此之间的交流融合，最终形成一种“你中有我，我中有你”的杂交型地域文化。宋人曾经概括当时西南都会益州（今成都市）的文化特征是“外戎内华”②，这应该就是巴蜀地区文化接触和族群互动所产生的杂交型地域文化特征的生动写照。

清前期的“湖广填四川”运动，又一次将众多省籍的移民卷进巴蜀地区。早在元明时期，随着政治中心移到北京，经济、文化重心偏在南方，

① 陈世松：《论巴蜀客家的定居融合及其历史意义》，《成都大学学报》2012 年第 1 期。

② 张俞：《送益牧王密学朝觐序》，载《宋代蜀文辑存》卷二十四。

中原文化对四川的影响力大大减弱，罕能与南方文化相抗衡。因此，从明清开始，来自长江流域和闽粤客家地区等地的新兴周边文化和族群文化，日显强劲之势，其对巴蜀文化的影响作用逐渐超过了来自中原的华夏文化。清初以来从闽粤赣边区移入巴蜀的客家族群，已在其基本住地——闽粤赣边区生活了好几百年，并形成一种相当稳定的区域文化。来自北方的汉族已与当地的土著民族相融合形成了独具特色的客家定居社会的文化。在客家文化的母体结构中，既有历史上中原移民带来的中原文化，也有原本就植根在闽粤赣交界区域的“土著”文化。其中，在客家社会的精英文化层中，中原文化起了主导作用；而在大众文化层中，则“土著”文化的内容居多。在制度文化和精神文化的层面上，中原华夏文化的内容较多，作用较大；在物质文化和民俗文化的层面上，“土著”文化的内容较多，影响较大。① 众多客家移民在迁居四川、适应巴蜀生存环境的过程中，必然将客家文化母体——闽粤赣山区农耕文化及其基本特征带入巴蜀。除此之外，还应该考虑一个时代因素，就是客家文化传入巴蜀之日，正值南方商品经济较为发达之时，经客家民系之手传入四川的许多农作物，如玉米、红薯、马铃薯、烟草、蓝靛等，本身都带有较强的商品经济性质，由此不能不赋予巴蜀客家文化更多的趋利性。

尽管客家人在迁居巴蜀的过程中存在诸多先天不利因素（如迁川时间较晚，错过抢占期，在客籍中人数不占多数等），但是挟东南新兴文化的强劲势头，凭借他们在农业生产领域所掌握的先进生产技术、对农作物优良品种的引入，以及在工商业经营活动中的优异表现，他们在清初四川百废待兴的环境中异军突起，从而在资源分配与竞争中具有超越其他移民群体的明显优势。这样，迁川客家人就在同大自然做斗争的过程中，加强了与土著及其他移民群众之间的交流与融合，促进了彼此之间的沟通与了解，从而淡化了各自的省籍界限，为社会和谐、发展与进步做出了贡献。

正是在这一过程中，随着客居日久，文化融合不断加深，四川的客家文化具有了许多与当地客籍文化一样的特征，例如，共同遵用主流文化湖广人生活习俗，出现了“乃有楚人遵用粤俗，粤人遵用楚俗”② 的现象；到后来，更进一步发展到“服贾于此，以长子孙，今皆土著矣，风俗已无

---

① 谢重光：《客家文化性质与类型新说——客家文化属于移民文化说质疑》，载陈世松主编：《移民文化与当代社会——纪念“湖广填四川”340 周年论文集》，成都：四川人民出版社，2009 年，第 395 - 410 页。

② 民国《大足县志》卷三。

差殊焉"[①] 的地步。又如，在客家原乡引以为标志性的民俗特征——妇女不缠足的习俗，在这里即遭到了抛弃。旧时巴蜀客家妇女缠足成风，显然与客家原乡风俗迥异。正如民国《资中县续修资州志》所载："粤省入川与楚省人同时。妇女不缠足，便于耕作，故其发达，较他种为速。后渐染本俗，缠足风非（恢）复旧观。"[②] 而有些在客家原乡不曾见过的民俗事象，如仅在湖广人中广泛流行的"坛神"信仰，竟然也出现在客家人供奉的神祇系谱之中。[③] 还有一个令人感兴趣的现象，就是与闽粤赣客家原乡迥异，客家人迁居四川后，不光吃辣椒、种辣椒，而且把引种辣椒视为自己一大贡献。[④]

众所周知，现代川菜的诞生以辣味入菜作为标志。辣味源自辣椒的引入。辣椒原产于中、南美洲，它本是印第安人最重要的一种调味品。大约在 15 世纪末，辣椒被西班牙人传到欧洲，16 世纪末传入中国，名曰"番椒"。辣椒传入中国的主要路线，即从浙江到湖南，然后以湖南为次级中心，再分别向贵州、云南、广东、广西以及四川东南部传播。[⑤] 迟至嘉庆年间，四川地方志始见栽种辣椒的记载。[⑥] 过去人们常说，四川盆地由于湿度大，辣椒的引入对蜀人的御寒祛湿非常有用，因此容易在这里得到普及。但这不是绝对的，因为许多湿度较大地区如广东却拒绝辣味；而在许多燥热地区如墨西哥、印度等国，辣椒却照样普及。看来，合理的解释应该是，辣味的最早普及，主要还是因为经济落后，人民缺少油盐。在缺少油盐的情况下，一般平民仅以少许盐巴拌辣椒就可以佐饭充饥，因此辣椒在他们中大受欢迎。而一旦辣味推进到前沿阵地，紧邻着菜肴丰富多彩地区的时候，辣味的传播就会受阻，如江西之于江浙，湖南之于广东，陕西之于山东。而它传播到移民运动刚刚结束，地理环境相对较为闭塞，经济尚待发展的巴蜀地区时，因其正好适应了从事垦殖的平民出身移民的需

---

① 民国《双流县志》卷一。

② 民国《资中县续修资州志》卷十《杂编·拾遗》。

③ 参见陈世松：《对客家民间信仰中地域整合现象的考察——以成都东山客家地区的坛神信仰为例》，载赣南师范学院客家研究院编：《"客家民间信仰与地域社会"国际学术研讨会》，2007 年，未刊稿。

④ 2004 年 11 月 18—20 日，赣州举行世界客属第十九届恳亲大会，在"赣州与客家世界"国际学术研讨会上，法国劳格文教授在发言中提出，希望关注客家风俗习惯的地区差异，例如客家人是否吃辣椒，哪些地区吃辣椒，哪些地区不吃辣椒。本文此处算是对他发言的响应。

⑤ 蒋慕东、王思明：《辣椒在中国的传播及其影响》，《中国农史》2005 年第 2 期。

⑥ 江玉祥：《蜀椒考——川味杂考之三》，《中华文化论坛》2001 年第 3 期。

要，所以它在这里为广大移民所接受，那就是不言而喻的了。[①]

正是在这种背景下，以下层平民为主体的四川客家移民，选择了与他们原乡不同的饮食嗜好。尽管他们所在的原居地辣椒并不普及，他们原本也不嗜辣，但在迁居四川后，由于社会正值残破之余、经济有待开发之时，身为垦民的客家族群在缺少油盐的情况下，为了充饥度日，也不得不像其他移民和土著一样，开始吃起辣椒来了。再说，在潮湿的四川盆地，吃辣椒可以驱赶寒湿，种辣椒可以大获其利。于是，迁居四川的客家人经过若干代的传承之后，竟然摇身一变，变成了辣味的拥护者、辣椒的种植者和“发明者”。结合成都附近的东山地区多为干燥黄泥土壤的地理条件，客家人将其建设成为辣椒家族新品种——“二荆条”的最大生产基地，至今二荆条仍是当地知名的土特产品。四川人称辣椒为“海椒”。有位客家学者认为，“相传粤人将辣椒‘二荆条’引入，在蜀中备受欢迎而广种之，川人在其名字前加一个‘海’字，称之为‘海椒’，相传至今”。“‘海’有大的意思，以区别于小的花椒。”[②] 于是，在今天四川客家的宣传小册子中，辣椒的引种发明权又归之于客家族群了。

以上我们仅列举了迁川客家族群在定居融合期间，为顺应“不同而和”的历史趋势，认同并融入主流文化——湖广文化的几个实例，用以说明四川客家族群在一些文化表层如生产、生活习俗上，与当地土著和其他客籍人具有相当多的共性。这是一个方面，正因为如此，才造成当今四川客家与客籍不分，致使客家概念在这里容易混淆。当然，四川客家也还存在另外一面的文化特性，即客家人迁入四川后，又在不断的文化交融中固守自己的个性，从语言、心理和意识上维护族群的自我认同性和内聚力，以确保“和而不同”。唯其如此，客家族群才得以在四川与众多客籍移民相区分，从而保留自己独特的个性。四川客家能在客家学理论建构体系中保持独立民系的存在价值，并维系四川客家聚居省区的地位，其源泉和魅力也正在于此。

---

① 愚人：《川菜：全国山河一片红》，成都：成都时代出版社，2006年，第13页。

② 崔荣昌：《四川方言与巴蜀文化》，成都：四川大学出版社，1996年，第344页。

台湾客家研究学科理论体系建构之跨界特色

洪馨兰①

客家研究（Hakka Study）在当代台湾是一门跨历史学、地理学、人类学、社会学、传播学、政治学、影像学、音乐学、建筑与设计等领域的新兴学科。这门学科一个世纪的建立过程，具有相当之跨界联结以及场域对话的特色。本文从客家研究理论建立的跨界面向，看台湾客家研究在其学科史建构过程中包括社会运动、社区大学、学院建置等的各类尝试。另外，也试图透过展现客家研究本身学科之多元性，从笔者本身在大学开设客家通识课以及社区大学客家类课程规划的经验切入，用人类学参与观察的方法，来探讨广义“通识客家课程”的开设对于客家社群本身所具有的反身社会学意义。

一、引言

在台湾北部桃园台地大仑面上，高等学府“中央大学”内设置的客家学院，于2005年值开办踏入第三年时，自该校校长手中欢送了第一位从客家学院毕业的硕士生。2008年6月，另几位从体制内诞生的客家文化学院研究生，则毕业自位于竹东丘陵的北缘，以应用理工领域扬名国际的台湾交通大学。继“中央大学”客家学院、交通大学国际客家研究中心的设置之后，由工专改制，现居于两条国道高速公路间的苗栗台地的台湾联合大学，2004年也在“行政院”客委会的策进下设置含一名专任副研究员任职于院内之全球客家研究中心。同时期，高雄师范大学则在文学院内增设一独立研究所，开始设客家文化研究硕士班招生。2006年一位研究屏东平原六堆地区之区域聚落发展的研究生，成为南台湾大专院校首位获得客家文化研究硕士学位毕业证书者。

这几所以“客家（研究）”为名称之官制学院或研究所之所以担任了

---

① 作者简介：洪馨兰，女，人类学博士，台湾高雄师范大学客家文化研究所副教授。

台湾客家研究“学院体制化”的引路者，与其邻近或直接位处台湾几个重要的传统客家住地有关。① 另外，更直接催生自20世纪80年代末以来各类型之客家社会/社区运动。对于族群运动如何在短短的十年间激发了特定族群研究的学院化，政治学者施正锋在“中央大学”客家学院于2006年10月举办之“第一届台湾客家研究国际研讨会——全球视野下的客家与地方社会”发表的《客家研究的思考》一文即曾扼要说明，并已指出国际学术界的“黑裔研究”（Black Studies）、“拉丁裔研究”（Latino Studies）或“原住民研究”（Native Studies）等之族群研究（Ethnic Studies）的缘起与20世纪60年代美国社会骚动息息相关；在当时各类议题之社会运动不断翻涌的同时，为了响应舆论与人民的需求及期待，大学纷纷设立相关科系，一方面从事学术研究，另一方面则推动教育启蒙。同样作为台湾客裔且投入客家运动的施正锋，认为台湾于21世纪设立之学术体制内的客家研究，实即继承这种带有赋权（empowerment）使命的精神，客家研究基本应有学术研究、教育推广，甚至是社会服务的内涵，展现台湾客家研究学院或研究所的设置初衷。

客家研究的学院化于是成为台湾族群政策的“选举牛肉”。然而，不应略过的是，学院化前的客家研究并非白纸一张。台湾在20世纪80年代之前的客家研究，为广义本土运动成果之一支，与当代学者爬梳客家研究之起源脉络亦颇有呼应。客家研究学者基本上已有共识，刺激近代海内外客家研究崛起的关键因素有三，一是太平天国（1851—1864）里十余万名无缠足的女兵；二是广东西路土客斗案（1856—1868）中“土”与“客”冲突性的文化会遇；三是20世纪30年代为驳斥“客家人为野蛮民族”的外部诠释而兴起的客家源流考。其中，第三个因素开启了当代客家研究的重要方法论：由民族学者同时也是虔诚基督徒的罗香林（1906—1978）所建立的族谱研究为核心的方法论，它曾被称为“罗香林的传统”，而后不断出现对此说之引用、继承延伸、质疑、修正。最近学者主张已出现第四个因素，即20世纪80年代前后经传播造成的“全球性的客家论述”，其

---

① 另外因住地内的客属族群众多，亦有其他大学或以特定的科系或研究所，或以客家研究中心为单位，参与了台湾客家学术建制的过程。例如台湾成功大学客家研究中心（二级单位）、云林科技大学客家研究中心（一级单位）、私立辅英科技大学客家健康研究中心（二级单位）、玄奘大学客家研究中心（一级单位）、大仁科技大学客家研究中心（二级单位）、美和科技大学客家社区研究中心（一级单位），以及台中的私立弘光科技大学、屏东科技大学、屏东教育大学的文创或产业相关系所等。正文目的在描述一个过程，因此很抱歉未再针对各个学术单位多作介绍。

中，台湾是此波底下第一个于文官体系设置以推动客家事务为主的政务官及事务官的地区，并直接与一级高等学府合作成立客家研究学院。

台湾的客家研究学院化的过程，即一个从文史工作与社会运动领域进入学校课程化教学并赋予学位的跨界。在“罗香林的传统”阶段，台湾的客家研究曾以陈运栋之祖谱研究为代表之一，亦挹注了汉人人类学关于客闽比较研究相当的基础材料；西方人类学者亦在二十世纪六七十年代在检验 Maurice Freedman 的华南宗族范式论的学术背景下，因缘际会接触到台湾几个客方言群住地——例如 Burton Pasternak 笔下的屏东新埤打铁村以及 Myron Cohen 至今仍未停止书写的高雄美浓。就在 1998 年台湾第一次承办“国际客家学研讨会”而客家研究学院化重要的学界推手都齐聚一堂之时，我们也可看到过去即使这些国际学者并非为了解答客家社会或文化处境议题而进行研究，仍被尊称以客家研究先驱之名，成为客家学院化后讲座、客座、访问、兼任等的不二人选。

二、以客家为方法

2011 年夏季，“中央大学”客家学院里的客家社会文化研究所以及高雄师范大学客家文化研究所同时开出专任教师职缺。在国际经济及就业景气衰退之际，这个公告在不到一周即各自涌进了三四百次点阅率。从征才公告很明显地可以看到，所征求的专长并未有所谓“客家学博士”，暂代的是目前人文社会科学内的传统学科或领域分类，如传播、戏剧、建筑、族群关系，或质化/量化研究等。“中央大学”客家学院官方网页指出学院宗旨即在“建构一科技整合的‘客家学’”，“当代‘客家学’应建立在人文与社会科学的基础上，并展现在客家政治经济、社会文化、语言学、法律、政策等学术领域”——这亦是该学院下属研究所的分类。而是年冬天走进高雄师范大学客家文化研究所 3106 多媒体教室参与求职面试的十位博士，最后厮杀至决选的四名亦分别具有人类学、建筑学、中国文学、历史学等学位背景。

我们明确地看到客家研究学院化的宗旨在于建构一门新的学术领域——“客家学”，也就是说，目前传统的人文或社会学科都不足以涵盖“客家研究”的整体内涵，想要呈现以客家为研究主体的全貌观（holistic view），学者即主张客家研究必然朝向撷取传统学科学术专长，又同时能维持本身的自主性的跨领域（interdisciplinary）而非多重领域（multidisciplinary）研究发展，也就是必须拥有“聚焦式的研究取向”，反对把“客家”因素融入任何一个挂客家研究招牌，却仅是可有可无的中介变数（interve-

ning variable）研究。[①]

学者心目中“聚焦式的研究取向”有着深深的应用主义。客家研究若不能对当代客家社群展开赋权的努力，其在未有自己之主体学科方法论之时展开的拼盘式的论文研究，是否真正朝向“客家学”单一学科领域发展之路？若没有赋权意识作为核心，客家研究提供了我们什么面对并解决当代客家族群议题的能力？学院化培养的研究生，是否真正获得了解决问题的能力，还是只是带着更多对客家研究的疑惑而被冲入就业市场？

交通大学客家文化学院原本寄居于交大总校区工学院内，现在已拥有整个位于凤山溪北畔与科学园区遥遥对望的竹北校区。由客籍建筑师谢英俊所设计的圆楼式校舍，矗立于因高铁整个迁村后残留的两栋独具意义的传统合院间。客家文化学院将客家研究之“应用”性，低调地镶嵌于其创院的使命文字里：“客家文化学院成立的宗旨，是希望以多元文化主义的态度，顾及社会发展脉动，透过理论与实务并重的教育方式，研究与保存客家语言与文化，同时更要促进客家与其他族群的相互理解与尊重。”相对于在竹堑地区客家族群依赖甚深的河阶台地办学，高踞丘陵俯瞰苗栗市区的联合大学客家研究学院，开宗明义表达创院宗旨为“着重培植足以阐扬客家文化以及改善族群社会之专业人才”。高雄师范大学客家文化研究所成立时更直接反映其引导者之语言学背景，研究所办公室大门内左侧墙上大大的字写道：“客家文化研究所成立的目的，主要以培育专业人士，防止客家话流失，朝向多元文化价值观的建立，并培育客家话专业师资。”

跨界是客家研究撑起一个学院的方法，也是客家研究内多元对话的特色。许多学者对于教书工作的深切投入令人感动，但他们的课程内容与研究方向，却有时太过深奥，难以形成公众讨论。我的角色位置有很多机会与其他院校的客家研究社群交流。许多新进专任教师在进入学院领域时，带着自己的专长而来，但并未曾接受（或甚至抗拒）所谓赋权使命的客家意识，他们给学生的仍旧是一个个独立的学科专长，“客家”只是“被研究的对象”，这样的研究对客家人的真正处境很难能够出现全面性的关照与关怀。另外，少部分学院内的教师对于使用或学习客语因认定其运动性（或认同性）出现某种程度的淡漠，部分客家学院内的教学者认为，在英文系教书不一定要认同英国，在客家学院执教也不见得就非得认同客家或身体力行成为客家运动支持者。此说认为，学校有其独立的目的，不应因

---

① 施正锋：《客家研究的思考》，第一届台湾客家研究国际研讨会（台北国际会议中心）论文，2006年。

政治因素创立就必须服务于政治，客家可以是一种理解世界与知识的方法，一种学习独立研究的途径之一，主张客家学院的研究生不一定只能或必须以研究客家作为硕士论文。

或许，要达到那些镌刻于办公室墙上的宗旨使命，客家研究要面对的不仅是让领域内的学科跨界合力孵出一个客家学。目前在招生的压力下，客家研究内部对于客家研究在学院内的存在意义与未来发展，不免也在那样充满行动力的字句前，停驻犹疑了起来。

三、社区大学说：活生生的村落实体是客家学的真正研究重镇

在台湾，有一群人在“围墙外的大学”——也就是“社区大学”上所展现的热情与投入，或许正可作为广义客家研究对经世致用或社会服务分割出来的分工；即便社区大学的基本立意并非为了弥补制式大学的不足，但十多年来透过税收补助而孜孜不倦经营社大的目的，就是展现其在终身学习、教育改革，以及解放知识上的宏大企图。

开办于 2001 年 3 月的“高雄市旗美社区大学”①（以下简称旗美社大）设置于“国立”旗美高中校内（位于现高雄市旗山区），参与选课进修的成人学员们以旗山区的福佬籍（闽籍）与美浓区的客籍为主，且因承办单位钟理和文教基金会与美浓的地缘及人脉网络关系，最早担任规划与经营团队的成员亦多南部客籍返乡青年。

客家类课程（与客家相关的课程）在旗美社大显性地置于“族群与文化学程”底下，从规划、寻访教师、征求学员选课意愿、确认教室、上课探课到成果发表等的过程本身就是“客家‘被农村、被社区’不断看见”的过程。在社区层面上，每个客家类课程可以找到其历史创造的条件，由此角度来看，由社区大学开设客家类课程，正促成着“客家社会公共性”在社区中的生成。在旗美社大的案例分析中，客家类课程的角色应该是更倾向于引动文化讨论，并指出“客家”不能依恃乡愁的象征存活，它必须扎实地、活生生地在日常生活中实践。社区大学透过每学期的各种显性的、隐性的客家类课程之规划与开设，进行讨论、协作、招生、开班、探课、回馈、发表与再现等，就是尝试在客家社会本身做工（working on the

---

① 原称高雄县社区大学（2001—2003）、高雄县旗山区社区大学（2003—2009）、高雄县旗美社区大学（2009—2010），2011 年县市合并后更名为现在使用之高雄市旗美社区大学。学区涵盖昔高雄县位于大旗山区的九个乡镇：旗山、美浓、内门、杉林、甲仙、那玛夏、六龟、桃源，以及茂林。

functioning of Hakka community)。①

在这个角度上思考，只要在客家社群之间开设课程，不论是否有“客家”之名，应都具有上述对客家社会做工的意义。社区大学仍在这样的状况下，尝试于在自身课程规划里实践这种跨界。旗美社大开设过许多这类课程，诉求更为直接牵涉客家庄生存议题的课程（例如在地水资源公共论坛、友善农业经营管理），亦包括活络客家村落生活的活动（例如组织休闲或运动性社团），这些课程虽不在文化或产业内涵底下，但实际上反映的是更多“不可观察的文化”（unobservable culture），牵涉的是客家社群如何适应当代社会的符号或意义系统。

而在城市地区开设的社区大学，其面对的客家传承议题往往是课程本身的经营，对深化课程之于族群处境议题，抛出的讨论才刚开始。2011 年 8 月 30 日，财团法人社区大学促进会（以下简称全促会）向客委会申请经费，与桃园县新杨平社区大学合作在桃园平镇市妇幼中心三楼大会议厅举办“客家愿景工作坊：客家文化与发展论坛”。此举意谓目前在台湾社区大学运动暂占整合平台角色的全促会，注意到客委会的资源可挹注地方型社区大学，透过客家类课程的开设，普化社区大学理念及深化客家类课程，引导社区大学更积极地投入地方族群文化的重建。在这场论坛里，新杨平社大邀请桃园县客家事务局局长、新杨平社大主任、旗美社大研发专员、“中央大学”客家学院政经所教授等人，就社区大学如何协助推展客家发展的角色议题，针对社区大学推动客家课程之现况与困境，在目前现况与困境中的解决方案，在解决方案中如何彼此支持、贡献并进行跨界合作展开讨论。通过课程化，这三个议题在人口密集城市地区的社区大学显然呈现相当层面的应用需求。但问题点是，与学院内的客家研究的困境雷同，过于强调识别度高的客家课程，并将应用的目的聚焦于技术面上的开课经营，这显示出即便是识别度高的课程，在解决客家社群议题上的能力仍相当有限。

社区大学与社区生活之间或许正在尝试更为有机的对话，让客家社群当下发生且需求的大小事情，成为社区大学研拟客家类课程的基础——客家村落里发生的大小事，不论是否是“典型的”客家文化，都应进入“客家研究”探讨。

---

① 洪馨兰：《族群意识的再现与策略：以旗美社大客家类课程为例（2001—2005）》，载丘昌泰、萧新煌主编：《客家族群与在地社会：台湾与全球的经验》，台北：智胜文化，2007 年，第 127 - 158 页。

四、通识课程说："客家"的刻板印象还有没有当代意义？

许多大学都会邀请教师在通识教育中心开设"客家社会与文化"课程，我在高雄师范大学亦同样担任这门通识课的教师。此节承接上文讨论学院客家研究"套装化"的过程以及社区大学"去套装化"的挑战，想探讨的是在这样的客家研究整体氛围底下，一门开设给理工科大学生的通识课，是否也能对"客家研究"在跨界与创新这个主题底下，提供某些观点或实践层面上的思考贡献。

在理工学院里开设"客家社会与文化"课程，我曾初步尝试多元教学的企图。操作上，当我思考一门欲涵盖全貌观的课程时，课程大纲就贪心地想要包山包海介绍客家，采用的是人类学田野调查典范的创立者 B. Malinowski 在 20 世纪 30 年代整理出来的《文化论》小册，商务印书馆的中译版本后附有一页《文化总表》，至今虽已数十年，但这份表格仍对规划一门作为通识课程的"客家社会与文化"提供相当有意义的提示。Malinowski 认为文化共包括物质底层（人造环境）、社会组织与精神生活三个"基本因子"；仔细描述，文化又由八项各具心理功能的要素所构成，分别是经济、教育、政治、法律秩序、巫术宗教、艺术、知识、娱乐与健康，这些提示能够提醒我们哪些内容才是理解客家文化的入门之径。

最近在高雄客庄美浓小镇发生了一个故事。今年暑假美浓涌进好几团由台北的旅行社、食材创意商品行业、说故事作家共同规划与经营的"小旅行"。所谓的"小旅行"相对于团进团出的巴士浏览观光而言，是较为轻巧、贴近在地生活脉动的在地旅行（兼观光及消费）形态。几位年轻人接下农委会的委托，以促进地方产业为方向，规划故事性极高的农村旅游。我被邀请在小旅行中以"在美浓的朋友、在美浓的故事人"角色，与这几位年轻朋友和他们带来的"朋友"（报名参加的人）共同完成小旅行。为了吸引消费者，行程规划并不事先公布细节，且通常是走一般观光导览不会去的地方。故事的重点是：在规划前期，"踩线团"在美浓经过两天一夜的故事行程后于 Facebook 写下评价，认为没吃到粄条、没看到纸伞就好像没到美浓，建议小旅行加入吃粄条以及逛纸伞行。通识课的设计也遇到过同样的疑问，当前几周的课程都走深度旅游路线时，同学开始递纸条给我，表示课程中可不可以开始教《天公落水》的歌词，又问为什么课程中没有多讲怎么去客家庄玩，或客家人因为什么被说"小气、吝啬"？原先我试图"超越"（实际上应该说是闪避）这些媒体上的客家刻板印象，希望通识课不要成为强化刻板印象的课程，但后来竟发现刻板印象在当代

对于人们识别自己与他人仍具有关键功能。

刻板印象的讨论至此即涉及一个走进历史田野（approaching the past）的问题意识。在建构识别台湾客家以及钻研地方社会形成史的过程中，同步进行的还有一连串的“解构”，尤其是对刻板印象的解构有进展，具体成果之一即为关于客家女性的讨论。只是刻板印象经过建构、解构、再诠释，它似乎可以有机会还原到一个最初被建构的历史性形象，而许多刻板印象的建构亦被认为是在文化会遇中被刻意突显（或被污名化）。精神气质是一种族群互动产生的差异，它往往是一种在历史过程里因相互烙印而激发出来的心理状态，因此它反映的是地方的历史性与族群意识。一旦离开该历史过程，精神气质就会变成刻板印象，例如勤俭→吝啬，守成→保守，不浪费→缺乏创新等。一般而论，社会学者对于批判性别气质之刻板印象（如男性就是耕读传家，女性就是“四头四尾”）不遗余力，并认为那往往是以偏概全甚至偏离事实，造成多元展现的阻碍，是一种集体对个体的钳制。然而，人类学知识也提醒我们，有时正是由于存在刻板印象，不同的身份认同感才会被认为是存在的；通过假定不同的刻板印象的存在，个体和群体才能抱持他们的归属感；也是在刻板印象的夸张之下，自我与他人之间的差别变得十分清晰，“自我”才得以从扁平的世界里被个人意识到。

这个意思是说，在全球化的影响下，大众媒体、跨国企业、长途旅游逐渐把人们都编结在一起，在这个越来越一致的全球化过程中，社会生活的规律和“发展”的节奏都加大加快，整个世界在推理和概念上最后将会走向对刻板印象的再需求。刻板印象或许不应再被认定只有愚昧和蛮横，或是对于交流与礼貌充满威胁，也不应主要被视为是基于偏见用以支配他人的工具，更非证明人们仍以旧时的、集体的话语来进行思考，“而是个人赖以在一个多变的、日益复杂的世界里，快速地计划和建立一个安全的个人归属的方法”[1]。

因此，吊诡的是：在当代客家社群实际上面容越来越与“世界人”趋同之时，强调刻板印象或许可以相反地强化族群的归属感，它在客家运动的策略上是需要的。学者强调客家研究目的在于“告别”或努力“解构”刻板印象的同时，若缺乏人类学式的再诠释过程，客家研究与客家的真实世界（real world）将有渐行渐远之果，缺乏对真实客家人的诠释性理解与体谅。

---

① RAPPORT N & OVERING J. Social and cultural anthropology: the key concepts. London, New York: Routledge, 2000: 346 - 349.

五、小结

20 世纪 80 年代末在台北街头的客家政治请愿游行，间接催生了 21 世纪第一个十年在台湾客家研究发展出学院化的果实。“客家研究”在学院里随即面对一个知识论的问题，即如何将原本起于文史工作、客家运动论述的知识“套装”“分类”成可规划课程的设计。客家研究大量集结人文与社会科学过去与客家有关的所有研究成果，呈现的是一个跨界合作建构的学科史过程。然而，客家研究并非因此就走入套装知识学术“殿堂”里一去不回头，客家研究建构过程中原本的社会运动性格，在追求解放套装知识的社区大学客家类课程的努力推广中，仍可见其原本希冀为客家社群赋权的使命。学院内的通识课程则提供了一个通俗化套装课程的实验机会，让被学院化稍微窒息与“去客家性”走向的客家研究，重新有一个与内部研究取径做历史对话的可能性。

本文针对以下几个面向分析客家研究的跨界以及困境。第一，客家研究是既带着赋权使命，又肩负创造学科史方法论责任的一个建构中的知识领域；虽然目前两种方向带有某些矛盾，甚至难以同处一室，但客家研究的知识论与方法论建构过程中必经阵痛。客家研究界如何在学术界站稳脚跟，是要发展与社群紧密发展之路，还是走上纯学术之路拼招生、拼排名、拼评鉴以求生存，变数仍有很多。

第二，客家研究在实践社会赋权的过程中，不能忽略的是隐性客家类课程的重要性，也就是经营象征客家与生活客家，要相互跨界合作。以社区大学为平台，除了开设客家识别度高的文化或产业课程之外，客家社群本身的全貌生活经营的尝试，已经逐渐被识别出来，陆续成为课程。

第三，建构论在 20 世纪 80 年代末开始兴起后，客家研究透过建构论大量进行各种关于建构、解构的研究，而这些研究大多带有破除本质论形成的诸多刻板印象与迷思的目的。但解构之后客家研究反而极易变成单独无关的各个社会学科，其“核心”——也就是客家社群本身一直赖以生存或赖以从人群中被识别的特征——逐渐面临瓦解的命运。重新诠释并赋予某些族群特征一个新的定位，就让通识课程成为很有趣的“试验场”。学生期待一个能充分识别客家的课程，教师重新诠释那些特质，即形成一个与理论范式对话以及相互跨界的展现场。

“专业分科化”的客家研究知识如何成为“套装知识”，以及又要如何从“套装知识”重新解放出来，成为为客家社会赋权的力量？建构中的客家研究仍有许多可以论述与辩证的议题。

关于客家概念与客家思想的思考

房学嘉[1]

一、关于客家的概念

1. 客家、客家民系、客家族群、客家文化的界定

客家是一个文化概念，而不是一个种族概念。依罗香林提出的定义，民系是指民族内部的支系，如客家民系即汉民族中的一个支系。

韦伯（Max Weber）这样定义族群：如果那些人类的群体对他们共同的世系抱有一种主观的信念，或者是因为体质类型、文化相似，或者是因为对移民的历史有共同的记忆，而这种信念对于非亲属社区关系的延续是至关重要的，那么，这种群体就被称为族群。也就是说，只要成员对他们的历史中的祖先、来源、神话传说、重要事件（不论是虚构的还是真实的）或语言抱有一致的认同，他们就结成族群。直到今天，客家族群依然保持着其独特的个性，大部分客家人依然执着于自己的自我认同意识。客家人这种牢固的自我认同意识和寻根意识，是一个十分奇特的文化现象。

客家文化是中华多元文化中的一元，是客家人创造出来的物质财富和精神财富的总和，它在历史的长河中，融合了中原文化与南方土著文化，最终积淀形成了独具特色的文化群。粤东梅州是客家文化的核心区域，与其他地区的客家文化相比，其独特性更加突显。

客家文化是客家学的一个组成部分，其研究对象是客家人及其文化。文化有广义与狭义之分。广义的文化是指“人类社会历史实践过程中所创造的物质财富和精神财富的总和”。狭义的文化则指“社会的意识形态，以及与之相适应的制度和组织机构”。关于“文化”的定义，泰勒（Tylor）在其1871年的《原始文化》中是这样叙述的：“文化或文明，就其广泛的民族学意义来说，乃是包括知识、信仰、艺术、道德、法律、习俗和任何人作为一名社会成员而获得的能力和习惯在内的复杂整体。”本

---

① 作者简介：房学嘉，男，广东梅县人，嘉应学院客家研究院教授。

文所指及的“客家文化”之“文化”一义的解释与上述解释基本类似，只是它的表述更具体、更全面些，包括如方言、围龙屋、民间信仰等人们在体力劳动和脑力劳动过程中所创造出来的一切财富，含物质文化和精神文化，以及人们所具有的各种生产技能、社会经验、知识、风俗习惯等。

在对汉民族各大族群的个案研究中，对客家族群的研究，意义尤为重大。这是因为客家族群在汉民族的各大族群中具有典型性。客家文化可以被视为汉民族多元一体文化格局的一个缩影。客家文化的形成是一个动态的历史过程，它以汉民族传统文化为主体，在很大程度上吸收了中国古代南方各地的区域文化以及土著文化。汉民族共同体文化的共同性和丰富性以及该共同体内部不同族群文化的地域性和差异性，在客家文化的总体氛围里，可以或多或少地找到其影子。对这一具有突出个性和典型性的族群进行系统研究，对于加深对汉民族共同体的认识，以及丰富民族历史文化发展的层次性和历史纵深感的认识，不但具有重大的理论意义，而且具有实践价值。

2. 族群冲突引发客家研究

客家学（Hakkaology）是人类学的一个分支学科。虽然许多基本问题仍在争论之中，真正成熟的客家学还没有建立起来，但并不影响我们的学习和探讨，因为客家是客观存在的。

客家人引起世人的注意和研究，最迟在19世纪初即已开始。最早述及客家源流变革及语言习俗的人当推1808年在广东惠州丰湖书院讲学的徐旭曾，其言后收入《丰湖杂记》。尔后，客家人因几次大的历史事件而引起人们的广泛关注。一是1851年爆发的太平天国运动，其主要领袖和基本力量均由两广的客家人组成；二是1856年广东西路六邑（高要、高明、鹤山、恩平、开平、新宁）发生了长达12年之久的土客大械斗；三是某些教科书上误把客家人当作非汉族系统，引起客家人士的极大不满。前述事件对客家研究起到了巨大的推动作用，20世纪前半段，一些客家贤士先后组织客家源流研究会、客族源流调查会、客系大同会等研究团体，阐述客家源流，追溯客家与中原汉族的渊源关系。

这一时期的客家问题研究的集大成者当首推罗香林于1933年出版的《客家研究导论》一书。该书从客家研究的发端，客家的源流、分布、语言、文教、特性，客家与近代中国以及客家的一般发展趋势等方面，对客家进行了较全面的考察。遗憾的是该书对客家的经济、社会组织却无专题论述。从今天的眼光来看，这部专著还有不少地方需要修正、补充，但它仍不失为一部客家研究的重要参考书。它的问世，标志着客家研究进入了

一个新的里程，罗香林因此被誉为客家问题研究的拓荒者和奠基人。

3. 客家历史渊源的基本观点

在客家学的研究历史中，对客家源流的探讨一直都在无形地制约着客家文化的研究。客家源流问题虽已是客家学研究中的永恒话题，但事实上，学术界始终都未形成共识。自20世纪80年代末以来，陆续有学者撰文探讨客家源流，如李默的《论客家的形成及民族融合》、许怀林的《关于客家源流与客家民系的几个问题的论争》《关于客家源流的再认识》等。本人出版专著如《客家源流探奥》等，对罗香林的客家源流“纯北方汉人说”提出质疑。

中国汉民族分布地域辽阔，南北文化存在一定的差异，学术界据此将汉人分为南北汉人，其中古百越地区自秦汉归属汉王朝帝国的版图后，百越民族大部分已归顺于汉，成了南方汉人的一部分。客家学界有关客家渊源观点如下：

纯北方汉人说。有学者认为，客家人的祖先从中原迁来，“是纯粹的汉族”。持这种观点的人不可能是多数，因为从第一次大迁移到达赣南和福建汀州地区并定居下来到形成客家群体经历了超过500年的时间，繁衍了超过20代人，不可能不与当地土著居民通婚融合而保持纯粹的中原汉族血统。

纯北方汉人说在很大程度上主要基于对史料记载的理论论证与对民间谱牒的逻辑推理，带有一定的假定性。这种带有一定假定性的客家源流纯北方汉人说认为“客家先民自中原迁居南方，……其先世，则多居于黄河流域以南、长江流域以北、淮水流域以西、汉水流域以东等，即所谓中原旧地”，自然而然地，中原文化（中国传统文化的主体）便成了客家文化的母体文化，成了客家文化研究的一个大文化背景。实际上，客家先民南迁始于何时，前后共有多少次，南迁的路线怎样，至今仍是众说纷纭，新论迭出。这恰从一个侧面折射出纯北方汉人说的根深蒂固与深远影响。

南方汉人为主体说。有学者认为，客家是一个文化概念，他指历史上少数北方汉人带着当时较发达的中原文化融于南方的古百越族中，形成以中原文化为主体的客家共同体。也就是说，客家族群在血缘上是古百越族的一支族的成分大于汉族，持这种新观点的代表人物是大陆学者房学嘉。他指出，客家共同体由古越族遗民中的一支与历史上南迁的中原人融合、汉化而形成。客家共同体在形成的过程中，其主体是生于斯长于斯的本地人。历史上散居于闽粤赣三角地区的少数中原人跟当地古百越人等少数民族妇女通婚，建立家庭，其后代语言文化习俗自然是跟随母亲的民族，此即客话叫阿姆话之故。

北方汉人为主体说。有学者认为，客家人以汉族为主体，并与古百越族的支系畲、瑶、苗、胥等族特别是畲族通婚和血缘交融。持这种观点的人认为，客家本来就是生活在北方的“土著”居民，是汉族中的一支族群“司豫流人”。他们在漫长的往南迁移过程中与百越诸族互相交流、互相影响和互相融合，有的转化为汉民族的其他族群或其他民族的成员，有的则在交流过程中影响了别的族群或民族，保留了客家的本色，形成今日遍布海内外的客家人。这种论点除了强调客家族群以汉族为主体以外，还认为是客家人南迁而不是中原汉人南迁并与其他民族融合形成客家族群。

二、关于客家的思想

中国古典哲学的五行思想在客家文化中得到充分体现。在内涵上，客家人深信宇宙万物都由金、木、水、火、土五种基本物质的运行（运动）和变化所构成，与传统的阴阳对立统一学说相比，表现的是一种原始的五行多元整体论。在外化上，客家人将代表物质能量的形态间相互关系及运动变化规律的金、木、水、火、土分别立碑奉为五行五方龙神祭拜，融入日常的生产与生活之中。在概念上，客家人把宇宙间各种事物分别归属于五行，认为五行相克：金克木，木克土，土克水，水克火，火克金；五行相生：水生木，木生火，火生土，土生金，金生水。因此金、木、水、火、土所指的已经不是狭义的本身，而是可相比拟的各种物质与非物质文化的抽象性能。

客家人的五行多元思想，其核心价值就是中国传统文化中的“和”字。历代先贤以和字教诲后人，如“和为贵”“政通人和”“师克在和”“和衷共济”“和平奋斗”“和气致祥”“和气生财”“家和万事兴”“天时、地利、人和”“和平为处事之本”“君子和而不同，小人同而不和”等，意义深远。

客家人的处世哲学，就是在日常生产生活中，强调五行多元文化的和谐与平衡，否则，聚落或宗族社会就有可能产生不和谐的气氛。实际上，民间对五行多元文化表现得更加务实，从纵向上看，就是与父母要孝，对长辈要敬；从横向上看，就是对兄弟姐妹、邻里叔伯要和睦相处。强调个人或家庭、社区只要从五行多元中理解万事万物的规律，凡事注意实现五

行文化的平衡，就能保佑家庭、家族的平安兴盛，保佑聚落社区的风调雨顺。① 聚落或宗族、社区一旦出现五行多元文化不平衡的情况，宗族长老就要择吉日吉时请法师主持仪式驱邪出煞，用非常手段尽快使文化恢复平衡，让族人的人文生态环境处于同一起跑线。

客家文化强调在走向社会参与社会活动时，不但“应和”，而且“应团结”才有力量，才能成功。这一点，新加坡“应和会馆”之得名与宗旨是最好的体现。而最能直观体现客家人五行多元文化的，是实现“夜求一宿”梦想的传统居所。古典哲学的五行多元整体学说在客家居所得到充分的反映，在围龙屋中轴线上立石奉祀，就是围龙屋的五行五方龙神伯公崇拜。在围龙屋中轴线位于化胎护墙处立有五颗形状不一的石块，它是外化的金、木、水、火、土五行多元文化符号，俗谓五行五方龙神伯公。它是围龙屋重要的文化符号之一。

客家传统民居建筑是体察客家文化特质的重要视角之一。建筑是一种文化，若某结构模式所代表的文化符号在一个族群或方言群重复出现，离开这个族群或方言群就随之消失，那么，这种建筑结构模式就是这个区域或方言群带特质性的文化符号。粤东客家民居建筑依其形式可分为围龙屋、土楼、走马楼、四角楼。围龙屋等客家特色民居文化，不但具有实用功能和审美价值，而且凝聚了客家人的世界观和处世理念，其中一部分被列入世界文化遗产名录。其分布范围为3.5万~4万平方公里，尤以粤东梅州地区的梅县、兴宁市等为中心区，分布最密。根据学术界调查估计，在粤东客家地区有大小一万多座围龙屋。其中梅州市范围内目前仍保存完好且规模较大的有3 712座。围龙屋在分布区内不断地重复出现。围龙屋内的居民都讲客家话。所以，围龙屋是粤东客家地区带稳定性与标志性的分布最广且最具代表性的民居建筑，是带客家文化特质性的客家文化符号之一。围龙屋的文化符号包括风水、中轴线、水塘、化胎、五行五方龙神伯公等。围龙屋建构模式的文化符号辐射范围要比围龙屋建筑更大，估计在6万~8万平方公里。

围龙屋的建构特征是前有半月形的风水塘，后有形如彩虹的围龙建筑，气势恢宏。整座建筑的核心部分为堂屋，俗谓“正身”，分上堂、中堂、下堂。上堂为祖公厅即宗祠，为祖宗安寝之所，祖宗神龛安设于此。自上堂前面逐级降低，显得祖宗尊贵。位于核心建筑群两侧且相对独立的

---

① 《道德经》谓：“不出户，知天下；不窥牖，见天道。其出弥远，其知弥少。”强调掌握事物变化规律的重要性。不掌握、不理解事物的规律，虽然见到的事物也不少，却无法了解事物的规律，所知道的事情只能是很有限的。

成列状的建筑谓“横屋”。位于核心建筑群后面且相对独立的半月形建筑俗谓“围龙间”或“围屋间”。正间、横屋、围龙间是俗民居室与厨房等。中厅供族人聚集庆典之用，是宗族举办各种祭祀活动的场所。以宗族为中心，子孙分住周围，可收团结凝聚之效，亦可对族人行为起非正式的社会控制作用（informal social control），有利于增强宗族的凝聚力与培养集体主义精神。

围龙屋讲究风水。围龙屋主人的风水行为主要表现为选择屋基。理想风水的空间模式为“左青龙，右白虎，前朱雀，后玄武”。

围龙屋的正身厅堂都依中轴线而建，其他居室及厨厕则对称地排列在堂屋两侧；代表五行五方龙神的五块神石也依中轴线排列。在半月形围屋中，居于中轴线上的房间，叫“龙厅”，是贮放祭祀用品的专用房。中轴线被认为是地脉龙神所在之线，也是宗教神灵性建筑的分布线。

围龙屋前面的水塘是宗族藏风收煞之处，俗谓水主管“财”，有水才有财即指此。此外，水塘还有利于农耕及建筑群的防火等，方便族人的日常生产与生活。

围龙屋的“化胎”是围龙屋重要的文化符号之一。“化胎”是围龙屋祖公厅后面龟背形的土包。“化胎”俗谓主管“丁”，为宗族生育聚气之处，有化育万物的意思。

围龙屋内显性与隐性的两种神系在功能上是不一样的。隐性神系重在非正统的祖灵崇拜，且带有神秘的哲学意味，如龙脉、龙神及“化胎”等，它表达了主人把居室与天地同化、人与自然混一的愿望，意在追溯人的自然本源，祈求自然神灵的保护。而显性神系重在宗祠神圣空间供奉的血缘祖神与非血缘祖灵崇拜，它表达了主人认同于家族、追求个人与家族合一的愿望，意在追溯宗族本源，以祈求祖灵的庇护。总之，血缘与非血缘神灵在围龙屋中轴线上并蒂相生，构成围龙屋文化，成为围龙屋的“上层建筑”或曰意识形态。

围龙屋的宗教与神学的神秘性，从一个侧面反映了围龙屋文化具有初民文化的特性；这些文化符号都是创建时就有所规划的，故属原生态文化的积淀。围龙屋的文化符号在古老的寺庙里也能找到。如建于唐、修于明的梅州古寺灵光寺正殿后面就有很标准的“化胎”与五行五方龙神石伯公等文化符号。值得进一步思考的是，客家地区的坟墓形式与围龙屋同形同构。

围龙屋的文化空间从一个侧面反映了客家文化的丰富性；血缘与非血缘神灵和平共处，充分反映了围龙屋主人精神结构的复杂性。恰恰是这种

丰富性与复杂性，说明原生态的围龙屋建构是一种文化现象，它不是受某一历史事件导引突然从地上冒出来的，而是悠久历史文化积淀所致，暂以“围龙屋文化”名之。围龙屋的五行五方龙神文化符号形成的时间，保守估计在唐开元年间。围龙屋的根在梅州，其文化符号逐渐消失在粤闽赣边境地区。因此，可以论定，围龙屋是梅州客家地区标志性的民居建筑，是客家历史文化的一个重要载体。

客家学研究方法

客家文化的研究历程与理论范式

周建新[①]

一、引言

若从1808年徐旭曾的《丰湖杂记》算起，关于客家文化的研究至今已有逾两百多年历史。客家研究自其发轫后，一直引起世人和学者的关注，并涌现了十分丰硕的成果。应该说，这份沉甸甸的学术史留给了我们一份宝贵的学术文化遗产，特别是自20世纪30年代以来，客家文化研究取得了长足的进展，其间经历了许多争论与反思，正是这些不断思索着的问题，使客家文化研究取得一个又一个的突破，但其中还有不少值得进一步深入和拓展的地方，有着继续探讨、发展和突破的大空间。具体表现在：客家文化研究经历了一个怎样的发展历程与阶段？已有客家文化研究主要有哪几种理论范式，其主要内涵、分析路径、方法论及其在运用过程中的长短优劣及内在局限各是什么？当下客家文化研究又有着什么样的动向和趋势，如何建构新的客家文化研究学术话语体系？本文重点探讨以上问题，并尝试进行总结和回顾。

本文首先回顾已有两百余年历史的客家文化研究自身的进展，全面梳理其历史由来、发展变化、时代特征和最新研究动态，总结提炼客家文化研究学术史的“在地性”与“国际性”特征；然后着重对客家文化研究已有理论范式的内涵及其在运用过程中的优劣进行分析和反思，总结其成绩与不足，作为继续探讨的理论基础；最后分析客家文化研究的最新动向与发展趋势，提出并试图回答作为学科的客家研究的一个核心问题：客家文化研究能否从理论与方法的层面，为主流学术界提供具有范式意义的概念、范畴或分析体系，从而成为一个为主流学术界所接受的学科或研究领域？

---

① 作者简介：周建新，男，人类学博士，深圳大学文化产业研究院执行副院长、客家研究所所长、教授。

二、客家研究的发展历程

我们认为，自19世纪初客家研究发轫至今，客家文化研究已取得相当进展，尤其是自罗香林确立现代学术规范的基准，客家文化研究如火如荼地开展以来，成绩显著，影响深远。回顾两百多年的客家文化研究的发展历程，大概可以归纳和总结为四个时期：

（1）客家文化研究的兴起期（19世纪初—20世纪初）：华南地区的土客矛盾引发对客家问题的关注及在此基础上形成初步研究，其代表性研究成果就是徐旭曾《丰湖杂记》。

（2）客家文化研究的兴盛期（20世纪初—50年代）：以罗香林为代表奠定了现代学术意义上的客家研究。早在20世纪初期，陈寅恪、顾颉刚、罗常培和钟敬文等国学大师们就曾关注过客家文化。著名历史学家陈寅恪曾经说过："予家血统，则自祖父以前，为纯客家系也。"客家研究的奠基人罗香林先生就是在陈寅恪先生指导下从族谱资料研究客家的渊源与迁徙发展。著名民俗学家钟敬文则比较早开始了客家山歌的收集和整理，他于1927年出版的《客家情歌集》收集了客家山歌140多首。此期间，以罗香林先生的《客家研究导论》和《客家源流考》两部著作的问世为标志，奠定了客家文化研究的理论基础，开启了现代学术意义上的客家文化研究新局面。

（3）客家文化研究的沉寂期和发展期（20世纪50—80年代）：与客家文化研究在中国大陆的沉寂形成鲜明对比，客家文化研究在海外持续发展。20世纪50年代以后，尽管由于政治、社会的原因，客家文化研究在大陆受到了冷落，几乎形成空白，陷入停滞状态，但在中国香港、台湾和海外地区，客家文化研究依旧持续发展。

（4）客家文化研究的复兴和高涨期（20世纪80年代末至今）：客家文化研究成为一门显学，蓬勃发展。20世纪80年代改革开放以来，在学术研究与新客家运动的双重推动下，客家文化研究进入发展的快车道，发展势头更加迅猛，高潮不断，呈现出一派方兴未艾、蓬然大兴的局面，已从罗香林时代的"新兴专学"逐渐发展成为一门"蓬勃的显学"，并逐渐形成一种由"客家学潮""客家情潮"与"客家商潮"交织而成的"客家热潮"[①]。客家学院、客家研究会、客家联谊会等各种机构相继建立，关于

① 周建新：《客家研究的国际性与国际化》，载罗勇主编：《客家学刊》（第二辑），北京：中国社会科学出版社，2011年，第26页。

客家文化的内容在期刊、新闻报纸大幅刊载，以客家为主题的文章论著、学术研讨会也推陈出新，对客家源流、迁徙与分布、客家方言、客家习俗、客家民间信仰的探讨成为客家文化研究关注的重点，取得了十分丰硕的成果，其中不乏颇具创造性的反思研究。

根据对已有客家文化研究的代表性成果的分析，我们认为客家文化研究主要经历了三大阶段，产生、形成了四种研究范式。第一个阶段是19世纪中后期至20世纪30年代；第二个阶段是20世纪30年代至80年代；第三个阶段是从20世纪80年代末90年代初至今。

三、客家文化研究的既有理论范式

1. 以赞美颂扬为基调的研究范式

19世纪中后期至20世纪30年代，客家文化研究形成以客籍人士、外国学者、传教士为主体，以赞美颂扬为主基调的“美化”以及以非客籍人士为主体、以污蔑中伤为主基调的“丑化”交织和对立的早期客家文化研究范式。

笔者曾提出客家研究具有在地性和国际性两大特征。所谓国际性，笔者认为至少包含两个层面的意思，一是指客家研究具有国际学术价值，二是指客家研究自肇始之初起就具有国际性特点，引起国内外学者的广泛关注，而不限于客家人或者中国人的研究。一批近代来华的基督教传教士就对客家文化和客家源流进行了专门的研究。饭岛典子通过研究英语文献发现，19世纪60年代以来巴色传教会及其有关传教士慢慢开始使用“客家”（Hakka）这个他称。① 其中，饭岛特别关注曾经属于巴色传教会的伦敦传教会的传教士——爱特尔（Eitel）扮演的角色。根据饭岛的研究，1866年1月爱特尔从博罗寄的私信已经有客家两个字，后来客家这个他称通过巴色传教会在英语使用区域的教团普及。② 外国学者和传教士笔下描绘的客家文化景观，可以说是较早也是颇富代表性的客家族群意象。他们对客家人称赞有加，给予了很高评价甚至过分的夸奖、溢美之词，动辄冠以“最卫生”“最优秀”“最优美”等词汇，例如：

中国最卫生、勤劳和进化的民族。客家地区的教育最为发达。（俄国

---

① 郭士立使用的“Kea”（客）或者“Kea－lan”（客人）这个发音明显是潮汕话或闽南话。而“Hakka”的发音类似于广东话或者梅县客家话。

② 饭岛典子：《近代客家社会の形成——“自称”と“他称”のはざまで》，东京：风响社，2007年，第62－64页。

人史禄国语）

客家人是刚柔相济，既刚毅又仁爱的民族，而客家妇女，更是中国最优美的劳动妇女的典型，客家民族犹如牛乳中之乳酪。（英国人哀德尔语）

客家祖先之历经变乱，游离转徙，老弱已淘汰，存者均属少壮，此乃中华民族中之精华，有如牛乳中之乳酪一般……吾人观于各地大中学校之学生成绩，客家学生常列优等，进而获选公费留学欧美日本者，更占较大之百分比，由此可知客家教育之特别发达，因由于其环境压迫使然，而客家人之优良传统，且又聪颖好学，亦其重要原因也！（美国传教士拜尔德尔语）

诸如此类夸大化的溢美之词，日后为客家人所吸收和借用，成为自我建构族群意象的关键词。

与之形成鲜明对比的是，明清以来，特别是清末民初，当时不少社会人士出于偏见、轻蔑、误解与无知而对客家有意或无意地污蔑与中伤，使客家成为一个被污名化的族群。例如，《广东乡土历史》（1905）称客家：“广东种族有曰客家、福佬族，非粤种，亦非汉种。”《建设周报》（1930）称客家人：“语言啁啾，不甚开化。”崇祯《东莞县志》（1639）称客家人为“獠”。《新会县志》和《四会县志》将客家称为带“犭”旁的“客”……

无形的偏见、有形的歧视，使客家人的相对剥夺感强，另外极大地震动、刺激了客家人，引起了广大客家人的强烈不满与反对，一批客籍贤达人士纷纷撰文著书，为客家人正名立论。清末民初，徐旭曾《丰湖杂记》、古直《客人对》、温仲和光绪《嘉应州志》、温廷敬《客家非汉种驳辩》、邹鲁《汉族客福考》、钟用和《土客源流考》等作品以及丘逢甲、黄遵宪等客籍名流推出“中原士族”“衣冠南迁”“客土相对”“寄居为客”等论说，便是客家人对自身群体的早期论述。20 世纪 30 年代，罗香林以“民系”一词成功建构起了客家族群，尤其是《客家研究导论》《客家源流考》的问世，标志着客籍知名人士发起的反污名、去边缘化运动达到了最高潮。

2. 罗香林模式：“民系—文化论”研究范式

20 世纪 30 年代至 80 年代，客家文化研究主要深受“民系—文化论”研究范式的影响。

1933 年，罗香林以“民系”一词成功地建构起客家的概念，明确指出客家人是汉族的一个民系，是汉族这一族属之下的分支。他在《客家研究导论》《客家源流考》两书中对于客家历史形成的论述成为客家人和客家文化的权威范式。他所提出的“客家人历史上经过五次南迁”“根在中原”“衣冠士族”“形成发展于粤闽赣三省边区”等观点，不仅为客家人自我所认同，而且为其他族群所接受，成为权威论断。同时罗香林还指出客家分为越海系、湘赣系、南汉系、闽海系、闽赣系等民系。[①] 此外，在客家文化方面，学界开始围绕客家祠堂与宗族、客家建筑、客家民俗、客家教育、客家方言、客家妇女及客家音乐等方面对其特质进行研究。客家人也渐渐形成了“勤劳节俭、刻苦耐劳、开拓进取、爱国爱乡、崇正尚义、崇文重教”的文化印象。

20 世纪 30 年代至 80 年代期间，由于一系列的政治和社会问题，客家文化研究走入了一个漫长的沉默期，在大陆地区，相关研究几乎处于停摆的状态；在海外，情况相对乐观，客家文化研究没有受到大陆地区的政治形势影响，依旧持续发展，并偶有著作出版，然而其成果也仍然没有超过罗香林《客家研究导论》一书所达到的研究水平。所以将近半个世纪的时间里罗香林的研究一直居于主导地位，“民系—文化论”成为主流。在“民系—文化论”研究范式的影响下，客家研究一方面发展迅速，成果丰硕，另一方面自一开始就不可避免地打上了功利性、情绪性、排他性的烙印，其研究成果和分析路径亦不免流于简单化、一线化和片面化。这种既定范式要么在客家源流纠缠不清，或是主张与汉族无异的中原士族说，或是主张彰显在地化、土著化的客家土著说；要么沉湎于沾沾自喜式的自我述说，时常将勤劳节俭等“他者”书写的溢美之词转为自述并奉为佳臬；要么停留在静态的文化特质的描述上，以山歌、采茶戏、土楼、围龙屋、擂茶等文化符码尽力展现客家人“根在中原”的本质。娘酒、酿豆腐、擂茶等代表性的客家饮食，具有开放精神和山地情结的客家山歌艺文，端午节挂葛藤等客家风俗所具有的时空意义和文化特性，被贴上了特定的标签，被指认为客家人“根在中原”意识在具体文化事象上的展演。就连客家妇女那双天生的大脚板，也被学者认为是千年迁徙、长途跋涉的结果。

直至 20 世纪 80 年代，客家文化研究依然没有超过罗香林《客家研究导论》一书所达到的学术水平，所以将近半个世纪的时间里一直归属于罗香林先生开启的学术传统，罗香林先生创立的“民系—文化论”成为客家文化研究的主导范式，自 20 世纪 30 年代至 80 年代的整整半个世纪，客家

---

① 王东：《那方山水那方人：客家源流新说》，上海：华东师范大学出版社，2007 年，第 6 页。

文化研究都深受罗香林及其思想的影响，“民系—文化论”一统天下，此时期成为名副其实的“罗香林时代”。

3. “赣闽粤边地域社会论”和“族群—认同论”并行的研究范式

从20世纪80年代末90年代初开始，客家文化研究进入了“后罗香林时代”①。这一时期，随着中国的改革开放和祖国统一大业的需要，客家文化研究再次兴起并繁荣至今，并朝着多学科参与的多元化方向不断发展，“赣闽粤边地域社会论”和“族群—认同论”两种研究范式齐头并进。

立足于赣闽粤边的地域社会发展史，从赣闽粤边的民族源流和地域社会与文化的发展过程来梳理客家的形成与发展史，揭示客家之所以成为客家的历史文化缘由，厘清客家之所以区别于周边的其他语言与文化群体的原因，是近二十年来海内外客家文化研究的新思考和新方向。其代表性的研究成果当推王东的《那方山水那方人：客家源流新说》、房学嘉先生的《客家源流探奥》和谢重光先生的《客家源流新探》。“赣闽粤边地域社会论”这一研究路径着眼于赣闽粤边地域社会的历史发展过程，通过对历史时期赣闽粤边的民族源流、早先的民族语言与文化“底层”、移民与土著的文化互动、区域开发与地域社会文化变迁等重大问题的梳理、考察、分析和综合研究，探讨客家之所以成为客家的历史文化缘由。他们对罗香林先生的观点进行了不同程度的修正甚至是否定，如房学嘉先生认为，客家是“南迁的中原人与闽粤赣三角地区的古越族遗民混化以后产生的共同体，其主体是生活在这片土地上的古越族人民，而不是少数流落于这一地区的中原人”，“南朝末年，生活在客地的先民，已具有共同的思想、共同的语言、共同的风俗习惯等，标志着客家共同体已初步形成”。② 谢重光先生认为，唐宋时期的北方南迁汉人是客家人的直接源头，而其形成一个稳定共同体的时间则在南宋时期。③ 陈支平先生则认为，客家是由南方各民系融合而成的，其源流与南方的赣、闽、粤等民系并没有本质上的差别，至于其形成一个稳定的共同体的时间，则在16、17世纪之交。④ 与罗香林

① 本文所说的“后罗香林时代”，并不是单指罗香林先生（1906—1978）去世以后的时期，而重在指从20世纪80年代末90年代初开始，客家学界开始对罗香林的研究进行理性的学术反思和严肃的学术批判，导致罗香林本人特别是他的学术理论与观点不断受到挑战。至于罗香林本人去世与客家文化研究发展，笔者认为是另一个颇有兴趣的学术话题，容另文专述。

② 房学嘉：《客家源流探奥》，广州：广东高等教育出版社，1994年，第36页。

③ 谢重光：《客家源流新探》，福州：福建教育出版社，1995年，第173页。

④ 陈支平：《客家源流新论》，南宁：广西教育出版社，1997年，第123、135页。

所开创的“大传统”相比，“赣闽粤边地域社会论”这一研究路径更强调客家的“原生性”“本土性”和“草根性”，在很大的程度上弥补了“大传统”所无法解释的缺陷，从而为近年来的客家文化研究做出了有益的理论尝试和方法论的探索。

然而，令人遗憾的是，到目前为止，“赣闽粤边地域社会论”并没有发展成为一整套完全自足的、能够圆满地解释客家这一地域性的语言与文化群体之产生与发展的理论体系。就现有的研究成果来看，“赣闽粤边地域社会论”对客家的各种解释，也存在着诸多的理论破绽。这一解释体系不仅存在着诸多的内在矛盾，无法成为一种自足的解释模型，也不能涵盖凭经验就可以观察到的种种语言与文化事实。凡此均表明，对于现有的“赣闽粤边地域社会论”，学界依然有必要再作深刻的理论反思。

20 世纪 90 年代以来，学界对罗香林先生以来的客家研究传统的反思、超越和突破，还表现在以海外学者为主所倡导的“族群—认同论”的研究范式逐渐兴起并成为主流。随着客家文化研究的深入和发展，不少学者对“民系”这一概念提出了反思，他们认为“民系”实际上存在着两种不同的含义，有时强调某个地域在特定时间段内的语言与文化的均质与同质性，有时则注重考察历时性背景下相关地域的人口源流。[①] 在反思的同时，海外学者及中国台湾学者渐渐开始大规模运用人类学的理论方法来研究客家，使客家文化研究有了新的突破。主要表现在三个方面。

首先是在客家界定上，主张以“族群”代替“民系”的声音越来越高涨，因为“族群”的概念特别强调人群动态性与主体性，主张从文化特质上对人群进行划分。只有采用“族群”这一概念，才能以历史的角度来掌握不同的社会情境下的客家族群，才能更深刻地理解全球化潮流下的客家全貌。著名澳籍华裔学者梁肇庭教授是这一概念的先行者和推动者。他运用当时美国汉学界比较流行的族群理论和施坚雅的区域理论，成功地解释了明初以来直至近代客家人聚居的中心地带——闽粤赣边界所属的宏观经济区的经济周期与华南地区人口迁徙流转的关系。在此基础上，他运用族群理论，指出由于经济周期性的变动所带来的人口流动，在 19 世纪的广东，客家人在与其他族群的冲突中实现了由“文化群体”到“族群”的转化，即客家是在与别的群体冲突与交往中自我认同形成的群体，而不是如罗香林先生所言由南迁汉人在一个独特的地理环境中形成的“富有新兴气

① 庄英章、高怡萍：《全球视野中的客家研究》，载罗勇主编：《客家学刊》（创刊号），北京：中国社会科学出版社，2009 年，第 98 页。

象，特殊精神，极其活跃的民系”。[①]

其次是在文化认同上，开始从人类学的角度分析客家文化。人类学介入客家社会，以一种新的视角对客家文化特质进行动态分析。香港中文大学人类学系谢剑教授借其英美式的文化人类学功底对中国客家社会进行了“族群”性研究，取得了突出的成果。法国远东学院劳格文博士早在1994年就运用人类学理论与方法对客家家族、宗族、信仰、仪式及地方经济进行了重点探讨。中国台湾人类学家庄英章教授亦从族群角度研究客家，从新的领域分析了客家文化。[②]

最后是在客家认同的发展上，人类学视角给客家研究的发展注入了新的活力。客家以“族群”身份亮相于世后，越来越多的学者、政府及企业开始关注这一族群在社会发展上的认同。日本学者饭岛典子以及在日本求学的中国学者蔡驎对粤闽赣交界地带以及东南亚的族群建构过程进行了研究。蔡驎分析了从明代到晚清民国时期客家认同建构的原因[③]，饭岛典子则用具体的事例详细地解释其建构过程[④]。台湾学者刘阿荣对休闲文化产业这一客家文化产业的研究，便是以地域族群的角度进行分析的。[⑤] 近年来国内客家学界与海内外高校、研究机构如香港中文大学人类学系、台湾“中央研究院”民族学研究所、台湾清华大学人类学所、台湾“中央大学”客家学院、台湾交通大学客家文化学院、台湾苗栗大学客家学院、美国哈佛大学人类学系、法国远东学院等的频繁合作亦是人类学视角下客家研究的新发展。

从以上三个方面可见，海外及中国台湾、香港人类学者将人类学引入客家研究，使客家研究渐渐走出历史学的影子，渐渐趋向“族群—认同论”。在这种新的研究范式下客家研究取得了世界公认的成就。美国华盛顿大学斯蒂文·郝瑞教授在他的《中国人类学叙事的复苏与进步》一文中十分认可客家研究在国际学术界特别是人类学科中的地位。该文是郝瑞教

---

① 黄志繁：《什么是客家——以罗香林〈客家研究导论〉为中心》，《清华大学学报》2007年第4期。

② 周建新：《客家研究的文化人类学思考》，《江西师范大学学报》2003年第4期。

③ 蔡驎：《汀江流域の地域文化と客家——汉族の多様性と一体性に関する一考察》，东京：风响社，2004年。

④ 饭岛典子：《近代客家社会の形成——“自称”と“他称”のはざまで》，东京：风响社，2007年。

⑤ 刘阿荣：《地域、族群与休闲文化产业：台湾闽、客、原住民案例》，载宋德剑主编：《地域族群与客家文化研究》，广州：华南理工大学出版社，2008年。

授为《人类学年鉴》所撰写的近年来人类学对中国所作研究的回顾性文章，他把人类学对中国的研究分为社区、生活、民族及其组成部分三个课题，在第三个课题中他单列出“地方文化与汉族的实质”子课题，重点谈到客家研究。他说：

从罗香林起，客家认同就一直是个研究热点。罗认为客家作为中国人比他们邻居更为优秀。这一自我定位立即为客家知识分子所接受并在20世纪里一直被沿用。近来的客家学者如李泳集对客家性别制度的研究加强了这一文化诉求并将之发挥到了极致。Sow - Theng Leong（梁肇庭）的历史研究考察了有关客家和操客家话的“棚民”认同的来龙去脉，但开始了对本土话语的批评论证。在他看来，客家认同的内容随历史条件和语境的不同而变，Constable 编辑的论文集里的文章加强了这一论证：这些作者通过对客家认同的系统化和语境化，揭示作为客家人在香港、台湾，和海外，是极为不同的。①

郝瑞的论述可以说是近年来国际学术界对于客家研究的贡献和成就的首次宣言，其意义自然是不同凡响，这充分反映出客家研究在国际学术界的地位和影响。

四、客家文化研究的新动向与新理论范式的催生

在全球化浪潮席卷的社会背景下，本土文化如何保持自身的特色？近年来海内外客家文化研究的新动向与客家文化研究理论范式的构建，主要包括族群理论的内涵及其在客家文化研究中的运用、“方言文化群”的内涵及其在客家文化研究中的运用、客家文化研究方法论、国际视野与客家文化研究理论新范式的催生。王琛发提出客家人和客家文化应在全球化的新条件下把自己的文化资源通过有效的方式与形式再现，并积极参与和贡献给世界的多元格局，以避免其被淡忘于缺乏文化消费者的经济规律下。②

关于客家研究的未来，笔者曾提出客家文化研究对内要做到“文化自觉”，注重本土化，对外则要加强国际交流与合作，坚持“请进来，走出

---

① 郝瑞著，范可译：《中国人类学叙事的复苏与进步》，《广西民族学院学报》2002 年第 4 期。

② 王琛发：《论客家文化在全球化境遇里的忧患与进路》，载王建周主编：《客家文化与产业发展研究》，桂林：广西师范大学出版社，2007 年。

去”的国际化策略。[①] 在此基础之上，要通过吸收近年来在地域文化、区域经济史和区域社会史各领域的研究中所不断形成、发展与丰富起来的种种理论与方法，建构客家文化研究的新的理论与方法论体系。笔者试图从族群和地方社会研究中发展出一套新的客家文化研究的学术话语，其核心概念是客家文化具有“地方性”和“族群性”，在此基础上提出“客家文化既是一种地域文化，又是一种族群文化”的理论观点，将客家文化研究纳入族群人类学的学科范畴，赋以客家文化研究在历史学、人类学等知识体系建构上的意义。该学术话语体系是在借鉴和反思罗香林创立的客家文化研究范式的基础上，从地域文化研究的普同性和人类学族群理论出发，通过与“民系—文化论”和“赣闽粤边地域社会论”的对话比较和理论反思，立足于大量的经验研究和理论分析的基础上逐渐建立起来的。

笔者认为，这个学术话语体系的理论起点在于我们对于客家文化的定位和理解上。我国有着众多的地域文化，客家文化作为其中的一种，它与其他地域文化相比，在同中有何异，有什么独特的价值与魅力？众所周知，在汉族八大民系中，唯有客家不是以地域命名的。长期以来，不少学界致力于客家称谓的探寻，尽管至今仍有歧见，但已普遍接受客家是从他称到自称的产物。尽管如此，这仍未从根本上圆满解释客家文化的特点和属性。客家是一个明确的地理概念，然而其形成于这一地理区域之上的文化却又不是以地域文化命名。这个看似矛盾的问题，正应是引发我们对于客家文化的属性特征思考的切入口。按照这种逻辑，我们完全可以进行这样的推测：客家文化是一种地域文化，但又不仅是一种地域文化。基于此，笔者提出了两个关键词：地方性（Local）和族群性（Ethnicity）来提炼概括客家文化的总体特征，它们是该问题的分析工具，也是本课题研究所建立的学术话语体系的核心概念。

按照文化发生学的解释，任何一种文化形态，都是在一定的自然和社会历史条件下产生和发展起来的。客家文化的生成同样受到一时一地的自然和社会历史条件的制约，自然就会有地方性的差异。尽管“这种地方性的差异似乎并不是以民系为界线，而是地域之别之转移”，但并不能否认地方性是构成客家文化最为显著的外在特征。笔者研究认为：地方性是客家文化的事实呈现。这就需要我们正视客家文化内部之间的地域差异。客家文化并不是铁板一块、完全相同的文化形态，而有着巨大的地域差异、

① 周建新：《族群认同、文化自觉与客家研究》，《广西民族学院学报》2005 年第 2 期。

内涵差别。地方性，强调的是客家文化的实态，是一种必须正视和面对的事实，不容回避和置疑。

已有客家文化研究成果表明：自唐中叶起至宋末，在赣闽粤交界的广袤山区里，客家这个新兴的族群和文化已悄然兴起，并形成“长期迁徙”“广为分布”和“强于凝聚”的历史经验与族群特性。虽然客家人开枝散叶，分布广远，但他们不管移民何处，都能致力于传承客家方言、习俗、文化，以维系客家特色与族群凝聚力而著名。特别是客家人在与土著的磨擦与接触中渐渐发展出显著的族群意识，他们宣称自己是中原南迁的汉人后裔，保持了纯正的汉人文化与传统，以此区别于周边族群。客家人的历史撰述，慢慢地从一个别人撰述演变为书写自己。这个过程其实正是客家人自我发现的过程。随着对自我的发现，客家人的族群认同慢慢得到加强，客家的族群认同也随着客家人迁居海外及港澳台而四处播散，成为全球性的族群认同。从此，客家以对文化的坚守和族群凝聚力闻名于世，这种高度的自觉和族群意识，世人以“客家民族主义”称之。由此可见，族群性是客家文化的另一特性，而且是其他地域文化所没有的文化特性。客家人的族群性，还表现在他们的身份认同并不是固定不变的，而是变动不居，处于能动状态之中。因此，族群性是客家文化的真实表达。我们从客家和客家文化的历史形成和现实表现，发现客家充斥着诸多“表象”与“真象”交织、夹杂的现象。笔者分别用真实与事实来指代上述的“表象”与“真象”，在具体研究过程中，必须对真实和事实加以区别。在客家文化中，所谓真实，是一种在心理上或情感上对某种愿望、信念的支持，是一种自我认识和认同，可能是真正的事实也可能是想象的事实；而事实则是在学术领域经过大家约定俗成的程序得到证实的现实。对客家来说，真实有现实的价值，即使这种真实不是历史事实，也具有历史的现实性，它提供了研究和理解客家意识的能动作用的线索。因此，本课题既尊重真实也重视事实，强调把真实分解为若干要素，然后通过对这些要素的梳理，发现事实的要素，最后把诸事实加以综合并与真实进行对照分析。

总而言之，地方性和族群性分别揭示了实态的客家文化历史和动态的客家文化政治，较为全面和准确地揭示了客家文化的本质特点和根本属性。立足于这两个文化特性，笔者进而提出了“客家文化是一个地域文化，又是一个族群文化”的理论观点，提出将客家文化研究纳入族群人类学这一学科领域。

客家文化研究的三个向度

温宪元[①]

客家是一个有着悠久历史文化的“民系”或“族群”。对于如何在中国文化强国建设进程中推进客家文化研究，在世界多元文化格局中彰显客家文化的优良传统与现代特色，推进客家文化研究，笔者认为，必须关注在世界多元文化发展中重塑客家文化研究、在体现客家文化独特性与普遍性的统一中展示客家文化人文精神、在构建文化产业科学发展的运行机制中推进客家文化的创新发展三个向度。

一、在世界多元文化发展中重塑客家文化研究

文化是民族的血脉，是人民的精神家园。在人类社会越来越复杂化、信息流通越来越发达、经济全球化步伐越来越快的情况下，文化的更新转型也在日益加快，各种文化的发展均面临着不同的机遇和挑战，新的文化也将层出不穷。在现代复杂的社会结构下，必然需要各种不同的文化积极服务于社会的发展，这些文化造就了世界的多元文化。

多元文化发展有三大特征。第一，多元文化发展的共生性特征。在全球化与文化发展的关系上存在着世界多元文化与西方文化中心主义、文化的普遍性与特殊性、西方文化中心论与反中心论的激烈冲突，究其实质，就是文化多元论与文化一元论两条基本线索之争。前者主张全球化进程中不同民族文化将共生共存，不因全球化而消亡自身的个性和地方性。后者由于体现绝对主义认识论的极端性，并企图消解地方性文化的个体存在，而普遍遭到人们的质疑。从人类历史发展进程来看，无论是早期的殖民统治还是当代西方文化霸权的推行，都没能生成西方中心论者所追崇的代表西方价值的普适文化。相反，在全球化对国家主权造成威胁，以及西方价值扩张和侵蚀的压力下，非西方国家的民族文化认同却得到了进一步的强化。与此同时，文化多元发展所倡导的文化多元共存理念似乎已经成为人

---

① 作者简介：温宪元，男，广东省社会科学院研究员。

们的共识。德国著名的历史学家、历史哲学家、历史形态学的开创人奥斯瓦尔德·斯宾格勒（1880—1936）就曾否定以西欧为中心的世界历史发展观，认为世界上存在的各种文化有机体都要经历一个起源、生长、衰落和解体的过程，西方文化也不例外。英国著名历史学家阿诺德·约瑟夫·汤因比（1889—1975）也认为世界文明是多元文明构成的总体，西方文明只是众多文明中的一种，而世界上的各种文明价值相等并共处于一种多元共生的格局中。世界著名的佛教思想家、哲学家、教育家、社会活动家池田大作（1928—　）在与儒家学者杜维明（1940—　）共同出版的《对话的文明——池田大作与杜维明对谈集》[①] 中指出，尊重文化的多样性是争取世界和平与繁荣的前提条件。而且这些存在于个人与个人、团体与团体、国家与国家以及文化与文化的关系中，是一种全新的思维。人类历史正是由众多的文明形态在不断碰撞和交互作用下发展演变而形成的。第二，多元文化发展的同质性特征。自20世纪下半叶以来，全球化进程逐渐加速呈现出明显的与以往时代质的不同。伴随着资本的全球扩张，经济的发展打破了民族国家之间的界限，世界各民族文化在全球范围内发生更为广泛的交流、碰撞和融合。电子通信技术的日益发展和普及，国际商务活动、文化旅游、移民文化等现象的不断增多，以及大众传媒的扩散，都极大地推动着新一轮全球化浪潮下全球文化的演变，全球文化同质化趋势逐渐显现出来。有一种观点认为，在世界范围内不同地域或民族的文化，在与外域文化相互交流过程中逐步达到文化认同和价值认同，其结果是在普遍的价值认同基础上削减了文化的地域性，从而形成一种世界性的一般性文化。这种所谓世界性的一般性文化是否有可能成为一种独立形态的普适文化，答案显然是否定的。第三，多元文化发展的民族性特征。辩证唯物主义认为，整个世界是一个多样性统一的物质世界，事物本身的存在无不体现着矛盾普遍性和特殊性的统一。笔者认为，全球化视阈的某一种文化推动，乃至向全球普及，正是反映了世界各民族文化多元发展的趋势。全球化的多元文化发展与地方化的文化发展是辩证统一的。文化的全球化越是发展，加强民族文化的自我认同意识也就越强烈。文化全球化的实质和结果促成的并非一种普适性的、孤立的文化模式，而是世界文化的同质化与差异化、普遍性与特殊性相统一的复杂的文化形态。如果从民族国家的立场上看，全球结构中的任何一种文化体系都既含有体现本土特色的核心文化

① 杜维明、池田大作：《对话的文明——池田大作与杜维明对谈集》，香港：商务印书馆（香港）有限公司，2008 年。

价值，又含有部分体现人类共同文化价值的因素，前者是个性的、独立的，后者则是普遍的、抽象的，普适性文化恰恰是通过具有千差万别的个性特征的民族文化体现出来的。由此可见，民族文化不会因为全球化带来的文化趋同丧失其独立的个性，全球化进程中的世界文化始终处于一个建立在民族个性基础上的多元化发展进程。因为文化都发生于不同民族的生产和生活实践中，各个国家和民族的不同类型、不同模式文化的价值观念和民族个性是迥然不同的，具有其自身的民族特性和地方性。因此，具有个性的民族文化不可能完全消融于全球化浪潮中而被一种普适的世界文化所取代。文化的全球化并不消解文化的地方化，不可能造成文化的整齐划一和同质化，其结果必然是多元化的和谐共处和多样化的统一。

全球化越来越在文化领域中展现出它的世界性效应，多元文化间的冲突和融合构成了全球化时代所具有的绚丽斑斓的独特景观。在全球化进程中所呈现出来的，并且将长期存在的全球的文化，实质上就是一个多元共存的全球化，既包含着与人类共同命运息息相关的普遍性的文化价值观，也包含着多样性的民族文化、区域文化。当今多元文化共存互荣的现状，意味着全球不同文化之间从相互交流、相互冲突、相互碰撞到相互依存、相互融合，最终达到和谐共融，正如孔子在《论语·子路》中所指出的“君子和而不同，小人同而不和”的标准。所谓“和而不同”，即和睦相处但不盲目苟同之意。英国哲学家、数学家、逻辑学家罗素（1872—1970）曾说过，参差多态乃是幸福之源。也就是说，多样性的统一，才是世界之美的重要来源。

客家文化是中华文化不可或缺的一个重要组成部分，重塑客家文化研究有以下几个主要方面。第一，从中国文化强国建设关于客家文化的讨论来看，需要充分强化客家文化的科学理念和现代视野，特别是对于当今世界综合国力竞争从实质上说是发展理念竞争的把握，必须深刻认识到在经济全球化浪潮与国家一体性文化价值不断提升的历史背景下，客家文化正面临着如何重拾、重构和重塑的问题。因而，只有将客家文化纳入世界文化和中华文化的宏大视野之中，以其自身延续性的文化身份在当代中国文化的观照下，参与到全球性的文化交融进程中去，把宏观视野与微观细节、纵向呈现和横向把握相结合置于客家文化的历史走向和时代特征，才能更好地推进客家文化的继承创新，才能重塑客家文化这一文化形态在当今世界多元文化发展中的主体性。

第二，从客家文化研究的现状来看，自广东客家学者徐旭曾（1751—1819）的《丰湖杂记》到罗香林（1906—1978）的《客家源流考》已历

经一百多年，取得了许多丰硕成果。学界公认广东客家籍著名学者罗香林教授的客家研究业绩最为显著，他被誉为现代客家文化研究的奠基者。[①]他出版了《客家研究导论》《客家史料汇编》《客家迁徙及分布地图》《中国族谱研究》，以及率先提出“客家民系说”，对客家的源流、分布、语言、特性等进行全面研究阐释，为客家文化研究做出了杰出贡献。[②] 时至今日，客家和客家文化的研究者众多，但是种种说法各有差异。[③] 1978 年中国改革开放后，客家文化研究继续呈现繁荣发展的趋势，各类研究成果如雨后春笋般出现。其中，广东、福建、广西、江西、四川和台湾等地学者研究和出版了诸多颇具代表性的研究成果，集中展示了客家文化研究的历史发展脉络，为客家文化研究起了很好的推进作用。

我们检索客家文化研究时，对客家历史资料的整理和研究是其中一个非常重要的方面。客家的先祖们历经千百年来的迁徙繁衍、发展演变，留下了许多历史文献典籍。然而，因年代久远，受蠹鱼风化、兵燹水火之影响，大量珍贵的客家文献典籍正日频损毁和失传，为系统抢救、征集、整理古旧客家文献典籍，促进学术文化研究，传播客家历史文化，推动文化强省建设和文化强国建设，近年来，学界研究并出版了许多记述客家历史的古籍文献。但是今天看来，仍然显得十分不足。进入 21 世纪，学者们对编写整理客家历史文献越来越重视。例如，嘉应学院已经着手组织力量翻译国外学者关于客家研究的著作和史料。广东省社科院等有关机构也已着手组织力量，对年代久远的大量珍贵、古旧客家文献进行系统抢救、征集、整理，促进学术研究，传播客家历史文化，推动文化强省建设和文化强国建设。目前，我们把整理编纂的大型历史文献取名为“客家大典”。拟首部推出《广东客家文献丛刊》，内容包括：梅州市全境（含梅江区、梅县、兴宁、五华、大埔、平远、丰顺、蕉岭），河源市全境（含源城区、东源、龙川、和平、紫金、连平），韶关市部分（含南雄、始兴、翁源、新丰），惠州市部分（含惠城区、博罗、龙门、惠阳、惠东），潮州市的饶平，汕尾市的陆河县，以及分散在粤东、粤西、粤北和粤中等客家地域的客家史料、客家人士（含寓贤）著述。出版年限从古代至 1949 年。

我们认为，每一种文献形态都是了不起的文化创造，有着不可磨灭的文化功绩。以文献为基点来关注客家、认识客家文化、理解客家文化，从文化的视角来理解客家文献、关注文献和文化的学术思路，通过把握两者

---

① 《罗香林客家君子赤子心》，《南方日报》，2010 年 10 月 13 日。

② 温宪元等主编：《广东客家》，桂林：广西师范大学出版社，2011 年。

③ 温宪元等主编：《广东客家》，桂林：广西师范大学出版社，2011 年。

之间的多重关系，发掘客家文献的文化特色，理解客家文化形成的文献背景，无论对于客家文献之衍生传承，还是对于客家文化之生生不息，无疑都是强大的推动力。

二、在体现客家文化独特性与普遍性的统一中展示客家文化人文精神

任何一种文化都是民族性与地域性的统一。就客家文化而言，从纵向看，客家文化在其漫长的历史衍化过程中，融汇了各地域的民族文化，又不断向各地域传播，在融汇中扩展又在扩展中融汇，使得客家文化生生不息，从古代、近代发展到现代，成为构建当代客家文化的基础和重要内容；从横向看，在客家人遍布的地域，由于自然环境、社会结构和人文历史不同，形成了一个个各地域颇具特色的客家文化，这些地域性质的客家文化既蕴含着客家文化的历史内涵，又具有与其自身的历史地理环境相融合的地域文化特征。就其关系而言，客家文化是各地域文化的抽象概括和集中表现，而地域的客家文化则是客家文化的具体体现；就世界文化而言，客家文化是能够遍布世界上任一角落而没有被中断阻隔的古老文明，究其根本原因，就在于客家文化的与时俱进与开放包容。客家人在前工业时代源自中原河洛文化，几千年封建社会的稳定发展，靠的是以“和合”为核心价值的中华传统文化。近代以来，以工业革命、产业革命、科技革命为代表的西方文化对人类文化做出了巨大贡献，客家人也开始了发端于学习西方科学技术的现代化进程。当今世界，在金融危机席卷全球、世界经济格局深刻变化的时代背景下，客家文化或客家人的智慧又重新被世界认识。这不正说明了客家文化自觉是当下文化发展的规律吗？就如费孝通先生所概括的那样，“各美其美，美人之美，美美与共，天下大同”，十分有利于世界各种文化多样共存、取长补短，共同发展。这不正是客家文化贡献给人类的具有普遍人文价值的智慧吗？当下，在建设中国文化强国的进程中，我们要在体现客家文化独特性与普遍性的统一中展示客家文化的人文价值，以开放的胸怀呼唤“文化自觉”，积极吸纳世界优秀文化成果，挖掘、整理和阐扬客家文化的人文精神，作为推进客家文化研究的重要资源。

客家人文精神是其重要特征。“人文精神”是一个经常被人使用的词。它是对人类文明这个基本价值诉求的具体阐发和规定，也是一个国家或地区通过其人民长期共有的行为准则、生活方式、伦理价值、文化积淀和人文景观体现出来的共同的价值观念和精神特质。人文精神是一种具有决定性意义的核心资源，无论是一个国家的兴旺发达，还是一个地区的繁荣发

展，都离不开人文精神的凝聚和激励作用。客家族群以“客家人文精神”著称的客家文化生态特征，文化底蕴深厚，经过千百年来的积淀、融合，孕育形成了既与民族精神相统一，又有鲜明地域特色的客家人文精神。客家人文精神是世代客家人的灵魂和血脉，是客家地区生息和发展的根本，进一步提炼和传承客家人文精神，不仅能够发扬光大客家文化，更重要的是可以牵引“文化”这一灵魂，顺着“文化”的悠长脉搏，利用客家人文精神独特的生命力、创造力和凝聚力，加速客家地区的经济一体化进程，促进客家地区经济社会的繁荣和发展。

研究表明，有文化并不代表有人文，因为文化是可以造出来的，但人文就不能，人文需要沉淀、需要沉积。文化是由精英创造出来的，最后由一帮人相互进行资源共融而固定下来，形成一个国家、一个民族或一个地域的特有人文。客家人文是人类的伟大创造，客家文化是客家人进入文明时代的鲜明标志。客家人文精神在长期的发展进程中，经过积累、沉淀、改造和创新，逐渐形成了“知识为本、诚信为道、家国为魂、四海为商”的特质，并成为生成和支撑客家人发展的内在精神力量。从历史的角度看，古今中外历史悠久的民族几乎无一例外地形成了自己的人文精神，客家人文精神正是客家文化最基本特征的体现，并在客家文化的发展过程中不断得以丰富和升华。从文化的特质看，客家民系千百年来的迁徙过程中得天独厚的地理环境和悠远的人文历史不仅影响了客家人的内在气质、思维方式、性格特征，而且铸造了优秀的“知识为本、诚信为道、家国为魂、四海为商”的客家人文精神。客家人文精神是客家民系的灵魂，是一种文明素养和道德理想的综合反映，是一种意志品格与文化特色的精确提炼，是一种生活信念与人生境界的高度升华，是一种客家人认同的精神价值与共同追求，是一种潜在的鼓舞和推动力量，对客家地区的发展和演进有着极大的影响。解读客家人文精神，实质就是从客家的历史文化传统与时代发展要求的结合中发掘与寻求新的精神力量。

（1）知识为本。知识是人们生存和发展的基础。诸葛亮云：“才须学也，非学无以广才，非智无以成学。”朱熹曰：“腹有诗书气自华。”人通过学习获取知识，才能逐步充实和成熟。客家人热爱读书、广博知识，素有崇文好学的文化素养。崇文重教，稻米莲歌，耕桑读律，科名相继，吟咏成风，鸿儒巨子层出不穷，尤以明清及新中国成立前后为最。客家人温文尔雅，知书达礼，比较讲理性，善思考，守秩序。崇文好学的优良传统使客家地区历来具有群星闪耀的人才优势，因而获得更多的发展机会，不断推进客家地区的繁荣，铸就客家发展史上的一个个辉煌。就这一优良传统，至今延续不绝，并且推动了客家地区在改革开放新时期继续独领风骚。

（2）诚信为道。客家人历来崇尚“讲诚信”，善于与人合作共事，把诚信作为立身之本、从商之要。同时，客家地区地缘相近、人缘相亲，具有相似的历史渊源和人文特征，自古以来内在经济联系就比较紧密。正是注重诚信合作，才造就客家商业的繁华历史，并使客商精神与广东精神、中华民族精神一道，共同促成了中国民族工业兴起和资本主义萌芽。客商精神是近现代社会生活的一个显著表征。客家历史人文资源中体现出来的客商精神表明近现代以来社会生活的领先性，其中所蕴含着的交换意识、平等意识、规则意识、诚信意识、法制意识，都有助于推动客家人文精神的全面确立和发展成熟。客家人文精神体现的是精进务实、温柔敦厚、勤劳精巧，其精髓是卧薪尝胆、坚忍不拔，从农业的精耕细作、商业的精打细算再到传统手工艺的精雕细刻，客家人在各方面都表现出一种精益求精的追求，用“精进”两个字来概括这种特点是最恰如其分的。客家人文精神历来提倡务实，不爱空谈，崇尚实业，稳健实干，脚踏实地，一步一个脚印地发展壮大自己。这种诚信为道的客家人文精神品性也一直延续到现代社会。诚信已是客家人的美德，诚信为道的民风是客家人文生态的重要内涵之一。

（3）家国为魂。客家民系是特别热爱国家和热爱母亲的民族。客家文化在经历南迁、近现代几个时期的发展演变后，与中原文化、岭南文化、台湾文化等长期碰撞、交流、吸收、融合，为多元统一的中华文化的形成、巩固和传承发展做出了突出贡献。客家民系是中华民族大家庭不可分割的成员，与国家的发展息息相关，把祖国视为母亲。特别是在中国共产党的领导下，客家民系与祖国命运相连。这种血脉情感流淌的客家文化在认同和促进中华民族文化形成和发展过程中发挥的伟大历史作用，迄今仍然是增强民族凝聚力、促进中华民族团结统一、构建中华民族共同繁荣发展的和谐社会根基之一。研究表明，客家人普遍存在强烈的国家观念和民族意识，这是由于客家民系是在迁徙流移中形成和壮大起来的，客家先民饱受战乱和压迫带来的痛苦，因此，客家人对家园的安定、国家的强盛、民族的崛起有着强烈的渴望。我们可以从众多史籍史料中窥见，古代中国社会进入诸侯割据和异族入侵的混乱时期，由于以洛阳为中心的黄河中下游地区长期是中国的政治、经济、文化中心，所谓的“河洛”“中原”被地域化、专名化、神圣化，成为人们心目中的“桑梓”“帝宅”和“神

乡”。在中国历史上，避居异乡的客家先人，既有“寄人国土，心常怀惭”[①]，又有“顾影中原，愤气云踊”[②]。客家作为中华民族精神的原乡的象征，成为他们表达爱国情感的主要对象，这对于今天中华民族大力增强民族凝聚力而言，是非常值得珍视的精神资源。从20世纪70年代末中国改革开放以来，众多的客家后裔和港澳台客属同胞或纷纷在家乡投资建厂，或慷慨出资赞助家乡的社会公益和福利事业，体现出游子的爱国爱乡情怀，为振兴国家和家乡的经济建设，复兴中华民族的伟大事业，做出了诸多重大贡献。客家文化生态内含的中华民族的共同信念、内聚凝合的情感心理，深深地融入客家子民的血液，成为民族归属、民族认同、民族团结的精神基础。历史和现实都反复证明，客家文化对于维护祖国团结统一、构建和谐社会的积极影响是广泛而深远的。

（4）四海为商。客家文化自宋代之后取得长足发展，近代以来又受到海外文化的浸润滋养，由此形成开放、包容的文化性格。一方面，在明代，葡萄牙占据澳门之后，南方沿海地区开始遭遇异质文化的渗透和冲击，资本主义经济逐步萌芽；另一方面，随着历史上几次中原人口大迁徙，包括中原古音、习俗在内的传统文化在东南沿海地区得以保留和传承。在广东，中西文化率先实现了碰撞、交融，从而造就了广东人包容、接受力强、易变通的个性。而客家人更是以吃苦耐劳、勤奋智慧著称，在精耕细作的同时，重商贾、懂经营、会交易、求致富。客家人在经营交易中，表现出和气的气质、谦让的品德，他们懂得“和为贵，谦受益”的道理，即使与人有所争执，也是轻声柔语。正因为客家人把这种柔和、谦让用之于创业，因而能像磁铁一样吸住对方，从而赢得了良好人缘和商机。“贵和”理念不仅使得商人追求和气生财，而且使当权者表达“和蔼可亲”，文化人显示“乎和淡泊”，长者透露“谦和”风范等。柔和的气质、谦让的品德更使客家人在新的历史时期取得了辉煌的业绩。

综上所述，“知识为本、诚信为道、家国为魂、四海为商”的客家人文精神是在客家民系整个发展过程中逐步形成的，贯穿于客家民系的过去、现在和将来，具有历时性和传承性特征。历时性即传统性，指历史积淀而成的客家核心传统或客家传统的核心价值观。客家的核心传统，即贯穿于客家文脉之中、反映客家人传统行为方式的核心价值观。客家人文精神是一种中华民族精神、一种当今时代精神、一种现代人文精神。客家人

---

① 出自《世说新语》元帝始过江，谓顾骠骑曰：“寄人国土，心常怀惭。”刘义庆撰，朱奇志校注：《世说新语校注》，长沙：岳麓书社，2007年，第43页。

② 赵至《与嵇茂齐书》：“顾影中原，愤气云踊；哀物悼世，激情风烈。”

文精神是客家民系发展过程中持续传承的必然结果，它就像一棵张开宇盖的巨树，汲取着历史的、现实的、未来的养分，在客家人文精神的树干之上，延伸出农耕文明（水稻、酿酒、烟草、水果）、客家文化艺术（山歌、戏曲、文物、服饰）、客家教育等精神的枝，蔓延出产业、行业、企业、民风、民俗、民习等精神的杈，繁衍出万象千态竞相纷呈的精神叶片、竞相开放的精神花朵、竞相芬芳的精神果实。客家人文精神是昨天客家的背影，今天客家的品牌，明天客家的动力。客家人文精神在20世纪70年代末改革开放的春风吹遍神州大地，祖国处处洋溢着勃发生机的特定环境下，对整个客家的发展在物质上发挥了积极的推动作用，在精神上发挥了巨大的鼓舞作用。随着时代的变迁和形势任务的变化，客家人文精神将变得大气中包含细腻，奋进中不失创新，开放中更加和谐，开拓中更加卓越。与时俱进的客家人文精神必将引领客家地域走向更加文明、富强、和谐的现代化之路。

三、在构建文化产业科学发展的运行机制中推进客家文化的创新发展

构建文化产业科学发展的运行机制是文化强国的重大任务。十七大以来，党中央从国家战略的高度明确指出：推动文化产业成为国民经济支柱性产业。十八大更加明确，要加快完善文化管理体制和文化生产经营机制，基本建立现代文化市场体系，健全国有文化资产管理体制，形成有利于创新创造的文化发展环境。从学理上说，文化产业作为以市场机制为载体，为社会公众提供文化娱乐产品和服务的产业，其有效运行既是产业的一般特性与文化自身特殊性的有机结合，也是市场价值取向与社会人文价值取向的互动。因而，我国文化产业科学发展的运行机制至少应体现三种结合。一是产业振兴与文化复兴的结合。要求文化产业的发展路径从国家战略的角度出发，在基于对发展文化产业的目的、阶段、环境资源充分认识的基础之上，为产业的发展前景进行周密的布局规划。而要做到这样，离不开对客家文化的科学认识、分类引导和作为文化产业要素诸如体制、市场、政策、人才等方面制约因素的结构、功能的分析以及运行机制的顶层设计等。二是经济彰显与价值重构的结合。要求对文化产业的绩效评价不能仅仅局限在营利性范围之内，不仅要有经济利润指标，更要有社会价值标准。因为文化产业的发展过程本身就是具有不同产域文化背景的产业或企业重构产业价值或企业文化以及产品消费价值观的过程，而对该产业或企业以及产品的文化提炼，主要是基于对客家文化的发掘、整理和创新。三是产业创富与文化创意的结合。要求文化产业的推动方式和主要动

力源在于创新。对于知识密集型的文化产业来说，知识转化为生产力、转化为财富是产业发展的基本因素。

推进客家文化的创新发展，自然要将以客家文化为基底的四大理念作为活水源头，作为高技术化和高文化化的统一体，实现商业与艺术、产业与文化、管理与创意的有机融合，这才是客家文化创新发展的永恒命题，四大理念具体如下。

（1）以客家文化的理念发展文化产业。一般说来，客家地域多以自然环境优美、文化资源丰富、文化积淀丰厚为优势，形成具有浓厚意境的人文景观。因此，要以客家文化的理念发展文化产业，让客家文化理念渗透到经济社会发展的各个方面、各个环节、各个细节；要坚持让文化牵引经济社会发展，把文化建设与城市建设、社区建设、房地产开发以及旅游开发有机结合起来，促进文化优势向经济发展优势转化，努力探索一条绿色发展的新路子。

（2）以历史文化的理念挖掘客家文化的深厚底蕴。树立以“人文”挖掘客家底蕴的建设和发展思路，将客家历史文化遗产“植入”文化产业，彰显客家文化特色和魅力。政府可以进一步整合文化资源，做好对文化遗产的开发利用，同时也努力做好非物质文化遗产的挖掘整理，推陈出新，打造文化名城、名社区、名街道、名镇、名村，让客家地区彰显出浓厚的历史文化气息，塑造自己独特的城市形象。

（3）以生态文化的理念引导城市建设与管理转型。坚持“以人为本”的建设和发展风格，充分挖掘和整合自然生态和人文生态资源，让“客家人文精神”成为客家的文化底色。整合城市建设资源，推进重点工程建设，完善城市功能，提升城市品质。加强城市管理，加快大型社区建设，完善社区网格化管理模式，提高社区管理水平。突出城市的历史文化和绿色生态特色，加强自然与文化的融合，延长文化产业链条，形成山环水绕、园在城中、城在景中、人文自然景观互相辉映的城市魅力。

（4）以现代文化的理念引领文化人口消费。引导城乡居民提高文化消费在消费支出中的比重，为加快文化产业发展提供不断增长的需求市场。一要利用客家文化优势，刺激文化人口消费产业；二要发掘客家文化内涵，发展公共文化事业，完善公共文化服务设施；三要坚持文化建设与全民素质提升工程一体化互动发展，深入开展群众性精神文明创建活动，加快推动客家精神与广东精神的融合、互动，使其成为统一思想、振兴客家的巨大精神财富。

从移民运动到文化传播

——略论客家研究范式的转换

邹春生[1]

一、引言

关于客家人是由历史上中原南迁汉人及其后裔形成的说法，学术界早有定论。嘉庆十三年（1808），广东博罗、东莞一带发生土客械斗，惠州丰湖书院院长徐旭曾开始探讨客家人的来源，认为“今日之客人，其先乃宋之中原衣冠旧族”[2]；光绪年间，嘉应州籍人士温仲和的《嘉应州志》也探讨了客家的源流，并把他们南迁的时间上溯到汉末、东晋：“客家多中原衣冠之遗，或避汉末之乱，或随东晋南宋渡江而来。”[3] 近代罗香林也对客家源流作了专论，提出客家是“从中原南迁而来的中原汉民”[4]。所以，在历来的客家研究中，客家人便烙上了中原南迁汉人后裔的印记，成为构建“客家是汉民族的一个支系”的理论基础。

然而，近年来，随着客家研究的深入，尤其是田野调查的开展，客家文化体系中的非文化因子越来越多地被发掘出来，使得早期客家学者所构建起来的“客家是汉民族的一个支系”的理论，面临着巨大的挑战。那么，如何看待各种文化因子在客家文化体系中的地位和作用，怎样分析客家文化多元一体结构的形成原因，以及客家文化与中原汉族文化之间究竟存在怎样的联系，值得我们认真去思考和探讨。笔者拟在前人研究的基础上，对这些问题再作一些思考，文中所存浅陋，务请方家指正。

二、移民史的视野：以往客家研究的主要范式

学术界从移民运动的角度来研究客家问题的传统，肇始于清朝嘉庆年间的徐旭曾。由于当时博罗、东莞等地土客械斗频频，规模不小，造成巨

---

① 作者简介：邹春生，男，历史学博士，赣南师范大学客家研究中心副教授。

② 徐旭曾：《丰湖杂记》，载《徐氏宗谱·总谱》卷二，1991 年，第18 页。

③ 温仲和：光绪《嘉应州志》卷七《方言》。

④ 罗香林：《客家研究导论》，台北：南天书局，1992 年。

大社会动荡，不仅引起了地方当局的警戒，也引起了知识分子的关注。时任惠州丰湖书院院长的徐旭曾召集弟子，对客家来源以及客家语言、习俗之形成等问题做了解答。这些解答后来写成一篇《丰湖杂记》，登载在和平县徐氏族谱中。这篇短文篇幅不长，仅1 300余字，虽言辞简约，却对客家源流、分布、语言、习俗等进行了比较全面的介绍和分析。其中心含义，就是说明客家的源流和文化特质。而这两点的理论基础，就是历代中原移民运动。

例如，在客家源流问题上，他充分肯定历史上的移民运动对客家形成的影响，明确提出客家是中原移民之后裔的观点：

今日之客人，其先乃宋之中原衣冠旧族，忠义之后也。自宋徽、钦北狩，高宗南渡，故家世胄先后由中州山左，越淮渡江从之。寄居苏、浙各地，迨元兵大举南下，宋帝辗转播迁，南来岭表，不但故家世胄，即百姓亦多举族相随。有由赣而闽、沿海至粤者；有由湘、赣逾岭至粤者。……西起大庚，东至闽汀，纵横蜿蜒，山之南、山之北皆属之。即今之福建汀州各属，江西之南安、赣州、宁都各属，广东之南雄、韶州、连州、惠州、嘉应各属，及潮州之大埔、丰顺，广州之龙门各属是也。

又如，在客家文化事项或客家族群性格的形成方面，他也充分肯定它们与移民运动之间的关联。如认为客家人耕读传家的习俗，沿袭了中原“负耒横经”之传统；客家人冬月农暇之时相率习武，亦是传承了中原“农隙讲武”之古俗；客家语言风俗之形成，亦与“客人之先本自中原”有关：

客人以耕读为本，家虽贫亦必令其子弟读书，鲜有不识字、不知稼穑者。日出而作，日入而息，即古人“负耒横经”之教也。客人多精技击，传自少林真派。每至冬月农暇，相率练习拳脚、刀剑、矛挺之术。即古人“农隙讲武”之意也。

客人之风俗俭勤朴厚，故其人崇礼让，重廉耻，习劳耐苦，质而有文。余昔在户部供职，奉派视察河工，稽查潜运雌务，屡至汴、济、淮、徐各地，见其乡村市集间，冠婚丧祭，年节往来之习俗，多有与客人相同者，益信客人之先本自中原之说，为不诬也。客人语言，虽与内地各行省小有不同，而其读书之音则甚正。故初离乡井，行经内地，随处都可相通。惟与土人风俗语言，至今仍未能强而同之。[①]

徐旭曾的这篇从移民运动的角度论述客家源流及其文化形成的短文，对客家研究产生了极大影响，长期以来，后来学者对客家问题的研究，大多是在他的理论框架下进行的。

例如，徐旭曾提出“今日之客人，其先乃宋之中原衣冠旧族，忠义之后也”。他的这个定论，成为后来客家研究界“客家中原南迁论”的滥觞。最早起来响应的，乃是林达泉，“大埔林太仆达泉著《客说》，谓客家多中原衣冠之遗，或避汉末之乱，或随东晋南宋渡江而来”[②]。作为后来客家学开山鼻祖的罗香林，不仅直接承袭了徐旭曾客家中原南迁说的观点，还给予了充分的论证。他通过收集文献资料，尤其是族谱资料，将历代客家先民的南迁史实清晰地勾勒出来，并把客家先祖从中原迁徙而来的时间，在徐旭曾的宋代南迁说基础上，大大往前推到东晋永嘉之乱，由此形成著名的客家历史上的“五次迁移说”。[③] 罗香林之后的学者，但凡涉及客家的源流问题，大多是从移民史的角度来论述，只不过在移民运动的起始时间及其对客家形成的作用等方面有所差异分歧而已。

而徐氏对客家文化特质的形成与中原移民运动之间联系的论证，也成了后来学者论述客家文化时所秉持的逻辑起点。例如，在语言方面，很多学者就从移民史的角度来论述客家语言与中原语言的相似性。如清代嘉应州人杨恭恒的《客话源流多本中原音韵考》一文、温仲和《嘉应州志》卷七《方言》、章炳麟《新方言》附“岭外三州语”、黄剑《石窟一征》、罗翽其《客方言》及林达泉《客说》等文，都以举例的方式试图证明客家方言与中原语言的渊源关系。此外，许多学者对于诸如客家建筑、饮食、岁时节庆等客家习俗的研究，也喜欢从移民史的角度，力图找出它们与中原文化之间的联系。

笔者认为，过去学者之所以喜欢从移民史的角度来阐释客家源流及其文化事项的产生，或许主要是因为移民运动在以下两方面确实对客家族群产生了实际的影响：

一方面，移民运动使客家族群与中原地区建立了一定的血脉联系。由于历史上确实有过中原汉民迁入客家地区的事实，这就使客家族群在客观

① 以上徐旭曾言论之引文，均出自《徐氏宗谱·总谱》卷二，1991年，第18页。

② 温仲和：光绪《嘉应州志》卷七《方言》。

③ 罗香林：《客家源流考》，北京：中国华侨出版公司，1989年，第13页。

上带上了中原血统，也为客家人中那些原本没有中原血统的南方土著居民构建与中原的血脉联系提供了方便。他们只要在族谱中或者在家族故事中毫无障碍地加上那么一点移民的故事，日久之后，杜撰的故事往往也就成了记忆的传统，从而构建起新的文化认同。如果历史上本来就不存在中原汉人大规模向客家地区迁徙的史实，这部分客家人想要建立与中原的血脉联系，也许就更困难。

另一方面，移民运动也确实把不少中原文化传播到了客家地区。诚如不少学者所考证的那样，客家文化中确实包含了不少中原文化因素。这些文化因素很可能确实与移民运动有关。著名的德国人类地理学家 Friedrich Razal 曾经说过，文化要素是伴随着民族迁徙而扩散开去的，物质文化只有通过人，同人和人的精神文化一起才能够传播。① 这些人数众多的中原移民，在进入赣闽粤边区之初，势必按照原先在中原地区的习惯，重新组织生产和生活。在这一实践过程中，他们自然将为客家地区带来不少的中原文化。

三、旧论剖析：移民史视野的弊端

在以移民运动为中心的解释体系中，学者构建起了一套比较完整的逻辑体系。一是构建一幅比较完整的历代中原汉人南迁的宏伟图景。图景的终点一般定格在宋元之交，而这幅迁移图的起点，则说法不一，有的说是在唐末五代，有的说是在东晋的“永嘉之乱”，有的更是上溯到秦始皇攻打南越。二是强调南迁汉人的身份之高贵。认为这些南迁汉民都是衣冠士族，所以有“衣冠南渡”之谓。以移民运动为中心的解释体系后来曾在很长一段时期内被奉为客家学的经典，许多关于客家问题的研究都在这理论框架下进行。

这种解释体系的目的，主要是解决客家族群及其文化是如何形成的这一重大问题。其逻辑的起点，就是针对客家族群的“中原情结”。众所周知，在很大部分的文本中，客家人是一支知书达礼、崇文重教的文化素养很高的族群，并且他们的文化特征与中原地区有着十分密切的关系。体现在实际生活中，客家人许多习俗如方言、祭祀、崇文重教等，都与中原文化高度一致。并且在精神层面中，也体现了客家人对中原地区的高度向心性。例如，在客家人视为比生命还更珍贵的族谱中，就有大量关于自己祖

---

① 夏建中：《文化人类学理论学派——文化研究的历史》，北京：中国人民大学出版社，1997 年，第 198 页。

先来自中原或与中原有着千丝万缕联系的描述。为了解释客家族群的“中原情结”，他们设置了中原移民这一主题，并高度强调是“衣冠南渡”。这样的做法，就把客家族谱中关于祖先与中原地区有着密切关系的泼墨渲染，说成是移民及其后裔对故乡的无比眷恋和向往之情；把客家人知书达礼、崇文重教，说成是客家子孙秉承了原本就有高度文化素养的衣冠祖先的禀赋。

坦诚言之，这种解释体系确实对客家中原情结的成因有了一个比较通顺的解释，并且这些解释也并不是天马行空，全凭逻辑推理。在中国历史上，确实有一长时段的移民运动，同时，在客家人的族谱中也确实有大量关于自己祖先来自中原的记载；中原地区的文化水平确实远远高于周边地区，作为南迁汉民后裔的客家人，其崇文重教、知书达礼的族群秉性之形成，似乎也能够从中得到合理的解释。

尽管移民理论对客家族群及其文化的形成做了比较通顺的解释，但是依然有一些疑点尚未理清。

一是从族谱记载来肯定客家先民来自中原的做法值得怀疑。如前所述，许多客家族谱都清楚记载自己的祖先从中原南迁的历史，这种记载也成为现代学者论证客家人中原血统的最有力证据。但是，大家知道，现在我们所能看到的族谱，大多数是在明清时期修的。而这些族谱所记载的祖先南迁的事情，多发生在唐末或两宋时期，距离客家人大规模修谱的时间已有五六百年了。而根据学者的研究，族谱中所记载的事迹，一般是五代之内的才比较可信。[①] 并且已有学者对客家族谱中所出现的种种谬误作了客观而又周密的考证。[②] 所以用族谱所载来肯定客家先民皆来自中原的说法是缺乏科学依据的。

二是南迁中原汉人的贵族身份值得怀疑。尽管不少文献中都提到“永嘉之乱”时“衣冠南渡”的情况，客家族谱也多有祖先来自中原贵胄之后的记载，但有不少学者已经明确指出中国族谱记载中硬把自己宗族与历史名人扯上关系的“攀龙附凤”现象比比皆是，非唯客家人才这样做。所以把客家族群崇文重教的习俗说成是继承了贵族素养的说法很难站住脚。

退一步说，即使我们姑且相信客家族谱的记载是真实的，客家人的祖先确实是来自中原，且都是衣冠之后，但依然还有一个问题没有解决，即为什么中原文化能够成为客家文化的主体，成为我们现在把客家族群当成

---

① 濑川昌久著，钱杭译：《族谱：华南汉族的宗教·风水·移居》，上海：上海书店出版社，1999 年。

② 谢重光：《客家源流新探》，福州：福建教育出版社，1995 年。

汉民族一个支系的文化依据。

按照移民论的逻辑，这些富有文化素养的中原汉民在迁入到赣闽粤边区之后，会依照过去中原地区的经验来重新构建生活，从而把中原的文化模式在客家地区推广开来，但这又将产生一些问题。

一是进入到赣闽粤边区的南迁汉民人数能否占优势。按照文化学的观点，在多元族群的交流互动中，某种族群文化要想成为混合族群文化的主体，首先就必须具有人数上或文化上的优势。① 但对于南迁汉民是否一定多于赣闽粤边区当地的土著人数，按照目前所能看到的资料看，我们无法做出充分的考证。

二是中原文化如何在赣闽粤边区获得广泛认同。移民论者或许会认为，南迁汉人按照过去中原地区的经验来重新构建生活，通过自身示范，能够把中原的文化模式在赣闽粤边区推广开来。但问题是，文化的发展都有惰性，都不愿改变原有的文化态势。土著人为何要向这些南迁汉人学习呢？你认为先进的东西，人家不一定赞同，尤其是制度和精神层面的文化。特别是赣南、闽西、粤东三省交界地区，是一个山水相隔、峰峦起伏的地方，时至今日，这里的聚居方式和村落布局，仍然是以聚族而居且又分群散居的模式为主，村落规模很小，相互间的空间距离很大。完全可以推测，在遥远的过去，生活在这样环境下的南迁汉人与当地土著之间，根本不可能进行广泛交流。因此，要想单靠这些与当地土著相互隔膜的中原移民，仅凭自身生活模式来广泛传播中原文化，应该也是很难有说服力的。

综上所述，如果单从移民史的角度，很难对中原汉族文化能够在客地广泛传播并且成为客家文化体系的主体和核心这一问题给出富有说服力的解释。

四、新的解释路径：文化传播视野下对客家文化结构形成原因的重新解读

既然从移民运动的角度无法完全回答客家文化的形成原因，我们不妨换一下视角，转而从文化传播的角度观察，或许会有新的突破。承前所述，客家文化是一种以中原文化为主导，融合了不同族群文化的多元一体的文化体系。要探讨这种文化结构的成因，关键在于首先必须回答在客家

---

① 夏建中：《文化人类学的理论学派——文化研究的历史》，北京：中国人民大学出版社，1997 年。

文化结构体系中，为什么中原文化能够居于主导地位。而这一问题的实质，其实就是要弄清楚中原汉族文化为什么能够在客地广泛传播并获得普遍认同。我们认为，中原汉族文化之所以能够在客地广泛传播并获得普遍认同，从文化传播学的角度来看，应当与两地存在巨大的文化区位差异，以及政治权力的强行干预这两大因素密切相关。

先来看看中原地区与赣闽粤边区之间的文化区位差异。广义的“中原地区”，是指以黄河中下游地区为中心的淮水以北长城以南的广大北方地区。黄河流域是华夏文化的发源地，在很早以前就成为古代中国的文化中心。唐宋以前，中原地区已取得的文化成就自不待言，而同一时期赣闽粤边区又处在什么样的发展水平呢？据史籍记载，当时居住在这个区域的主体居民是“俚”“越”“畲”“峒”等土著民族，在隋代，这些土人还处于“俱无君长，随山洞而居”① 的原始公社氏族民主制时代。在这三个区域中，赣南由于地近中原，且有当时成为连接岭南与中原主要大动脉的赣江—大庾岭通道贯穿其中，所以开发程度要远远高于其他两个地区。即便如此，甚至到了宋代，赣南仍然是“驿路荒远，室庐稀疏，往来无所庇”②。这种状况，与当时辉煌的中原文明相比，简直不可相提并论。

在文化学理论中，文化有中心和边缘的区别。所谓文化中心，就是指一个文化区特有的文化特质最集中、处于主导地位且具有向周边辐射功能的部分；所谓文化边缘，主要是指一个文化中心区的边缘地区，它处于次要的、受容的地位。一般情况下，文化中心由于处于文化的密集区，其政治、经济、制度等方面信息流量大，而且对周边地区的文化必然产生直接或间接的影响，带动文化向前发展，而文化边缘总是受到文化中心的控制和影响。③ 文化中心所具有的这种强烈的文化辐射作用，是推动中原汉族文化向赣闽粤边区传播的文化本身的动力，它对客家文化的形成也起到了十分重要的作用。

如上所述，既然赣闽粤边区与中原地区之间存在巨大的文化区位差异，那么，作为文化中心的中原地区，其所具有的文化是一种在更高生产力水平基础上所产生的先进文化，这种居于文化中心地域的中原文化，又必然要向生产力水平低得多的赣闽粤边区流动。而唐宋以后所发生的中原汉民涌入赣闽粤边区的移民运动，恰恰是文化区位差异发展到一定阶段的产物，是区位中心文化外溢的结果。至明清时期，当外溢至两地文化水平

---

① 魏征：《隋书》卷八十二《南蛮传》。

② 脱脱等：《宋史》卷三百二十八《蔡挺传》。

③ 陈华文：《文化学概论》，上海：上海文艺出版社，2001 年，第 211 - 216 页。

大致相当时，即使同样发生了清军入关这种像魏晋时期的游牧民族入主中原的现象，也无法再次产生中原汉民向赣闽粤边区的大规模移民。

此外，由于存在巨大的文化区位差异，居于高区位中心的地方将产生巨大的文化吸引力，而居于更低文化区位的地方，也必然产生很强的向心现象。具体表现在客家人的族谱记载中，他们大多把自己的祖先说成是来自中原，正是由于文化区位存在巨大差异，客家人出现强烈的向心中原的现象。

再来看看政权干预的情况。长期以来，中原地区由于自然条件优越，所以文化发展迅速，并且成为文化发展的中心。文化中心所产生的文化由于具有巨大的文化能量，往往上升为主流文化。所谓主流文化，是指体现着时代的主导思想、支配着文化的发展方向、占有统治地位的文化，它具有主导性和制度性的典型特点。① 主流文化的这两个特点，使它一方面能够得到政治权力的支持而获得广泛的传播；另一方面又能够在传播过程中依靠自身的文化优势和权力支持，对传入地区的本土文化产生巨大的渗透力和同化作用。

具体到本文中，由于历史的原因，以儒家文化为主的中原文化一直得到中央政权的大力支持，成为历代封建王朝的主流文化，因此，它能向赣闽粤边区传播，也是与中原汉族文化这种主导地位相关联的。笔者曾从学校制度、旌奖制度、祀典制度等文化制度方面，对其传播的方式和途径，进行了尝试性的阐述。②

同时，作为当时的主流文化，在政权的大力支持下，中原汉族文化在赣闽粤边区所起的主导作用和制度规范作用也十分明显。前文我们曾经说过，尽管中原文化有其文化先进性的优势，但这种先进性不一定会被赣闽粤边区土著居民赞同。为什么他们会最终接受，正是与中央政权在这里大办学校教育，实行旌表忠义孝悌的表率人物，强制推行国家祀典并大力打击民间信仰等的强制干预政策有关。

此外，在山水相隔、居民村落分群散居的状态下，原本单在移民运动条件下所产生的自然交流难以将中原文化迅速而又广泛地推广到赣闽粤边

---

① 陈华文：《文化学概论》，上海：上海文艺出版社，2001 年，第 201－204 页。

② 参见拙文：《神灵入典与毁禁淫祠：略论国家对客家民间信仰的控制——兼论国家权力在客家文化形成中的作用》（载于《赣南师范学院学报》2008 年第 1 期）、《从文化学视野下看客家文化特质的形成》（载于《江西社会科学》2006 年第 11 期）、《从江西南康刘氏女出凡入神的过程看客家文化的特质》（载于《嘉应学院学报》2006 年第 1 期）。

区广大地区，但在国家政权的强制干预下，中原文化也得以突破时空障碍，从而获得了广泛的传播。

五、结论

通过以上的论述我们可以得知，过去学术界在客家源流和文化形成问题上，存在较为深厚的移民史情结，把客家的来源以及客家诸多文化事项的形成，认为是历史上中原汉人向赣闽粤边区大肆移民的结果。学者这种研究情结的形成是无可厚非的，因为历史上确实存在过持续时间较长、规模宏大的中原汉民向赣闽粤边区移民的事实，这种客观存在的移民运动一方面为客家地区带来了丰富的中原文化，另一方面又为客家族群与中原地区建立血脉联系提供了方便。

然而，我们认为以儒学为主的中原汉族文化能够在赣闽粤边区广泛传播，并且成为客家文化的主体和核心，是文化本身的力量和文化外部的力量在当时的历史背景下得到了充分发挥的结果。在这一过程中，中原地区和赣闽粤边区在文化发展序列上的差异，使得中原汉族文化本身就已存在一种向文化边缘地区扩展的张力，这是源自文化本身的内在动力，同时，中原文化一直以来处于主流文化的地位，能够得到国家权力的大力支持，从而在赣闽粤边区广泛传播并且继续发挥主导性和制度性的作用，这是源于文化外部的动力。正是在这些因素的共同作用下，中原汉族文化才能够在赣闽粤边区传播并且促进了客家文化的形成。

粤东北客家地区文化资源的整理与研究

——兼论客家学研究方法

肖文评①

有学者指出，内地客家学界过于重视历史研究，而对现实问题的研究关注不够。其实我们非常注重对现实问题的探讨和研究，即使是历史研究，也体现了对现实问题的关怀。

2010年5月，梅州被文化部批准为“客家文化（梅州）生态保护实验区”，这是被批准的全国第五个国家级的文化生态保护实验区。随着文化生态保护实验区规划大纲和实施细则的制定和实施，与之相应的物质文化遗产和非物质文化遗产等客家文化资源的整理、研究、保护和传承成为当地社会关注的主要问题。这也是我们这几年与地方政府合作做的主要工作。当然，对粤东北客家地区文化资源的整理和研究，对于地处粤东北梅州市的嘉应学院客家研究院来讲，这一直是我们的主要工作。下面以笔者十年来对大埔县百侯村的研究为例，说明我们对客家文化资源的收集、整理及对客家学研究的理论和方法。

大埔县百侯村是笔者2003年以来一直在研究的一个村落。全村现有居民一万余人、明清古建筑数百栋、庙宇数十座、圩市店铺百余间，庙会等活动频繁。在笔者研究百侯村以前，该村深厚的文化积淀无人问津。笔者长期调查和研究，尤其是发表了一系列研究成果后，引起了当地居民和政府的重视。他们把笔者的研究成果编入族谱和地方文史，成为当地人讲述当地历史的重要材料。当地政府还利用笔者的研究成果，积极向上级有关部门申请文化保护。2009年12月，侯南村被广东省文联等部门评为“广东省古村落”；2010年12月，百侯镇被国家文物局、住建部评为“中国历史文化名镇”。“鲤鱼舞”“五鬼闹金狮”等被列入广东省非物质文化遗产名录，“作福”“五香牛肉干”“百侯薄饼”等被列入梅州市或大埔县非物质文化遗产名录，“通议大夫第”“肇庆堂”等被列为广东省文物保护单位。

---

① 作者简介：肖文评，男，历史学博士，嘉应学院客家研究院副院长，教授。

从2003年1月起，笔者先后多次到大埔县百侯村进行田野调查，访问老人，搜集文献，查阅族谱，参加庙会等。据统计，明清以来百侯文人有著述数百种，因各种自然和社会原因，流失不少。现能找到的，计有清初以来的文集50多种，族谱10多种，房谱50多种，家谱20多种，家礼本10多种，科仪本5种，祭祀本、契约、分家单、记事本一批。另发现碑刻30余通，其中宋1通、明3通、清20余通。总计字数约1 000万字。通过这些文献，我们基本可以了解该乡村从宋末以来尤其是从明末到当代的发展概况。

面对该村落大量的历史实物遗存、丰富多彩的民俗活动，尤其是近千万字的文献记录，如何真实地反映这一聚落近千年的历史发展和社会变迁过程是研究过程中的遇到的首要问题。因此研究理论和方法非常重要。

在研究过程中，一是要注重总体史研究。在法国年鉴学派学者布罗代尔等的提倡和影响下，总体史研究成为史学发展的重要趋势，但如何实现，则见仁见智。研究历史所见到的文献都是零零散散、片断式的，缺乏内在联系，根本找不到可以非常完整地把社会生活的方方面面都有机结合在一起的文献。只有在具体的村落社区中，才能做到把某一类、某一方面的资料放到一个相对完整的体系中去理解。因而把村落社会的整体作为研究对象，可以对“总体史”的要求作较好的把握。二是要注重田野调查。笔者在图书馆等地发现了数十种关于百侯村的文献，涉及百侯的宗族、经济、文化等方方面面。但要真正读懂这些文献，可能还得回到历史现场，进行实地“体验”。百侯村虽经多年的发展变化，但因地处山区，现代化程度不高，村落格局基本未发生很大变化，因而基本可以与文献记载相对照，能够满足做田野调查的要求。对于历史时间，我们虽然无法直接感受，只能间接地从文献中认知，但对于历史空间，则可通过“走向历史现场”进行调查的方式进行琢磨和体验。尤其是根据文献所提供的线索与村民的深度访谈，获得有关事件的众多传说和故事，从而将历史与现实紧密地联系起来，文献背后的“故事”因之明朗，从而为真正读懂文献和解读乡村社会奠定坚实的基础。

在具体研究方法上，笔者借鉴当前“华南研究”中对传统中国乡村社会研究的经验，运用历史人类学的理论与方法，把人类学的田野调查、“参与体验”的方法与历史学的文献训诂、考据、文本解读、历时性分析和结构性分析、国家制度研究与基层社会研究等方法有机地结合起来，重视普通人日常生活的历史，关注社区历史以及超越社区的社会空间之间的互动关系。

具体而言，就是通过实证的、具体的研究，整合历史学、人类学、社会学等学科的理论和方法，在广泛收集、整理和利用地方和民间文献的同时，进行人类学的田野调查，重视文献史料、口述史料和实地考察的结合，对传统乡村社会进行深入的总体的考察，重点放在乡村宗族、教育、国家权力在乡村中的表达、民间信仰、市场网络、乡村社会结构等方面，把共时性的结构分析和历时性的过程“再现”有机地结合起来，把村落研究置于当地区域整体历史过程和空间结构的把握和关怀之中，对搜集到的资料进行文本分析，注意从当地历史的实际和当地人的意识出发理解当地传统社会历史现象，发掘和阐释历史事实及其意义。

在具体研究过程中，注重采用总体史的研究方法。对于百侯村这个多元的有悠久历史的乡村社会，注意运用费尔南·布罗代尔的关于历史时间的“长时段”“中时段”和“短时段”及与之相应的“结构”“局势”和“事件”理论，结合大的区域社会，关注百侯乡村社会的方方面面及其变迁。注意主位研究与客位研究相结合，既要从当地人的意志出发，进行“同情之理解”，又要有研究者的视角与考量。

为此，笔者从 2003 年 1 月起，曾多次至百侯村进行田野调查，前后时间总计超过一年。在田野调查过程中，结交当地长老和知情者，倾听他们讲述关于本地的故事和传说，广泛收集口述资料和文字资料。先后收集到族谱、祭祀本、契约、分家单、碑刻等一批，并请他们讲解这些民间文献的来历和意义，从而基本理解了这些文献在当地社会发展中的含义和价值。在研究过程中，将所收集的文本与产生文本的地域结合起来，在具体的空间场合理解历史过程的演变。并在实地调查中观察和体验当地人的社会生活，采集流传于村民中的丰富口述史，加深对文献的认识和理解，更好地解读文献和理解当地社会。

在调查过程中笔者注意到，由于访谈对象文化教育程度、地域观念以及个人经历的差异，他们提供的信息往往芜杂混乱，甚至带有某种程度的片面性。因而笔者对于所收集的口碑访谈、民歌民谣、传说杂记、谱牒私册等资料，都进行了认真的梳理，注意从中分别出带有普遍意义的资料；还注意对这些资料进行考辨，不仅考辨其真伪，还鉴识其所含信息的真实意义，以防听风就是雨，只见树木而不见森林，甚至以点带面，以偏概全。

正是在这种研究理论和方法指导下，笔者充分利用历史文献和口述史资料，对百侯村的历史、社会和文化作了全面系统的分析和解读，揭示了百侯乡村社会发展和变迁的过程，为当地文化遗产和非物质文化遗产的保护和传承奠定了坚实的基础。

面对一直传承的活生生的客家历史、社会与文化，当代的客家学研究选择适当的理论和方法相当重要。既要重视田野调查，注意收集各种文献、口述资料和实物史料等各种物质和非物质文化资源，又要有总体史的视野，采用历史学、民俗学、地理学等各种理论和方法，充分利用各种物质和非物质文化资源，同时进行跨文化的比较研究，从而形成关于客家人与客家文化特质的认识和理解，以更好地为社会文化建设和发展服务。

客家学的研究回顾与展望

——基于对客籍作家文学与客家民间文学的研究

周晓平①

客家文化是一种独特的地域文化，这种独特性即以迁徙背景为发展归宿。客家文化赖以生成的基本特质，对于乡邑客人的精神风貌、历史积淀、具有人文特色的风俗民情的产生发展起到了至关重要的作用。它对中原文化与土著文化进行了有机的融合，既体现与中华文化一脉相承，又体现与其相区别的特质。从精神内核来看，客家文化经历了从自给自足的农业经济到都市文明、从偏远山区的封闭到广阔海洋的开放、从单一到多元的转换过程。因而，在客家这块古老而神奇的土地上，各种文化的碰撞使之呈现一种奇特的文化现象——多元特色的文化。这种文化品格源于世世代代的客家人历经磨难、身处危厄、流徙之中却不断开拓进取的发展历程。它的深刻蕴含，主要体现为博大与包容，既坚持文化中心论，又固守边界文化的传统。客家文化对于中华文化传统继承来说，具有更纯粹、更本源的性质。在迁徙的过程中，由于客家人不能理解和接受土著风俗，产生浓浓的思念故土的情结，于是追宗念祖，不忘原初文化，世世代代沿袭儒家经典。他们携带的文化记忆刻意地得到保存，并成为中华文化的重要资源而备受珍视。

相对来说，客家文化比传统文化对于不确定性的因素更能包容。这并不是说客家人对于自己的传统不够重视，恰恰相反，客家人对于母根文化的呵护更加强烈。客家初民对于自己的文化传统有着非同一般的自豪感，并不愿意打破这种传统的文化格局，故云："宁卖祖宗田，吘卖祖宗言。"由于迁徙所要面对的环境险恶，他们无法回避任何的艰难险阻。艰难的环境、严峻的考验，使客家文化对于不确定性的回避程度已经与自给自足、封闭固守的农耕传统文化不可同日而语，有了相当程度的差别。它充满了进取，这种进取性也使客家人富有冒险精神，其文化特质体现为对现有秩

① 作者简介：周晓平，男，文学博士，嘉应学院文学院教授。

序的疑问与挑战，因此提升了客家文化对新事物、新观念的辨别与接受能力。[①] 它杂陈南北、调和新旧，其精神折射了一种新质文化，而撑起了华夏一段独特的民族文化历史。博大精深的客家文化内容与显著的地域文化特征，为构建客家学研究提供了可能。

一、客家学研究的回顾

客家文化源远流长。客家学的研究，若从惠州徐旭曾《丰湖杂记》（清嘉庆十三年，即1808年）算起，已有二百多年之久；若从罗香林《客家研究导论》（1933年）一书出版已论及客家种种问题算起，亦已有八十多年之久；此外，有不少中外非客家籍的学者或多或少言及客家系列问题。十一届三中全会召开以来，随着改革开放、学术氛围宽松与浓烈，尤其是在20世纪80年代的中国文化寻根热潮出现后，一股研究客家的热潮在大陆悄然兴起，成千上万的客家乡贤从世界各地回到客家故乡寻宗问祖，共话桑麻。因此，国事、家事与客家历史等种种话题被提到日程上来。客家研究机构也不断发表客家研究论文和专著。在将近20年间，客家研究形成高潮。就梅州而言，出版客家著作近百部，研究论文不下千篇。这种盛况体现了客家文化研究事业兴旺发达。20世纪初，客家研究表现为两个高潮，当时著名学者顾颉刚、罗常培、章太炎等均致力倡导客家研究，并委派罗香林编《客家史料丛刊》（这一时期罗香林的《客家研究导论》是其主要代表）。但是，在这之后的几十年时间里，尤其在“文革”十年期间，除了偶尔出现关于客家方言的零星文章外，客家相关研究一度中断。20世纪80年代开始，随着国家的改革开放，客家地区新生事物不断涌现。在大陆各个客家省（区）出现客家联谊社团、客家研究机构，客家文化交流比以往任何时期都更为频繁。因此，客家学的研究也与时俱进。以文献资料与社会调查相结合，以理论创新与研究方法相结合，总论客家学的传统与新出现的重大问题，在研究前人的基础上又前进了一步。因此，自80年代以来的三十年里，客家研究才再度兴盛，形成第二个高潮。特别是90年代以来，华东师大客家研究中心和闽西客家研究会成为代表，他们在前人研究的基础上，试图以建立客家学理论体系为目标，进行理性探索和深化研究领域。他们给客家学下定义，研究客家民系的历史、现状和未来并揭示其规律，对诸多概念如客家文化、客家精神、客家民系

① 谭元亨主编：《海峡两岸客家文学论》，香港：中国评论学术出版社，2006年，第48页。

的时空界定、客家语言与民俗等给予了学术上的概括，而且力求准确。①

值得引起重视的是在广东嘉应学院客家研究所（现升格为客家研究院）和江西赣南师范学院客家研究所等机构共同参与下，法国远东学院和附属社会科学院联合开展了“客家传统社会”研究计划。它由法国学者劳格文和福建省社会科学院客家研究中心的杨彦杰共同主持，以90年代初为起端，规模比较庞大，参与的学者众多，达数十位。同时动员了不少地方史的研究人员、一些当地的“民族志”工作者，他们在实际的田野调查中，凭借天时地利人和把乡土文献与实地调查有机地结合起来进行取证分析，从而得出相关结论。并且首次把文化人类学的视野与方法引入客家研究领域。他们先后在赣南、闽西、粤东与粤北等客家地区进行了田野作业，经过实地调查研究先后取得了一系列学术成果：《闽西客家宗族社会研究》（杨彦杰著，1996年）、《梅州地区的庙会与宗族》（房学嘉主编，1996年）、《闽西的城乡庙会与村落文化》（杨彦杰主编，1997年）、《赣南地区的庙会与宗族》（罗勇、劳格文主编，1997年）、《梅州河源地区的村落文化》（房学嘉主编，1997年）、《赣南宗族社会与道教文化研究》（刘劲峰著，2000年）、《韶州府的宗教、社会与经济》（曾汉祥等编，2000年）、《粤东三州的地方社会之宗族、民间信仰与民俗》（谭伟伦主编，2002年）等，不一一列举，其研究成果十分丰硕。②

“客家传统社会”研究计划另辟蹊径地开展了客家学研究，突破了传统的从谱牒、故纸堆中寻找依据的原始研究方式，其真实可信性大大加强。它的成果涉及一些专题性的研究，如客家服饰、饮食、礼俗、音乐、舞蹈、曲艺等，并且超越现有的成果，从两性文化、宗族组织客家学研究内容，进而发展到教育领域，客家学研究不断深入。客家地区的共性及不同客家地区的差异研究也在取得进展，而且这个计划的实施在客家学研究中一直延续。伴随时代的经济大潮，广东以文化强省身份走向全国，客家学研究再度出现好的势头。

21世纪以来，学者在已有成果的基础上，分别以地域、人物和客家文化的个案研究为主组织编写了客家研究系列丛书，由广西师范大学出版社出版，包括《四川客家》（陈世松主编，李映发副主编，2005年）、《香港客家》（刘义章主编，2005年）、《博白客家》（彭会资、陈钊主编，2006

---

① 吴琪文主编：《客家学文献荟萃》，北京：中国文联出版社，2004年，第175页。

② 王东：《那方山水那方人：客家源流新说》，上海：华东师范大学出版社，2007年，第14页。

年)、《江西客家》(周建新等著，2007 年)。也就是在这个时候，由梅州市委宣传部牵头，联合华南理工大学客家文化研究所、深圳市文联客家研究室、嘉应学院客家研究院编撰了“客家研究文丛·客家与梅州书系”，2006 年由华南理工大学出版社出版，包括《客家艺韵》(杨宏海、叶小华编著)、《客都梅州》(叶小华、谭元亨等编著)、《客家之子》(谭元亨、黎娟等编著)、《客家新探》(谭元亨著)、《客家围屋》(黄崇岳等著)、《客家方言》(温昌衍编著)，涉及客家学中文学、方言历史、地理、教育等方面。2007 年 7 月广东省教育厅组织专家全面深入地评估论证，正式批准嘉应学院客家研究院为“广东省普通高校人文社会科学省市共建重点研究基地”，这说明嘉应学院的客家学研究的领先地位。当然这种领先地位的形成是与梅州地处中心的天然地理优势息息相关的，这更是嘉应学院客家研究院长期潜心研究客家学的结果。30 多年以来，嘉应学院依托客家文化资源与地理资源的优势致力于民俗、历史、社会、方言、美术、音乐、建筑等文献和口述史的收集与整理，从不同的视角、不同的层面，多学科地开展客家人文资源的挖掘与研究，发展和完善客家学研究理论与方法。其特色是把人类学的田野调查、“参与体验”的方法与历史学的文献训诂、考据、文本解读方法结合起来，取得了丰富的研究成果。① 尤其，2010 年由吴善平主编的“十一五”国家重点图书出版规划项目“客家研究文丛·客家古邑文化书系”，从民俗、诗文、方言、史要、文物、山水、探源、艺韵、传说、民居、恐龙之乡等方方面面对客家的特色进行了介绍，包含山川胜迹、地方传说、人物风华、民俗之醇、人物之美、艺术之珍……展现了河源客家绚丽多姿的历史画卷。②

时至今日，客家学研究方兴未艾，呈现出一种良好互动的局面。

二、客家学研究存在的问题与面临的挑战

目前，当务之急是研究如何在原有研究的层面上，进一步挖掘客家文化的深刻内涵，研究与保护客家文化。这项工程浩大，其涉及面相当广泛。客家文化研究应突破以往的历史框架和辩护性目的束缚，从那种粗浅、狭小的格局中走出来，以全面性、特色性、系统性、文化性的研究为目的，以丰富的内容、深刻而独到的文化阐释来建构客家文化格局，揭示独特的客家文化精神。

---

① 肖文评主编:《罗香林研究》，广州：华南理工大学出版社，2008 年，第 2－3 页。

② 吴善平主编:《客家研究文丛·客家古邑文化书系》，广州：华南理工大学出版社，2010 年，第 3 页。

建立客家学，共识是前提，策略是关键，推动是环节，科目是基础。客家学是一门用科学的观点和方法去研究客家民系的历史、现状和未来并揭示其形成、发展规律的学问。正如关泽教授在《建立客家学刍议》一文中所指出的：客家学的内涵应该是全面又系统地研究客家民系的源流、社会经济、语言、文字、民俗文化、心理情感、民系意识等的发生、发展及演变过程，揭示这一民系的发展规律并科学地预测其未来趋势。客家学的外延是：从历史学、社会学、人类学、民族学、语言学和民俗学等众多学科的视角出发，全面地、多方位地研究客家民系与汉民族共同体及中华民族大家庭、大文化的关系，分析客家民系个性与特征，揭示这些个性与特征在文化人类学上的意义，进而科学地论证客家民系对汉民族、中华民族乃至整个人类所作出的重大贡献及其原因。

客家学的建构与研究基于对客家文化的建构与研究。笔者在前人研究（本人掌握的现有资料）的基础上，对其研究成果作了一个概述。几十年来，客家学的研究成果的确不少，但是，也存在不足。如果要对这种研究状况进行概括的话，20 世纪的客家研究存在的基本问题，一是论题狭隘，主要局限在客家源流和方言两大专题上，二是主观臆断，情感色彩浓厚，科学性、理论性不够充分，这尤其以客家源流的研究为甚（在此不作展开论述）。

客家学是一门多学科边缘而又独立的学科。客家学的构建大致从客家学导论、客家民系学、客家历史学、客家方言学、客家文化人类学、客家民俗学、客家作家文学、客家民间文学八个研究方向进行。① 在这八个研究方向建构客家学的过程中，客家作家文学、客家民间文学是客家学构建中最为薄弱的两个环节，这两个环节不进行有效的研究补偿，势必影响整个客家学的建构。在此，笔者不想对已取得实际成果的客家学导论、客家民系学、客家历史学、客家方言学、客家文化人类学、客家民俗学再进行评述，以免赘余，仅对客家学研究尚存缺陷的客家作家文学、客家民间文学两个方面，阐述个人的观点与看法，企图提出自己的构想。

1. 客籍作家文学的研究与存在的困境

在强调客家学研究的同时，其共同的人性与世界性文化的共同因素是不容忽略的，它们打造了客家文化与世界文化的民系的、民族的、美学的、哲学的共同基础，并且 20 世纪的历史条件和文化环境提供了这种可能。这种人文品格主要体现为客家文学的建构。因此，在客家学的建构

---

① 吴琪文主编：《客家学文献荟萃》，北京：中国文联出版社，2004 年，第 63－64 页。

中，客家文学是重要的一环。

那么，什么是客家文学？为了回答这个问题，就必须清楚客家文学概念的基本内涵与特征。优秀的客家文学作品，必须积淀深厚的客家文化底蕴，凸显客家人文精神的独特气质。客家文学应该克服偏狭的地域观念，以一种开放的姿态，对各种文化兼容并包，以更好的想象力与表现力去创造出具有深刻思想内涵与精美客家艺术特色的作品。有学者主张凡是客籍作家创作的作品以及非客籍作家创作的客家题材的作品均属客家文学。①

客家文学十分丰富，它记录了客家人的思想感情和生活感受，它不仅有文学性，也具有民俗资料价值。客家文人和文学蕴藏相当丰富，它可以分为两类，一是著名诗人如近代诗人黄遵宪、丘逢甲、温仲和的诗歌文学，以及现当代作家、诗人如张资平、李金发、蒲风、林兰修、楼栖、杜埃等人的文学作品，这一类文学作品已汇入中华文学之流；二是普通作家作品，如清人胡曦辑《梅水汇灵集》、张煜南辑《梅水诗传》、古直《客人丛书》、罗香林《兴宁丛书》等都很重要。当代客籍作家程贤章、谭元亨等的作品也非常重要，应该组织研究。

客家文学创作出了客家人生存的苦难与欢欣，早期如宋湘、黄遵宪、易堂九子、贞堂文士等，或以其循吏品质建言立传，或以其卓尔风范传承文化精神，含英咀华，默默地构建客家文化大厦，如惠州丰湖书院徐旭曾《丰湖杂记》所言客家人"其忠义之心，可谓不因地而殊，不因时而异矣"。台湾钟肇的《台湾人三部曲》、谢霜天的《梅村心曲》，梅州程贤章的《围龙》与《大迁徙》、谭元亨的《客家人三部曲》，赣南李伯勇的《寂寞的欢爱》《轮回》《旷野黄花》，还有福建张永和的《胡文虎》等作品写出了客家人生存的境遇与悲欢。② 黄伟经与刘发清主编的《客家名人录》，还记录了报告文学、诗歌、散文等。还有充满浓郁客家乡土气息的"射门诗社"年轻人的新诗、台湾的黄恒秋利用纯净的客家方言创作的方言诗歌，③ 成为一道特别的充满客家风情的文学风景。

应该引起重视的是，改革开放三十年来，"新客家""新移民"的称呼

---

① 杨洪海、陈亮谦、侯复生：《客家文学研究的盛会》，《客家研究辑刊》1999年第1期，第3页。

② 钟俊昆：《客家文学创作与批评：全球化背景下的构想》，《客家研究辑刊》2005年第1期，第90页。

③ 罗可群：《"增强客家意识"，大步走向世界——从可嘉文学的现状谈精品创作》，载《客家文化与全球化国际学术研讨会论文集》（下），嘉应学院客家研究所，2003年，第68页。

已经不新鲜，这种作家在全国不少见。所谓“青年女作家群”“青年诗人群”“深圳作家群”等业已形成，共同构成了广东的“新移民写作”。评论家张燕玲称之为“充满时代感与丰富性的新的文学板块”。[①]

对于客家文学的研究成果，主要集中于新时期以来的研究。钟俊昆的《客家文学史纲要》第一次在相当宽广的基础上梳理了闽西、赣南、粤东客籍作家的创作成就，志在联结全球客家人的情感，弘扬客家文学。林运来的《李金发与象征派诗歌》，周晓平的《张资平与李金发文学作品的比较研究》《思考与回归：郭沫若文学创作思想的深层构成》，以及佛山科技大学文学院的吴小黎教授、岭南师范学院的张应斌教授、嘉应学院文学院的曾令存教授从历史、民俗、宗教方面对客家文学进行了阐释。当然，学者们对于当代客籍作家的一些作品如程贤章、谭元亨等人的作品也有一些评论与介绍。

但是，学科建设密切联系的是学科方向、学术队伍、科学研究与学术交流的具体内容。由于客家文学作为一个学科还未成熟，加上研究者的偏爱，涉足其中进行研究的人相对较少，人们对于具体作家，尤其是远离了当代的客家作家及其创作史料的挖掘相当不够。客家文学研究的学术空间有待拓展，客家作家的创作水平、影响程度有待提升。总体而言，目前客家文学的批评研究非常不景气。正如钟俊昆教授认为，对于客籍作家的作品的研究，一方面停留在一般性的评价、推介上，客家文学作品发表后更多地是以作家为中心来介绍，而较少以作品为中心去作纵横比较研究；二是一些客家文化研讨会对客家文学研究重视的程度不够。即使对“新客家”作家创作的研究也显得相当不够，主要因为“新客家”作家的优势与劣势均在于故乡与移居地带来的文化反差。正如江冰认为，“以新客家身份移民南粤商业古都，其实也有借助一方水土崛起于文坛的可能，新客家自有新客家的视野与胸襟，不同文化熏陶形成反差就是优势”。然而，对客家方言熟悉与否与对新移居地的感情强烈程度，都可能影响“新客家”作家创作。在客籍作家与创作的理论研究上也出现类似情况。

2. 客家民间文学的搜集整理及其研究困境

客家民间文学相当丰富。在漫长的岁月里，客家人用歌声陪伴着自己的劳动，用歌舞戏剧再现各种劳动和生活场景，用谚语来总结生产和生活的经验，用各种神话、传说、故事来反映现实，表现理想。这些民间文学

---

① 江冰：《广东文化的自信与文学的“本土言说”》，载《“中国新文学学会第二十八届年会”暨“萧殷与中国新文学批评”学术研讨会论文集》，中国新文学学会，2012 年，第 242 页。

作品记载了客家人奋斗的历史，表现了客家人喜、怒、哀、乐的感情。这些民间文学是研究客家学的绝好材料。一是已成书和尚散传于民间的近代、现代、当代的客家歌谣、民谚、故事等相当之多；二是客家戏剧、民间音乐、民间舞蹈等也是一个宝库，它表现了客家人民在各个时代和各种生存环境中的精神状态，这些材料是客家学研究的第一手原始资料。

近现代以来客家民间文学的研究主要是客家人在做。客家民间文学更富人文价值，如张之田《梅州竹枝词》、胡曦《兴宁县竹枝词杂咏》、梁伯聪《梅县风土二百咏》。黄遵宪、罗香林、李金发、钟敬文、朱希祖、黄药眠、古直等学者、诗人、作家有较多的客家民间文学创作、整理与研究成果。他们积极从事客家民间文学方面的整理工作，特别是梅州山歌的搜集与整理出版，如黄遵宪认真研究民歌，探索民歌特别是客家民歌的基本特色：歌词清丽，声调纯真、天然，情感真挚缠绵，抑扬顿挫等。他收录客家山歌十五首，保存在《人境庐诗草》手写本中，如前后“序语”和“题记”五则。黄遵宪有意识为之，对客家山歌在思想内容和艺术形式上进行鉴赏评判，其中闪烁着他的真知灼见，学术价值很高。在现代，整理客家山歌的作品有李金发的《岭东恋歌》、杨晶华的《岭南歌谣》、罗香林的《粤东之风》、钟敬文的《客音情歌集》等，还有散见于《歌谣周刊》《民俗周刊》上的一批客家山歌，使客家山歌从此步上了文学的殿堂。在历史方面，他们认为从民谣中，可以考察国民的思想、民俗。并且可以使民众成为研究对象，增强中国民俗学研究的典型性与代表性，突破古籍文化资料的限制，使研究具有广泛性、全面性与系统性。由此推动了客家歌谣的搜集整理工作，让人们认识了客家民间文学的精髓。

改革开放三十年来，伴随客家学的兴起，出现了不少客家文化方面的有心人。赣南客家地区的演恩萱（《严谨文存》）、杨遵贤（《对联雅俗谈》等）、杨启昌（《昌平斋闲谈》）等十分重视对赣南客家民间文学的记录与整理，在客家对联、熟语等方面花了大量的工夫进行实际调查。广东梅州市的黄火兴（《客家情歌精选1900首》《梅水风光——客家民间文学精选集》等）、胡希张（《客家山歌知识大全》）、罗英祥（《客家情歌精选录》）、曾海丰（《梅县采风集》）等也对客家民间文学，特别是对梅州客家情歌情有独钟。松口山歌歌手“甜妹”童爱娜、“金嗓妹”廖小荣、山歌大师汤明哲、余耀南等作为客家的民间艺人，[①] 把客家山歌演绎得非常

① 钟俊昆、曾晓林：《客家民间文学研究现状与后续发展论》，《农业考古》2010年第6期，第394页。

精妙，而且自编自创山歌剧。陈扬明先生对客家山歌情有独钟，他一生大多数时间中都在收集、采访民歌，研究客家山歌，并为家乡撰写地方志。

20 世纪 80 年代，闽粤赣客家地区有不少文史工作者积极地投身于民间故事、民间歌谣、民间戏剧等“三套集成”的采写，现在出版的这类成果显得极为珍贵，里面收集了大量客家地区的民间文学作品，这也是很好的研究对象与材料。① 叶云章、黄火兴的《客家山歌欣赏》，杨宏海、叶小华的《客家艺韵》，罗可群先生的《广东客家文学史》有专章论述。虽然杨宏海、叶小华的《客家艺韵》还是偏重对客家民间文学的收集整理，但是很有学术价值，其书编撰遵循三条编撰原则：一是学术性；二是可读性；三是资料性。赣南师院的钟俊昆教授和韶关学院的王焰安教授、曾汉祥教授陆陆续续有一些有关方面的理论文章出现。尤其是钟俊昆、曾晓林教授的《客家民间文学的研究现状与后续发展论》对客家民间文学研究进行了回顾与展望，但对客家民间文学的后续发展研究的困境也感到担忧。周晓平发表了《要重视对客家民间文学的研究——兼论客家民间文学应澄清的几个问题》（《嘉应学院学报》2004 年第 4 期）、《客家文化土壤中一枝鲜艳的奇葩——论作为重要课题研究的客家民间文学》（《赣南师范学院学报》2010 年第 4 期），进而在田野作业的基础上，经过调查研究，撰写了《客家民间文学与客家妇女历史地位的深层构成——以客家哭嫁歌为研究新视角》（《嘉应学院学报》2010 年第 1 期）、《客家民间文学与客籍作家的互动——兼论黄遵宪与客家民间文学的关系》（《济宁学院学报》2011 年第 4 期）等论文，试图在理论上对客家民间文学的相关论题进行阐释，并且提出了一些可供参考的相关问题。

尽管如此，客家民间文学这块领域的研究仍非常薄弱，研究成果十分有限。至今还没有一本较系统的关于客家民间文学的理论著述，这不能说不是一大缺憾。对于客家民间的研究还仅仅处在一种搜集整理的初级阶段，并未在真正意义上对客家民间文学在学理上展开论证分析，研究论题狭隘，不少研究仅仅集中在山歌与地方剧。必须指出的是，客家民间文学是一个宽广的文学概念，蕴含丰富的哲理和多方面的价值，必须从多个角度、多种层面加以研究。目前，研究客家民间文学的人零乱而松散，从事研究的人员少，更不要说以专业从事研究的人员了。人们对于客家民间文学的研究认识不清，重视不够。研究内容简单，研究方法粗糙，甚至用客

---

① 钟俊昆、曾晓林：《客家民间文学研究现状与后续发展论》，《农业考古》2010 年第 6 期，第 394 页。

家山歌研究替代对客家民间文学的研究，在理论上缺乏应有的深度。客家民间文学艺术异彩纷呈，从山歌剧、木偶戏、采茶戏到舞龙灯、舞狮灯、鲤灯、马灯、船灯、罗汉灯、茶蓝灯等，丰富多彩，许多在“老家”早已失传的民间艺术、民间戏剧和古老的地方剧种，在客家的土地上却得到长足的发展，如傩舞、大腔傀儡戏、肩膀戏、梅林戏、南词等，遗憾的是没有得到研究。研究者的偏颇，使研究限于浅尝辄止，没有进展。

多年来，客家民间文学的研究没有得到清晰的梳理，人们对其研究未能达成一种基本共识，缺乏有效的交集，众说纷纭。研究者对其的认识依旧是含混的。人们对客家山歌的研究则集中在各地客家山歌的搜集整理与介绍与比较。客家民间文学的收集、分类、比较固然重要，但还得上升为理论研究层面。在这方面，劳格文教授是可效法的榜样。他对客家地区十多个县的民间流行的山歌做出全面而深入的田野调查，如果我们做到如此工夫，那么客家民间文学的研究，将会有一个新的突破与进展。

三、客家文学构建的路径与分析

客家文学（包括客籍作家文学与客家民间文学）研究要进一步取得较大的成就，一是要进一步深入实地，全面调查、搜集资料（这一方法尤其对客家民间文学研究显得格外重要）；二是要努力开掘课题，着重理论研究；三是要加强科研队伍的建设。

整个客家文学的构建显得非常单薄。当然，客籍作家的研究相对于客家民间文学的研究来说要成熟一些。客家文学的研究，无论是对作品进行搜集、整理还是对作品进行专题研究，都同等重要。材料获得的渠道很多，可以从别人发表的论文书面文章中获得；可以通过同行的交流、结识与交谈获得；可以通过信息网站（互联网）获得；可以通过亲自深入实地调查获得等。各种材料的使用目的和场合有差异，调查材料的方式与方法有不同，如普遍调查和有具体目标、具体对象的调查各有分别。[①] 鉴于客家民间文学的理论研究还仅是刚刚起步，学术地位并不高，所以理论研究还得从最基本的层面做起，要进一步拓宽研究空间。客家文学的研究势必与客家民俗、历史、地理、宗教文化等相关学科联系起来交叉研究，把客家文学的研究渗透到这些相关领域，扩大其研究范围，并从其他交叉学科的研究中得到启示，积极组织申报客家文学方面的各类各级课题（包括省、部、国家课题），争取各种研究经费，取得相关部门的支持。“积极申

① 杨春茂：《傈僳族民间文学概论》，昆明：云南教育出版社，2002 年，第 78 页。

报各级纵向研究计划，或者与政府部门、与企事业单位合作，策划将客家文学物化为旅游资源，通过一些项目带动吸纳科研经费的挹注，以此来实现更高的研究目标，促进客家文学研究有效地服务社会。”① 客家文学的研究人员大多来自各高等院校，主要是闽西、粤东、赣南客家地区高校，以及港、澳、台地区的客家高校及其客家研究机构。研究人员文化素质较高，研究潜能大，但是人员分散。这就需要加强世界性的客家文学交流与通力合作，让客家文学走出中国、走向世界。与此相反，任何闭门造车、自以为是的研究方法都是有害的。要加强客家文学研究队伍的建设，有计划地培养一些高层次的专门研究人才。比如1996年经上级部门批准，在华东师大史学所客家研究中心开设客家学硕士研究生班；在以钟俊昆教授为领衔导师的带领下，赣南师范学院开设了客家民间文学与民俗学的研究生班，也是志在培养客家学研究方面的专门人才。建设一支老、中、青相结合的科研队伍，加强这个队伍内部的团结，增强与其他各学科科研工作者之间的合作，并有意识地让他们加入客家文学（客家学）研究的行列中来。在客家文学（客家学）建设的具体实施过程中，有计划地进行实地考察，有的放矢地组织高质量的学术交流和合作。应该引起关注的是，正如其他研究领域一样，在客家文学（客家学）构建研究的人员内部似乎也存在搞小圈子、拉帮结伙或因嫉妒贤能排挤他人的毛病，这种思想是不应该存在的。

四、结语

“没有中华民族，客家没有意义；没有中国（现代）文学，20世纪客家文学的研究也没有意义。所有这些客家文学的意义，正是20世纪中国文学走向世界的历程中才显示出来。”② 换言之，客家文学的创造与研究正是在中华民族这一宏大的背景下发生、发展的，结合中华民族伟大的历史进程，客家文学的研究才有深层意义。客家学的建构正是在中华民族文化这么一个宏阔的背景下产生与发展的。在现有的条件下，客家学的建构初见端倪，客籍作家文学、客家民间文学的构建与研究显得十分重要，忽视不得。客家地区是一个名副其实的民间文学交汇地，既有大量古籍文献有待挖掘，又有众多民系资料等待研究，还有成千上万的新民谣、笑话、传说

---

① 钟俊昆、曾晓林：《客家民间文学研究现状与后续发展论》，《农业考古》2010年第6期，第396页。

② 徐肖南：《走向世界的客家文学·前言》，广州：华南理工大学出版社，2001年，第4页。

故事不断涌现。对其进行挖掘研究，既是为了构建客家学的需要，也是为了民族文化传承的需要。

参考文献

1. 谭元亨主编：《海峡两岸客家文学论》，香港：中国评论学术出版社，2006 年。

2. 吴琪文主编：《客家学文献荟萃》，北京：中国文联出版社，2004 年。

3. 王东：《那方山水那方人：客家源流新说》，上海：华东师范大学出版社，2007 年。

4. 林碧江主编：《客家研究文丛·客家与梅州书系》，广州：华南理工大学出版社，2006 年。

5. 肖文评主编：《罗香林研究》，广州：华南理工大学出版社，2008 年。

6. 吴善平主编：《客家研究文丛·客家古邑文化书系》，广州：华南理工大学出版社，2010 年。

7. 杨洪海、陈亮谦、侯复生：《客家文学研究的盛会》，《客家研究辑刊》1999 年第 1 期。

8. 钟俊昆：《客家文学创作与批评：全球化背景下的构想》，《客家研究辑刊》2005 年第 1 期。

9. 罗可群：《“增强客家意识”，大步走向世界——从可嘉文学的现状谈精品创作》，载《客家文化与全球化国际学术研讨会论文集》（下），嘉应学院客家研究所，2003 年。

10. 江冰：《广东文化的自信与文学的“本土言说”》，载《“中国新文学学会第二十八届年会”暨“萧殷与中国新文学批评”学术研讨会论文集》，中国新文学学会，2012 年。

11. 钟俊昆、曾晓林：《客家民间文学研究现状与后续发展论》，《农业考古》2010 年第 6 期。

12. 周晓平：《客家文化土壤中一枝鲜艳的奇葩——论作为重要课题研究的客家民间文学》，《赣南师范学院学报》2010 年第 4 期。

13. 杨春茂：《傈僳族民间文学概论》，昆明：云南教育出版社，2002 年。

14. 徐肖南：《走向世界的客家文学·前言》，广州：华南理工大学出版社，2001 年。

记忆与重构：客家学研究的影像表达

——对闽西客家民俗文化独立纪录片的分析

周云水[①]

客家学者徐旭曾发表《丰湖杂记》至今已200多年，而客家学研究鼻祖罗香林的奠基之作《客家研究导论》也已走过80多年的历程。进入21世纪以来，伴随着方兴未艾的客家研究，以闽粤赣边客家地区为代表的客家传统社会，正在经历一场前所未有的大变革。20世纪90年代沿海地区的改革开放，给毗邻沿海经济发达城市的客家山区传统文化带来的冲击，如今已经基本得到了清晰的展示。在客家传统文化发生摧枯拉朽般的变迁时，客家学研究该如何进行方法论的更新？这是当前从事客家学研究的学者需要思考和面对的问题之一。本文从笔者对客家人宁元乖[②]拍摄的四部记录闽西客家传统文化变迁的独立纪录片入手，分析拍摄者自身的想法及其对影视表达手段的利用技巧，接着在影视人类学的框架内探讨客家民俗文化纪录片的实际意义，最后从客家学方法论的角度讨论影视表达手段对于客家文化变迁研究的重要性。客家学是以客家民系作为研究对象，以客家民系的历史、现状、未来和客家人的语言、性格为内容，以揭示客家发生、发展、流变规律为目标的一门综合性社会人文科学。[③] 本文提出以可操作强的独立纪录片作为载体，以影视表达的方式记录和分析客家传统社会和文化的变迁，在学科方法论的研究上将会是一件十分有价值的事情。

一、展示闽西客家传统文化的四部独立纪录片

客家人生活在闽粤赣边境的崇山峻岭间，操几乎相同的口音，讲述着几乎相同的家族迁徙故事，在族谱上都几乎相同地记载着，在中古的某一个时候，家族的祖先为了躲避战乱，从现在的中原一带往南迁移，经过江

---

① 作者简介：周云水，男，人类学博士，嘉应学院客家研究院助理研究员。

② 宁元乖，独立纪录片导演，笔名“鬼叔中”，福建宁化人，诗人兼独立纪录片导演。2008年，他开始在福建宁化境内，对独特的客家民俗农事、传统工艺等非物质文化以纪录片方式进行抢救性搜寻拍摄。

③ 万陆：《客家学论纲》，《赣南师范学院学报》1994年第2期。

西一带，或开基，或继续南奔，东迁福建，千百年子孙绵延不绝，播撒广东、福建乃至海外。在漫长的客家迁徙历史中，逐渐形成了广东嘉应州、福建汀州、江西赣州等客家文明中心。其中，闽西宁化石壁经过学者和民众的互构，已经成了客家人心目中的“麦加圣地”，不仅频频出现在各大姓氏的族谱中，也成了全球客家人认同的文化符号。

在客家人日益强调族群认同的21世纪初，四部详细捕捉并体现客家传统社会和文化变迁的独立纪录片引起了笔者的注意。有人认为，纪录片是改变社会的一种工具，甚至是一种武器。[①] 独立纪录片主要具有两个特点：一是在资金方面，不依托于体制，作者在筹措、运作拍摄资金方面有着相当的责任和权力，并能够有效控制作品的发行渠道；二是在创作方面，没有商业化和播出的压力，作者的创作理念不受外部人为因素的制约。独立纪录片追求真实的个人化表达，这种以个人方式对历史的感知和书写，试图“以老老实实的态度来记录这个年代变化的影像”[②]。独立纪录片拍摄者坚守个人的价值立场，从个人视角对人性、生存状态、地域文化、人文形态等进行发掘与镂刻，讲述个人感受、体验、理解和叙事，而这正是当前客家学研究所缺乏的态度。

在四部闽西客家文化独立纪录片中，拍摄者以朋友的身份，倾听客家乡村农民的内心独白，并捕捉到一个个生动的情节瞬间。田野调查式的跟踪及深入，拍摄到乡村社会村民生活的方方面面；而小型便携式的摄像机，则为拍摄者的创作提供了更为自如的技术条件。[③] 从纪录片反映的客家传统文化来看，主要聚焦于传统农耕文化的失落和解体，这也是当代中国农村正在共同面对的议题。在客家传统农耕文化让步于市场和商业文化的过程中，客家学研究能做什么？这四部纪录片已经给出了一个清晰的答案：借助影视表达忠实记录！

《老族谱》《玉扣纸》《畲谷纪》《罗盘经》这四部纪录片给我们梳理出闽西宁化客家文化的一个大体脉络。从这样的脉络中，我们可以看见拍摄者心中对闽西客家文化的深深眷恋，可体会到传统文化之象征资本的重

---

① ROSENTHAL A. The documentary conscience: a case book in film making. Oakland: University of California Press, 1980.

② 王卓慈：《修复失忆的影像表达》，《杭州师范学院学报（社会科学版）》2005年第2期，第82－83页。

③ 郑伟：《记录与表述：中国大陆一九九〇年代以来的独立纪录片》，《读书》2003年第10期，第76－86页。

要性。①

纪录片《老族谱》是一部以闽西北客家传统工艺为题材拍摄的人文纪录片，试图“记录一次修谱以及其中的纠结，并记录一次雕版木活字手工印刷”。“老族谱”指的是福建省宁化县曹坊乡石牛村的一部清末族谱《童氏族谱》，它的最后修订时间为中国最后一个皇帝（宣统帝）在位时的最后一年，即1912年，始修年代不详。该谱载，元初，童四六任教谕，从江西迁居清流四堡童坊，其第四子童四郎迁居宁化石牛村（亦称双石村）。影片记录的正是时隔90多年后，石牛村童氏后裔七修族谱的过程。

修谱先生邱恒勇是1979年出生的年轻人，修谱采用传统手艺，也就是玉扣纸的雕版木活字手工印刷，一天只能印几版，一版印完，再拆掉排新版，工序十分烦琐，但是能保存上几百年的时间。片中密密麻麻的木活字在木盘上整齐排列。前八盘是常用字；第二盘是子、午等出生时辰；第三盘是一、二、三等数字；第九盘开始，就按词典的顺序排列。邱恒勇要照着旧族谱开始拣字，拣完后嵌入排版盘，用大棕毛刷子蘸墨水，在铺好的玉扣纸上用棕毛团有力道地拍，字就显现了。由于一个字一般用上500次左右就会磨损，修半年的谱，修谱者要重制2 000个字。《老族谱》拍摄耗时超过半年，雕版木活字手工技艺以及族谱祭祀发放的仪式过程都在片中展现，拣字、排版、裁玉扣纸、印装、祭谱、入箱、打醮、游谱、发谱、谢师等程序都是修谱时必备的。

客家人热衷于寻根问祖，追本溯源。活人要在族谱中安身立命，死人也希望在族谱中安身立命，万一有漏，麻烦事生。本片记录了闽西宁化石牛村童氏族人在重修族谱过程中的种种遭遇，以及他们中各色人物对“家族事件”各自的理解。同时，这部影片也记录了雕版木活字手工技艺以及族谱祭发的仪轨，体现农耕文化的厚积。影片所拍摄到的濒危珍贵的千年木活字印刷工艺，目前仅在宁化一带个别山村还存在。影像记录之后的延伸工作——思考传统与现代对接，盘活古老的手艺，比如土法造纸、木活字印族谱。

纪录片的焦点虽是族谱的修订，但人事纷繁。不过，根据族谱修订所遵照的程序，我们仍能粗略地勾勒出两条主要叙事线索：第一条是围绕修谱师傅邱恒勇（邱志强）和巫松根（巫立鸣）展开的，主要表现雕版木活字手工制谱的工艺流程；第二条线索主角是以石牛村童氏七修族谱理事会为代表的童氏村民，主要围绕族谱考订和祭发谱仪式展开。当然，这两条

① 周云水：《文化资本与客家族群传统的再造》，《龙岩学院学报》2012年第1期。

线索有时各行其道，有时又齐头并进。这两组人物既是联系的——大部分祭发谱仪式需要他们共同组织参与，又是矛盾的，是雇佣与被雇佣的关系，这个矛盾通过合约得到解决。

纪录片从修谱师傅这条线索出发，记录下雕版活字手工印刷族谱的技艺。这层叙事主要出现在纪录片的前半段。从这条线索延伸出的一些元素有：①雕版印刷和活字印刷这两种传统印刷方法。②机器印刷与活字印刷的优劣比较。在影片中，有人问："修谱为什么一定要用活字印刷，电脑打字不是更方便吗?"村民自己做了回答：虽然电脑印刷省时省力省钱，万余元即可，而采用玉扣纸的雕版活字手工印刷"一天只能印几版，一版印完，再拆掉排新版"，工序烦琐，可是能保存上百年的时间。③修谱手艺传承的困难。邱师傅自道："有个徒弟，跟我学了半年，后又停了两个月没有修，现在去混社会了。"

从童氏村民这条线索出发的一些细节体现了与族谱有关的祭祀活动。这层叙事主要出现在纪录片的后半段。由此线索延伸出的主要元素有：①族谱的著录。②大量的谱祭仪式，有裁谱、起师、祭谱、入箱、打醮、游谱、发谱、谢师等。《老族谱》抓住一些日常生活细节，如对"生死"的关注。记录生死是人类才会有的举动，从某种程度上说，族谱是一部"生死书"，是记载生命更迭的万年历。虽然"有生就有死"是一条至理名言，但是对族谱的修订来说，"何时生""何时死"才是最重要的。在《老族谱》中，关于"广大姆"，著录员坚持要确定其"生日"和"卒日"后才能入谱，光是听别人说还不行，必须要有实证。村妇在巷道闲聊算命瞎子测死亡的无能，也是这个主题的延伸。

"卒谱"记录的是死人，"添丁谱"则是载入新人。新人是生命力旺盛的代表，此处关注的一个细节就是"孩子"，我们能在纪录片的不同场景里看到孩子的身影：伴着手机流行音乐吃母乳的幼儿、打架哭闹的顽童、无聊呆坐祠中的童子、与术士同祈的幼童等。

修谱间隔，一般三十年一修，三十年称一世，也有间隔更长的，甚至百年一修。活人能碰上修谱契机的就已很少，更不必说那些具有主动记录意识和记录工具的纪录片制作者了；何况还是采用纯手工的雕版活字印刷法来修订族谱！用影像记录闽西客家文化的方式，虽说是乡愁情怀的一种表达，但是客观上为抢救性搜寻保护客家文化遗产活动起到了积极的推进作用。影片展示了木活字手工制谱的细节纹理，全片弥漫着闽西乡村日常生活气息和贯穿始末的实录精神，记录一次修谱以及其中的纠结。

宁元乖的第二部独立纪录片《玉扣纸》，约 48 分钟，拍摄于 2009 年

初春的闽西宁化茜坑。玉扣纸是闽西宁化一带传统手工造纸工艺。玉，称其洁白光润，为土纸上品；扣，为昔时计量，一刀二刀之意。手工造纸，工序烦琐，在宁化造纸鼎盛期，据说纸坊五百余槽，年产五万多担。在《玉扣纸》纪录片中，导演对兴许是最后一个采用纯手工造纸方法的乡村作坊做了忠实的记录，并用诗歌和油画般的镜头语言，传神记录了玉扣纸的生产过程。

该纪录片前十分钟是一个幻灯片式的全景展示，犹如预告片；中间三十分钟呈现了玉扣纸的主要制作工序，间或穿插着安静祥和的乡村生活及美丽的风土景致；最后八分钟主要是当地两首民歌的独唱。影片中原生态声音，如鸡鸣声、老木门声、烧火声、滴水声、流水声、搅水声、鹧鸪声和雀子声融为一体。在《玉扣纸》的开头，导演让纯质的声音次第出场，让观众去想象和寻找发声者。导演不单想记录如何制造玉扣纸以及它濒临失传的困境，更想借此表现与这种技术相联系的乡村生活方式的衰微。纯技术的东西是不存在的，相应的技术某种程度上规定了相应人类特有的生活节奏和价值观。一种技术的消失，伴随的是一种生活方式的消失。手工造纸技术并不总是完美的，不总是文化的符号，不总具有质朴的美感，它还是现实的、艰辛的。它的消失不是单纯的技术失传的问题，而是一个群体的生活状态和情感被遗忘、被丢弃的问题。

在《玉扣纸》中，我们看到导演没有过多地渲染工匠们劳作的辛苦，而是用充满着诗意的镜头，表现着匠人们的乐观。尽管透过这部纪录片，我们深深地感到玉扣纸这样一种古老手工艺在濒临失传前的凄凉，但是在画面中找不到这样的情状。导演说，在拍摄这部纪录片之前，已经有六七年没有生产过玉扣纸了。而在拍摄过程中，恰好遇到有位老板订购玉扣纸，所以才有机会拍到玉扣纸的整个制作过程。在说这些的时候，导演流露出了些许的失落，这种失落，源于对玉扣纸这种传统工艺濒临失传的惋惜之情。导演希望可以通过更多的渠道，让更多人知道玉扣纸、了解玉扣纸，进而让玉扣纸得以延续保存下来。

宁元乖的第三部纪录片《砻谷纪》传递了拍摄古老行当所必须付出的耐心。收回谷仓的稻谷要脱粒，脱离谷壳，露出新润的白米，需要借助砻这个脱壳工具。《砻谷纪》中一位年近六十的农夫一板一眼地将一座砻慢悠悠地建造起来。其中美妙的乡村原野风光让人仿佛置身于陶渊明笔下的世外桃源。中间部分也是对客家生活原汁原味的呈现。《砻谷纪》是一部经典样式的人类学民俗志。导演通过一具已经消亡的脱谷农具——“砻”的重制再现历程，用影像记录了正在消逝的农耕时代的某个细节，将几乎失传的砻谷手艺忠实记录下来。

罗盘是地理先生看风水使用的一种工具。罗盘实际上就是利用指南针定位原理测量地平方位的工具，客家风水先生用罗盘格龙、消砂、纳水和确定建筑物的坐向。第四部纪录片《罗盘经》可以分为两大段。第一大段以风水为主，主人公是一位经验丰富的风水师。第二大段以丧葬为主，重要人物有两位，一位是追悼会晚上念诵祭文的，另一位是第二天出殡前为亡者灵魂说唱的。第一段核心是“命”，风水师一直在说着积阴功、修福得福的主题。第二段为亡魂说唱，主题在安魂。念祭文是一种声情并茂的功夫，祭文写得应景，念得肝肠寸断，有一个基本固定的调子和态度，说的都是人生无常。在无常中，劝亡者安心上路，勉生者淡忘失去亲人的悲痛，回到眼前生活中来，延续亲情和爱。这样的仪式，时间或长或短，符合正常人心理和情绪从发生到释怀所需要的过程和助伴。最终，它以儒家孝亲为核心，采用的多是道家的仪轨，内容却以佛经为主。在客家人的延续中，它起到的是所谓“生，吾顺世；死，吾宁矣”的敦伦教化的作用。

二、客家学研究需要借助影视表达历史记忆

自客家迁入闽粤赣地区以后，汉族的文化在族群冲突中处于优势地位，挟政治、经济上的优势，迫使闽东、浙南部分畲族之地形成新的聚居区，原住地畲民有相当一部分则同化于客家之中。[①] 然而，作为创造历史的主体，客家却是首先由他人书写关于自身历史的叙述，成为他人叙述自身汉民族正统的“他者”。

客家民间文化联结着客家人的过去、现在乃至未来，客家人生活在一个既定的文化环境中，实践着长期以来形成的生活方式，接受了祖先恪守的价值观念，并且在具体的生存条件下对传统的生存方式加以再创造，对传统的世界观与价值观进行新的阐发，客家族群生活在由历史一直延续至今的民俗文化之中。

首先，在现实生活中与客家人生活有关的方方面面，都是从事民间文化研究所关注的对象，它们构成了学者对客家民俗之合理解释的基础；其次，客家民间文化具有深厚的传统渊源，学者既要从民众的生活文化中发现其中的再创造因素，也要剔除其表层的民众再创造因素，寻找客家传统文化之所以延续至今的历史发展脉络及其动因。

---

① 蒋炳钊：《试论客家与畲族的历史关系》，载邱权政主编：《中国客家族群研究》，北京：中国工人出版社，1992 年，第 192 页。

进入 20 世纪 80 年代以来，中国大陆的客家研究不仅仅局限于广东梅州一带，赣南、闽西、粤北、粤西乃至四川等地区的客家研究也渐趋深入。与此同时，作为一个“想象”的共同体的客家，也越来越服务于调动海内外客家人的族群认同意识，期望以此推动国家经济文化建设的社会动员，各种具有鲜明地域文化特色的民间文化被客家地区的政府和文化精英们重新发掘出来。就客家文化资源的不断发掘与重新发现而言，我们看到了客家民间文化地域性建构的需求。

客家学者亲身的参与，使个人自传的情感自然地融入一个族群中，成为族群映像的媒介。挖掘族群深邃的历史和文化内涵，离不开深深扎根于这个族群灵魂深处的民风与民俗。长期以来，学界虽然强调民俗学既是历史学，也是现代学，但是，更多的学者只是从历史的角度切入民俗事项的研究。这种研究态度形成了当今中国民俗研究的两大取向，一是普同性倾向，漠视民俗现象的地方性特点；二是社会进化论的线性视野，在潜意识中将民俗看作是现代化的对立面，是停滞的、落后的文化，以传统/现代、野蛮/文明、乡村/都市等二元对立观念作为研究的支配逻辑。当前，需要从“地方性”视野出发，强调地方性文化对于客家族群的普遍性、历史性和现代性的整合经验，才能研究客家文化的历史变迁。

民间的历史叙事与记忆主要体现在口头叙事、地方性仪式以及民间的各种地方性文献之中。当国家的政治环境相对宽松的时候，各种民间的社会组织和叙事声音纷纷浮出历史的地表。另外，民间的力量在认同国家现代性诉求的过程中，既能不断地创造自己的历史，又能以民间的地方性视野叙述着历史事件。

历史的真实并不能为主流意识形态和民间意识形态之间的不同表述所遮蔽，历史并没有像杜赞奇（Prasenjit Duara）所说的，出现了分叉，[1] 分叉的只是受不同的意识形态所支配的叙事。历史叙述主体生存的背景不同，他们所表述的对历史的理解也具有非常大的差异。我们所知道的，更多是处于文化上层的各种历史叙述主体的声音，而那些更多的沉积在历史底层、一向被视为沉默的人们的声音却从来没有被重视。

在不同的社会文化语境下，在族群记忆和个人体验的不同向度上，独立纪录片展示出客家族群的历史、文化、生存环境、习俗和族群情感。纪录片以叙事为主，依照叙事的要求来展示情节、塑造人物、编写对白等。

---

① DUARA P. Rescuing history from the nation. Chicago and London：The University of Chicago Press，1995.

随着大众传媒的迅速发展，手机、便携式电脑、电影、电视、互联网等构成了一个新的环境，从根本上改变了人们传统熟悉的生活习惯。越来越多的人利用互联网作为公共交流的空间。[①] 一方面现实生活中人与人之间的隔离在加强；另一方面新的社区形式不断出现，并产生了特殊的亚文化，比如当下互联网上的客家风情网等，其成员可能遍布全球，在现实生活中也很难见面，却有着十分紧密的联系。这是一种全新的文化实践，媒介是他们交流方式的主导，人们对客家文化的理解，越来越依赖于通过影像表达的客家民俗纪录片。

“读图时代”进一步削弱了文字的地位，而且使得各种纯图像读物很流行，诸如“老照片系列”“老房子系列”等。民俗摄影是以民俗事象为题材的摄影门类，这给摄影人提供了拍之不尽的民俗题材。分析客家民俗题材的拍摄特点与表现规律，可以诠释客家民俗文化的内涵。系统收集并整理客家民俗摄影的图片文献资料，建立客家民俗文化的影像数据库，对于全面了解客家人文历史、居民生存状态及社会现实情况有较强的现实意义和价值。人类学家马林诺斯基曾经说过：“民族学正处在一个十分尴尬的境地。正当人类学者整理好作坊，打造好工具，准备不日开工时，它要研究的材料却无可挽回地急剧消散了。”[②]

影视人类学以影视手段为其根本研究方法，以影视人类学影片为载体，从影视角度研究人类文化，研究人类本身及其所创造的物质文化和精神文化的起源、形成和发展规律等，同时也探讨影视手段的应用方式及其表现形式等。[③]

人类学记录、反映特定人群的生活方式通常采用两种方式：民族志和专题研究。民族志是人类学者通过田野工作即周密地观察、记录、参与异文化的日常生活之后，对这种文化或生活方式所做的整体性描述。专题研究以特定人群社会生活中的某一方面为重点考察内容，进行深入的观察和描述。人类学的专题研究能够深入反映人类社会的复杂性，以及人类社会不同文化因子之间的关联方式，借此可以发现人类生活的共同性。

影像是另一种人类学的记录和表达手段。当我们试图通过影像手段来记录或反映某一人群的生活方式时，首先需要完成有关对象人群的民族志

---

① 张彤彤：《对我国影视人类学研究的几点思考》，《新西部》2010 年第 4 期。

② 马林诺斯基著，梁永佳、李绍明译：《西太平洋的航海者》，北京：华夏出版社，2002 年，第 1 页。

③ 周兴茂：《关于影视人类学的研究对象、方法与基本原则》，《西北民族大学学报（哲学社会科学版）》2005 年第 2 期。

或专题研究作品。而要完成这样的作品在人类学中通行的做法，是至少要观察对象人群经济生活的一个完整周期，多数情况下这个周期是一年（当然有时候这一周期也可跨越数个年度)。没有这样参与式的观察，很难深入、完整地理解对象人群的生活和情感，也就难以准确地理解和解释自己所拍摄到的镜头所蕴含的文化意义。

人类学借鉴影像技术极大地完善了自己的记录手段，但影像在表达社会生活时也存在一定的局限。最为核心的是它难以有效地反映人类的精神文化和行为规则。比如，婚姻是人类学关注的核心内容之一。然而，摄影者多关注婚礼这样隆重热闹的场景，却很少注意到婚姻背后反映的社会阶层、道德禁忌、家族制度、财产继承等问题。影像如何能够自如地表达这些具有深层意义的生活内容？任何表达手段都有其局限，任何作品都很难穷尽“事实”，所有的表达都寻求有效性而不是信息的无限积累。有效表达的诀窍在于选取典型，而要确定某些动作、行为、符号、场景具有典型性，就需要深入了解对象人群文化。

文字的陈述是对场景的抽象与概括，而影像的表达则是对事项的直接反映和记录。将人类学纪录片应用于田野工作，能够大大提高人类学观察记录的质量。第一，影视拥有的记录功能，相当于人的眼、耳，能够把人类学家观察到的视听形象完整地记录下来，并做到视与听、声与画的同步。这种电影笔记资料，既可以与文字记录相辅相成，使调查材料更为充实，又可编辑制作成一套完整、形象化的民族学调查资料。第二，它有优于眼、耳的功能，能够观察记录下常常被调查者忽略或用语言文字难以准确表达的一些视听信息。第三，影像资料能够在现场及时重放，从而为研究记录者当场检验录像效果提供便利。同时还可以请被摄录对象一同观看，通过他们的参与，实现信息反馈，对错误及时修改，对遗漏部分还可能进行补拍，使现场观察记录得到的信息资料更加准确完善。①

客家学的内涵应该是全面而又系统地研究客家民系的源流、社会经济、语言、文字、民俗、文化、心理情感、民系意识等的发生发展及其演变过程，揭示这一民系的发展规律并科学地预测其未来趋势。客家学的外延则是从历史学、社会学、人类学、民族学、语言学和民俗学等众多学科的视角出发，全面地、多方位地研究客家民系与汉民族共同体及中华民族大家庭、大文化的关系，分析客家人的民系个性和特征，揭示这些个性和特征在文化人类学上的意义，进而科学地论证客家民系对汉民族乃至人类

① 黄凤兰：《影视人类学及其作品的意义与功能》，《文化学刊》2007 年第 2 期。

所做出的重大贡献及其原因。[1]

三、独立纪录片对客家传统文化重构的作用

影视人类学用影视手段的效果来观察社会。人们不仅要学会写字，也要学会用视觉来表达感情。[2] 人类学的文字作品以笔为工具对人类社会及其文化进行记录和分析研究，其最后的成果是文字文本；影视人类学纪录片则以摄影机为工具进行研究和分析，其最后的成果是民俗文化纪录片。文字与影片虽然表现形式各异，但都在人类学理论指导下，记录、展示和诠释人类社会的文化。

影视手段是一种用于弥补文字无法及时、准确记录和保存“正在消逝的世界”的手段，而且能将那些耳闻笔录所不能表达的社会文化部分予以充分展现，进而“透过镜头所构建的图像寻求对文化的另一种理解形式”。[3] 客家民俗文化纪录片能够以一种更加丰富的知觉解释客家文化“如何渗透和型塑社会经验”。[4]

在当代急剧的社会变革和现代冲击下，客家地区的社会文化正在发生急剧变化，大量宝贵的活生生的民族学资料和民俗文化正在演化、剥离、消亡。在文化遗产急剧变迁和消亡之际，影视人类学以其直观、形象和快捷的优势为客家文化的保护和抢救提供有效手段和方法。这要求从事客家学研究的学者责无旁贷地走向田野，对客家地区各个地方的非物质文化遗产以及遭到破坏、濒临消亡的物质文化进行科学式记录。这样，即使有些遗产不可避免地消亡了，我们也留下了影像文本和资料。客家学者在对文化遗产和文化资料进行有效的保存、抢救和记录之外，可以考虑将纪录片作为一种文化解释方法和学术研究方法，通过影视图像寻求对客家文化的另一种理解。

当前，应该将建立客家民俗文化纪录片档案馆或资料库的工作提到议事日程上来。一方面，要加强对以往田野调查旧照片、影视纪录片和民间宗族祭祀等民俗录影的收集工作，进行分类、归档、展示和保存。另一方

---

① 吴泽：《建立客家学刍议》，载《客家学研究》（第二辑），上海：上海人民出版社，1990 年。

② 杜荣神、肖峰：《影视人类学国际学术（北京）讨论会论文集》，成都：四川民族出版社，1998 年，第 37 页。

③ 庄孔韶：《人类学通论》，太原：山西教育出版社，2002 年，第 65 页。

④ 戴维·麦克道尔著，胡鸿保、姜振华译：《影视人类学——人类学的扩展》，《南阳师范学院学报》2003 年第 8 期。

面，客家学研究者自身要走向田野拍摄各种照片资料和影视文本，以及具有科学范式的民族志电影。

研究客家方言群体的历史与文化，为研究中国历史与文化在不同时期、不同地域内的传播、流布及其变异，提供了一个典型的个案。通过这一个案，我们不仅能加深对中国传统文化在空间发展上的多样性、丰富性和层次性的认识，而且能加深对中国文化的历史承传与时空转换的内在关系的认识。[①]

美国人类学家萨林斯认为，在资本主义的晚期，人类学关于异文化的研究被看作是一种赎罪式的文化批评，即以一种道德上值得赞许的分析方式，大量使用其他社会的例子作为改正西方社会的托词。非西方民族为了创造自己的现代文化而展开的斗争，摧毁了在西方人当中业已被广泛接受的传统与变迁对立、习俗与理性对立的观念，尤其摧毁了20世纪著名的传统与发展对立的观念。[②] 这一反思的态度表明传统文化、民间文化并不会随着现代性的诉求而丧失其历史的能动性，而总是以人们难以想象的方式重现出来。

人类学意义上的文化是一种生活方式——我们喝水、酒、茶还是咖啡，穿什么样的衣服等。作为一个产业的文化，可以包括创意产业，以及新闻、美术、雕塑、写作、戏剧、音乐等。作为传统价值和生活方式的文化，必须与创造性意义上的文化之间，努力做到平衡——就像人们在权力间寻求平衡一样，我们一方面追求奢华，另一方面也要求舒适。

美国人类学家雷德菲尔德（Robert Redfield）指出，非西方的文明社会既不同于西方社会，也不同于非洲等地的部落社会。非西方的文明社会可以称为“乡民社会”，他将“乡民社会”的文化分为以都市为中心的上层“大传统”和广布于城乡之外的乡间的“小传统”。[③] 钟敬文先生认为，中华民族的传统文化可以分为三条干流：上层精英阶层创造和享用的文化、中层市民阶层的文化和下层农民阶层创造与传承的文化。[④] 下层农民阶层的文化其实与“小传统”的文化是基本相对应的，在某种意义上比上层文

---

① 王东：《客家学：研究中国历史与文化的新视角》，《华东师范大学学报（哲学社会科学版）》1997 年第 3 期。

② 马歇尔·萨林斯：《何为人类学启蒙?》，载萨林斯著，王铭铭、胡宗泽译：《甜蜜的悲哀》，北京：生活·读书·新知三联书店，2000 年，第 115 页。

③ REDFIELD R. Peasant society and its culture. Chicago：The University of Chicago Press，1956.

④ 钟敬文：《钟敬文民俗学论集》，上海：上海文艺出版社，1998 年，第 275 页。

化更深刻地反映了民族文化的意蕴所在。

影像媒介远比纸质媒体更具有吸引力和亲近性。从作品本身来分析，影像媒介的确能最直接、最大限度地展现客家地区的风土民情。客家地区的普通百姓在影片采访或者同期声中的记忆表达，常常是他们对现实生活之历史背景的解释，在涉及客家民俗的影像中，客家方言、客家围屋、祠堂、采茶戏、客家山歌等具有客家特色的文化符码，一同参与了客家人的身份建构。这种建构一方面是影片的拍摄者对客家人的阐释，另一方面是客家人自身对身份认同的表达。

随着数字技术的更新换代、信息传输技术的快速发展，影像设备在社会各阶层不断普及并日趋便携，加上社会公民参与意识和新闻意识的提升，在网络上大范围流传并且在短时间内迅速受到关注的民间影像越来越密集，部分影像甚至开始成为主流媒体的报道资料来源。随着数码摄像机的发明和推广，其价格可接受性、易携性以及易操作性，使影像制作与发布可以逐渐成为大众的“囊中之物”甚至是一种新的休闲娱乐方式。文化是通过一个集体的合作和阐发过程而演变的。民间故事、传说、神话和民谣等都是在长期的历史进程中，由民众不断添加对自身语境更有意义的内容而逐渐形成的。而影像作为文化中不可或缺的组成要素，同样如此。影像作为一种更直观的语言形式，实际也是实现社会连接的纽带，民间影像的崛起正在成为一种人类社会传播与沟通的组织形式。在这种形式下，人类利用影像语言开创另一种形式的“对话”和“辩论”。人类学电影的历史其实就是整个电影史——特别是非虚构和文献电影发展本身的一个部分。[①] 通过人类学电影这一桥梁，纪录片或带有记录性质的专题片与人类学之间就产生了重要的联系。文化唯有借助其符号及象征，行动者才能够和他的世界发生关联，文化才能成为可能。[②] 认识一种文化，人们往往会很自然地将其转化为一系列象征式符码，包括语言、风俗、习惯、工艺品等。

四、客家民俗摄影与田野调查的结合

从 20 世纪 50 年代起，“少数民族社会历史科学纪录片”先后完成了关于 16 个少数民族的 21 部电影作品。这批纪录片基本上反映了当时中国纪录电影的制作水平和当时整个中国社会的语境状况，记录下了60 年前这

① 王海龙：《人类学电影》，上海：上海文艺出版社，2002 年，第 41 页。

② 王雯君：《客家边界：客家意象的诠释与重建》，《东吴社会学报》2005 年第 18 期，第 5 页。

些少数民族的一些最基本的生活状态，成为后人了解、研究这些民族当时情况的珍贵资料。

在拍摄过程中，摄制人员在创作手法上进行了各种实践，也为中国纪录电影初创时期的发展做出了贡献。传统文化和自然保护形式正在经历着外来影响的巨大挑战——基础设施建设和旅游开发在带来开放和经济发展的同时，也冲击着传统文化的完整性，给沿袭千年的人与自然和谐相处的生态系统带来危机。

民间包括了乡村的个人和社区，将影像制作的权力，以及利用影像开展公众教育的权力交到他们的手里。基于乡村的影像表达正在萌芽，生动的影像深受老百姓喜爱，他们喜欢看到记录自己生活的作品。同时，影像也可以是传统文化教育和促进自然保护的生动方式。随着市场经济改革的深入，客家人大规模流动到城市，个体层面带来的重要变化是人的原子化、个体化，年轻一代从家庭中被剥离出来的过程，也是独立个体身份生成的“原子化”过程。

镜头能够直观“忠实”地记录事像，将生活的原貌直接呈现给读者，减少文字表达所不可避免的信息丢失，它对于场景的存留能力远远胜于事后的文字追忆，有所谓“一幅图胜过上万文字”的功效。更为主要的是影像的直观再现，为阅读者提供了自主评判的机会，人们面对画面如亲眼所见，人们认识客家民间文化有了另一种途径——以独立纪录片为核心的影像作品。

任何一部写实的影像作品都具有人类学价值，因为它直观记录了某一特定的情景或行为，其中蕴含的信息有助于我们认识人类的社会生活。而严格意义上看，仅仅是零散的影像作品又不能归之为人类学作品，因为它不能为我们提供有关对象人群的完整信息或者这些特定情景、行为的外部关联性。孤立的信息碎片如同一条孤立的史料，不能证明任何史实。

民俗学研究需要图像配合，以方便读者了解民俗事象本身。但过去留存下来的图像太少，有些还是靠白描绘画手法才得以流传。近年来随着社会的发展，民俗意识回归，加上科技发展和经济条件的改善，现在我们有了记录图像的各式各样的工具。摄影对民俗研究而言非常重要。现在大家也已习惯了在田野调查时带上录音机（笔）、摄像机、照相机。

几千年的民俗历史以文献为主，基本上是以文字记录的形式留存的。现在不少民俗文化随着历史的变迁已经不存在了，或者已经仅剩筋骨而少了血肉。就像传统春节，许多人特别是年轻人已经不清楚它是怎么来的、过去人们是如何过节的。老中青各年龄段有不同的感受，因为节日习俗处在变化之中。如果有一个关于春节文化的纪录片，把从古至今的各种民俗梳理呈现出来则会很宝贵。

把民俗摄影和田野调查相结合，可了解民俗文化产生的历史以及在今天生活中的表现。先了解清楚，才会知道哪个情景、仪式、环节、瞬间最具有代表性。民俗摄影家和田野工作者的观念不甚相同。后者往往在民俗活动发生前先期到达，了解整体的情况，做好文字或者录音、录像方面的采集准备工作。对他们而言，其中的影像不需要过多考虑光影和构图，仅需记录事实就可以。而民俗摄影家则更多考虑的是影像的表现力，重在用光和构图。当然，记录同样的事物，讲讲构图，从不同的角度去拍摄，会有更多的理解，但从整体的民俗价值考虑，两者应该结合。民俗摄影原则上要忠实于原来的主体，反对摆布，自然地去捕捉民俗事象中的细节，对于民俗事象做详细的记录，包括历史背景，仪式的开始、过程。对这个民俗事象的拍摄应该是一个长卷，反映全过程。如时间、地点、节前准备、使用的道具、仪式过程等，都需要做详细的调查。民俗摄影不同于旅行拍摄，目的、责任不同。具体而言，如庙会中的敬神活动为什么敬神，敬什么神，怎么敬神等，都需要记录。还要记录庙会何以会吸引这么多人，不同的人又都有着怎样的诉求。

另外，民俗摄影除了很好的画面，还要有很好的文字说明。写好文字说明是民俗摄影一项重要的基本功。图片需要文字说明并串联，从而形成民俗知识的历史认知，进而激发人的情感。基本的民俗分类包括物质生活民俗、社会生活民俗和精神生活民俗三个方面。精神生活也要通过物化的仪式和道具来表现。如宗教信仰、巫术、禁忌等，听起来很抽象，但都有物质方面的表现。民俗摄影的价值在于留住历史、留住传统和留住记忆。现在记录下的东西也许再过十年就没了，这时它就具有了珍贵的历史价值。另外，如果我们采取的是跟踪拍摄，每隔五年、十年、十五年就回去再拍一次同样的民俗事象，不加干预地记录，就会发现这其中的变化，也会更有价值。真正的民俗摄影应该把镜头对准原生态的一些村落、社区，拍群众自发组织的一些活动。

客家的历史与文化是他者与自我的共同建构过程，这一过程今天还在继续。因为客家族群的存在，需要建构客家族群所有成员认同的历史以及迁徙的谱系，发明一系列的文化符号作为维系族群存在的象征，而这一切正是为了证明自己是汉民族的一个支系。遍布客家地区的祠堂建筑群似乎向人们昭示他们对祖宗的崇拜之虔诚令其他族群的人们难以望其项背；一

座座巨大的土楼让人感叹客家民众对中国传统文化的深刻领会。[①]

田野调查所拍摄照片涵括的意义是需要经过理解才产生的，是需要摄影者把观众引入和拍照时的人物背景相关联的情况下去欣赏、去解读的。其将镜头既对准了现实，也对准了过去和历史中人类意识行为的印迹，去考察这一类已经离我们生活很远并将会越来越远的题材如何在新的社会文化语境中更好地“栖身”。

在历史上，历代王朝统治的官僚建制只到县，县以下的大片地区并没有设立行政机构，因此圩市（现今乡镇所在地）在当地的乡民社会中居于特别重要的地位。以往的历史学家多以府、州、县以上的历史为研究对象，而人类学家大多在自然村落参与观察，乡镇这一级刚好介于两者之间而被忽略。[②] 自然村落是“小传统”的传承、创造和享用的基本社区。首先，它强调村落的自然历史发展过程及其在空间上有形的和观念的表现。村落的时间与空间是统一和不可分离的。客家的主体是中原的南下汉人，现在的居住区域都是从开基祖历经世代才形成今天具有空间和人文意义的村落。绝大多数客家村落是血缘群体的聚居地，村民根据不同的生存环境，在家族与地域之间采取不同的互动方式。其次，现存的乡村行政区划历经变更，血缘和地域的界限被人为打破，但村落间固有的传统联系并未因此而削弱，农村的传统文化在现阶段又得以复兴和再造。

认同是指现代人在现代社会中塑造而成的以自我为轴心展开和运转的对自我身份的确认，它围绕着各种差异轴（譬如性别、年龄、阶级、种族和国家等）展开，其中每一个差异轴都有一个权力的向度，人们通过彼此间的权力差异而获得自我的社会差异，从而对自我身份进行识别。

民间影像制作者们往往用个性化的眼光去捕捉真实生活中的镜头。男性作者的视角往往投注在公共空间和某个特殊群体，以作品传达他们不被注意的形象和没有被听到的声音；而女性的作品往往涉及私人领域中人与人的关系，比如爱情关系、婚姻关系、家庭关系，无论是题材、视角以及影像，她们的表达都显得更加内在。[③] 随着影像技术的日益成熟和大众化，影像在民间普及的媒介环境已经基本形成。统计数据显示：在中国摄像机年销量已超两百万台；越来越多的手机和相机已具备摄像功能；摄像头也广泛运用于电脑等设备……与此同时，以个人博客、播客、微博以及社交

---

① 林嘉书：《土楼与中国传统文化》，上海：上海人民出版社，1995 年。

② 杨彦杰：《闽西客家宗族社会研究》，国际客家学会、海外华人研究社、法国远东学院，1996 年，第 1 页。

③ 王艳：《影像在民间：中国当代民间影像论》，《电影文学》2007 年第 6 期。

网络为代表的 WEB2.0 的兴起，使影像的传播得到一次全新的升级。这些都为民间影像在影像版图中的崛起做好了铺垫。①

五、结论：作为客家学研究方法的客家影像表达

客家地区的民间文化存在着地区性的差异。记录以“小传统”文化见长的民间文化的“地方性”，其意义在于在具体的时空坐标中创造、传承与享用民间文化，这一研究更为关注民众与民间文化之间的关系，既考虑民间文化传承在具体的民众生存空间中的差异性，也考虑民间文化的普同性意义对民众社会生活的规范与约束。当今的人类世界比历史上任何一个时期都更紧密地整合在一起。② 在此背景下，现代的客家学研究完全有必要引入影像技术作为一门利器。

客家学研究通过人类学田野作业的独立纪录片这一桥梁，使纪录片或带有记录性质的专题片与人类学之间产生了重要的联系。除了现有客家民俗纪录片之外，已有影像中存在的“人类学原理”及其中的民间历史叙事与记忆，则主要体现在客家影像中普通百姓的口头叙事、地方性仪式（如祭祖、庙会等）以及民间日常风俗之中。互联网与有线（卫星）电视的兴起，连同24 小时播放的新闻频道，已经模糊了全球、全国与地方新闻之间的区隔。③ 在这样的大趋势之下，若要解决客家学方法论的问题，就不妨借鉴影视人类学的基本原理，充分拓展影像表达的空间，为客家传统社会的历史留下记忆并推动文化的重构。

① 吴鼎铭：《影像格局的民间重构——新媒体语境下的民间影像研究》，《福建师范大学学报（哲学社会科学版）》2012 年第 1 期。

② 埃里克森著，周云水等译：《全球化的关键概念》，南京：译林出版社，2012 年，第 136 页。

③ 康拉德·菲利普·科塔克著，周云水译：《文化人类学——欣赏文化差异》，北京：中国人民大学出版社，2012 年，第 411 页。

客家学之家族史料与地方史料相关议题研究

——以清代台湾南兴庄杨氏家族为例

邱荣裕[①] 江长青

一、引言

“客家学”一词的使用已有十余年历史，学者庄英章认为，这个名词的提出有几点意义：①是对华人研究的一种严肃反思，因为与原住民保持密切关系是客家的特色之一，但客家又坚持自己是汉族中血统最精粹者，所以客家研究可考虑原住民或少数民族社会文化对汉族的影响，也可正视汉族本身以及中国境内区域间的多元性。②提出一门关于移民社会的研究，过去客家研究的相关著作，多数与客家族群的迁移有关，因为客家族群的迁移甚广，且远及海外各大洲。③凸显传统人文与社会学科分野之武断，提出对科学整合之呼吁。可见客家研究是跨学科的研究，也是科际整合的研究。[②]

客家家族史之写作，对于家族而言可以了解家族发展、长幼辈分、族亲间之排序与家族伦理之推广，进而明白自身在家族中之地位。家族观念可进一步拓展而成为社会关系，家族关系良好者，社会关系通常亦符合众人期待。家族中优秀人才对于后辈又有示范与鼓励之作用。因而传统社会中，对于家族历史之保存与纂修，向来十分重视。

家族史之纂修，通常以旧有家谱为基础，经有心族亲勉力奔走，增添近年出生或离世的族人之后而成。当家族人数逐渐浩繁之时，开始出现各房之房谱甚至是以个人为起点的支谱，因而完整家族面貌之呈现，向来不易。

家族史之纂修，除了需要广泛搜罗各房与各支家谱之外，各种文物的搜集分析可以让家族人物以动态方式显现，家族人物的族内活动可以使传统社会的家族活动面貌更为清晰，族外活动更可使家族的地方事务参与更为族人所了解。

---

① 作者简介：邱荣裕，男，台湾师范大学历史系教授。

② 张维安：《台湾客家研究现况与客家学发展的思考》，载邱荣举：《2006 国际客家学研讨会论文集》，台北：台湾大学国际客家学会，2006 年，第 339 – 354 页。

本文的目的，在于提醒家族史料应进行更广泛、更多种形式的搜集，才能使家族在历史上的活动更显清晰。

二、学者对于客家家族史料之采集与价值的看法

客家族谱的研究，是了解客家先民迁徙、移垦、族内动态与社会关系的重要数据。近年已有学者提出纂修族谱的看法，并尝试从多角度了解客家族谱的特殊性与史料价值。

族谱资料的搜集，不能只是依赖过去传抄而成的旧谱。学者尹章义在多年前进行张氏族谱编纂时，认为除了族谱史料，也要注重下列资料的调查：

（1）调查公私墓园、刻碑者和葬仪社，访求堂号的踪迹。

（2）透过地方行政单位乡镇公所、户政事务所调查族人踪迹。

（3）透过已知族人访求其他族人。

（4）调查族人房系、迁徙路线、就学经历、家庭结构、生命记录与丧葬记录等。

（5）调查族人拓垦区及其聚落，以及相关庙宇、书院、祖宅、故园、冢地等。①

学者周建新提出类似的看法。他认为家族史的建立，不能只依赖旧有族谱的汇整，许多散落于民间的数据也是搜集的对象。民间地方历史文献有其“民间性”与“鲜活性”，值得重视。广泛散存于各处的碑刻、族谱、契约与口头传说等多种资料，对于客家文化的建立可以提供不同于官方档案与典籍的资料，因此这些材料对于客家学的建立能提供帮助。②

在客家族谱的特色方面，周建新通过研究，发现客家族谱的共同特色，是大量存在风水方面的记载，它们包括阳宅、阴宅的描述，宗族祖先学习风水知识与看风水的事迹，涉及一姓一族或重要或奇特的风水传说故事等。此外，对于客家族群来说，风水也是生存策略，例如以寻找风水之名，进一步获得土地与水利等资源；风水也是日常知识，更是生活美学来源；风水还是一种社会规范，深刻影响客家人的文化心理结构。③

---

① 尹章义：《〈台湾鉴湖张氏族谱〉写作的构想与经过》，载联合报文化基金会国学文献馆编：《第三届亚洲族谱学术研讨会会议记录》，1987 年，第 491 页。

② 周建新：《走向历史的田野：客家地区碑刻、族谱与文书的历史人类学研究》，《赣南师范学院学报》2009 年第 1 期，第 1 – 2 页。

③ 周建新：《客家族谱中的风水书写与文化解读》，《赣南师范学院学报》2009 年第 1 期，第 13 – 19 页。

曾晓林透过温氏族谱的研究，得出客家族谱有如下特色：强调文化认同，增强内部团结；明示族训家规，规范族人言行；矢志办学育人，营造人文氛围；传承宗族文化，构筑朴厚学风。从这份族谱中，我们可以看到客家人注重国家意识控制下对地方权力的遵从，并在维护宗族利益基础上，以规约和奖惩来掣肘自己的言行，认同宗族价值观念，通过办学、传承宗族文化来构筑朴厚民风，实行宗族治理，从而获得人类学意义上的自治。①

陈瑛珣等则根据台湾中部地区的族谱，考察在地域社会的各种复杂条件下，移民建立自己家族意象的过程。族人借由对开台祖先的尊敬，在族谱内记载开发过程中所产生的种种传说；祠堂与祭祀公业的建立，让家族成员间有互相沟通的网络，并借由编修族谱的过程，汇集家族成员共识。族谱编修完成，即表示族群已达成共识，宗族组织也随之系统化。②

其他相关研究例如丁和隆、李宝娟认为客家族谱对于正史数据的补充扮演重要角色③；叶金莲、罗勇认为客家族谱中有许多关于风水的记载，而风水对于客家人的生活有着深远影响，它们多方面地反映在墓葬的风水原则、子孙的现实利益与人际关系等中④。

三、家族史料中的杨氏家族⑤

1. *从云岫到缵绅*

台湾大溪南兴庄杨氏自北方南迁始祖为六十四世祖云岫，再由梅州迁往长乐（今五华）则始自八十一世祖宗渊，时间大约在明洪武年间（1368—1398），此时约为公元14世纪，距离六十四世祖云岫公自江西迁往梅州已历约400年。此后再历约400年，才又有明诚公派下子孙迁往四川、台湾等处。

杨氏自宗渊起为五华一世祖，他生有七子，杨氏先祖十三世明诚、十

---

① 曾晓林：《客家族谱与社会文化行为控制——以石城温氏族谱为例的法人类学思考》，《赣南师范学院学报》2007年第5期，第20-22页。

② 陈瑛珣、刘宏伟：《开台祖先崇拜与家族意识确立——以台湾中部客家移民族谱为据》，《赣南师范学院学报》2008年第2期，第2-8页。

③ 丁和隆、李宝娟：《论客家族谱的价值及其利用》，《龙岩师专学报》2000年第18卷第1期，第72-74页。

④ 叶金莲、罗勇：《从客家族谱文献看风水信仰在民间的影响》，《社会科学论坛》2006年第9期，第196-200页。

⑤ 本文中杨氏家族祖先事迹、祖塔、公厅与谥号等问题，综合整理自参考文献族谱项所列十五种族谱与尝簿资料。

四世缵绅一脉传自他的次子均勇一系。长乐杨氏自二世均勇以下至十四世缵绅的先祖传承情形如表1所示：

表1　长乐杨氏二世至十四世概况

世别	名讳	排行
二世	均勇	宗渊次子
三世	茂林	均勇独子
四世	绣文	茂林独子
五世	达	绣文第三子
六世	琮	达独子
七世	世俊	琮长子
八世	崇义	世俊次子
九世	缙	崇义次子
十世	学震	缙长子
十一世	志焕	学震独子
十二世	召选	志焕长子
十三世	明诚	召选长子
十四世	缵绅	明诚第三子

从族谱记载中，长乐杨氏传至清朝中期，推测自18世纪起，十三世以后的子孙又开始有向外迁移的记录。明诚三位弟弟中，二弟明敬与三弟明光迁往四川。十四世缵慰的六子六铎、八子九铎也移往四川（据珍集谱）。可能从十三世起，祖居地开始面临生存压力，居民开始向外寻求新天地，杨氏子孙也加入了这波大移民的历史洪流之中。

2. 十四世缵绅

缵绅是南兴庄杨氏从大陆来台的关键人物，他出现在历史舞台的年代几乎涵括整个18世纪。缵绅渡台是继四个世纪之前的宗渊以来，杨氏的再一次迁徙。

杨氏来台祖十四世缵绅出生于清康熙五十一年（1712），干支纪年为“壬辰”。缵绅的夫人张氏与缵绅同一年出生，出生日期为农历三月廿五日，较缵绅年长半岁。她在清乾隆元年（1736）正月初八离世，张氏得年为25岁。我们现在不知道张氏的名讳，只知她的谥号称为“顺安”。

缵绅于夫人张氏离世之后的两年，即乾隆三年（1738）前往台湾，当

时他 27 岁。各种杨氏家谱都有这样的记载：“缵绅乾隆三年戊午，年方二十七寿，越历台湾，至北路竹堑宵里南兴庄自创基业，谋贻远长，遗言克念，裔后永彰。”这段话指出缵绅来台的时间与年纪，并说明开创基业的地点在南兴庄（现在的大溪镇南兴里），当时的创发对后代有很长远的影响，希望后代能时常想起缵绅的遗训，世代发扬。

缵绅来台开基的时间在清乾隆三年，但在南兴庄开辟田业则是在乾隆十一年。若以来台时间算起，缵绅派下杨氏在台生根发展，至今已历时有 278 年之久。

缵绅逝世于清乾隆六十年（1795），享寿 84 岁。缵绅逝世日期为农历六月十七日。因而这一年适逢缵绅逝世 221 周年。

3. 明诚派下在台五大房与南兴庄上四房

缵绅来台时年纪 27 岁，他是明诚派下迁台始祖。但往后共同在台发迹且开枝散叶者，还包括缵绅兄长的儿子们与他们的后裔。他们是缵绅长兄缵志的第六子宽铎，以及缵绅次兄缵慰的四个儿子：长子君铎、三子麒铎、四子麟铎与七子泮铎。其中，缵绅传下的十六世厚一、厚二、厚三、厚四与厚五房，和缵慰传下的十五世四位儿子及其后裔“南兴庄上四房”，合为杨氏九大房，这是明诚派下子孙在台湾发展的开端。兹将明诚派下迁台初期裔孙概况列表如表 2：

表 2　明诚派下十四世至十七世来台裔孙概况

十四世	十五世	十六世	十七世
缵志	宽铎（六子）	厚魁（立子，过继自缵志四子宪铎）	鼎秀（独子）
缵慰	君铎（长子）	厚群（长子，在原乡） 厚山（次子）	君铎系自十七世“应”字辈起分五大房（厚山五子：应玖、应瑚、应琏、应现、应珍）
	麒铎（三子）	厚鼎（立子，过继自缵慰七子泮铎）	麒铎系自十七世“应”字辈起分四大房（应贵、应成、应宝、应添）
	麟铎（四子）	厚德	应旺（独子）
	泮铎（七子）	厚福（后裔不详） 厚鼎（过继给麒铎） 厚寿（无育） 厚全（后裔不详）	

（续上表）

十四世	十五世	十六世	十七世
缵绅	历铎（独子）	厚一 厚二 厚三 厚四 厚五	

缵绅来台时间为清乾隆三年，但他初来台湾时，可能没有家中儿侄同行，因为乾隆三年时，缵绅独子历铎只有7岁，缵志的儿子宽铎年纪不明，而缵慰长子君铎也只有5岁，至于厚一的出生，更是22年以后的事。缵绅可能与其他人共同来台开辟新天地，在来台初期的几年内，是先行单独在台奋斗，待家中后辈年长之后，才带领他们陆续来台。

缵慰派下上四房来台时间，也可能比缵绅派下五大房早，其中详情仍不得而知。从表3可以看出，已知道生年的君铎、麟铎，辈分与年纪都高于厚一五兄弟。缵绅来台之后，以至于独子历铎过世，儿媳周氏来台居住的52年期间（1738—1790），应曾多次往来两岸，除了参与家族活动，例如过年、扫墓之外，可能也曾在这半世纪期间，陆续带领上四房侄儿或厚一兄弟来台。

表3　缵绅派下十六世出生年与四位先祖（含上四房君铎、麟铎）年纪对照

五大房出生	年份	历铎年纪	缵绅年纪	君铎年纪	麟铎年纪
厚一出生	1761	30岁	50岁	28岁	18岁
厚二出生	1765	34岁	54岁	32岁	22岁
厚三出生	1768	37岁	57岁	35岁	25岁
厚四出生	1771	40岁	60岁	38岁	28岁
厚五出生	1777	46岁	66岁	44岁	34岁

缵绅派下五大房子孙来台后，以南兴庄作为发迹的中心，日后广泛地分布于北部台湾各地以桃竹苗为主的地区，但各大房裔孙集中的地区有些不同。

厚一房子孙主要分布于北埔、竹南、头份、峨眉等地，有部分裔孙远迁至国姓、旗山等地。峨眉地区的富兴、狮头坪、赤柯坪与十四寮等，是厚一房与厚二房集中的地区。

厚二房有裔孙主要迁往南庄、峨眉，甚至远达花莲玉里。

厚三房以在龙潭较多，尤其是三角林（今日三林村），有裔孙迁往湖口、关西、杨梅等，更有子孙远迁至宜兰、花莲与台东等地。

厚四房有裔孙主要移往芎林、竹北、关西、头份等，也有裔孙迁至花莲。

厚五房主要居住在龙潭的三角林地区，另有裔孙迁往新屋、板桥、湖口等地。

4. 十五世历铎夫妇事略

杨氏十五世祖历铎是缵绅的独子，他出生于清雍正十年（1732），出生日期为农历七月十八日。

历铎是缵绅与张氏21岁时所生，张氏辞世时，历铎只有5岁。记录杨氏家族的几份族谱都说他由外婆照顾，未曾来台。由于当时海峡两岸交通并未隔绝，因此历铎公是否曾来台又返回大陆，或者从未来台，现已不得而知。历铎逝世于乾隆五十三年（1788）七月二十日，享年57岁。这一年其父亲缵绅尚在人世，年已77岁，我们不知道缵绅是否返乡探望。

历铎原配周氏生于乾隆四年（1739），历铎较她年长7岁。周氏的名讳已不得而知，但她有个谥号“温惠”。乾隆五十五年（1790），也就是在历铎离世之后两年，周氏移往台湾居住，直到嘉庆八年（1803）离世，她在台湾住了13年，离世的时候享寿65岁。

历铎与周氏生下五子，即厚一、厚二、厚三、厚四与厚五，他们是缵绅派下杨氏在台五大房之始。周氏离开原乡来台居住时，年52岁，当时厚一五兄弟的年纪都不大，分别是：厚一30岁，厚二26岁，厚三23岁，厚四20岁，厚五只有14岁。厚一五兄弟是在此时才首次来台依靠祖父与堂伯叔，或是过去已多次来台，甚至在台有业可资营生，现在已不得而知。

历铎在原乡可能还有另一位夫人。有一份杨氏家谱写道：同治十二年（1873，干支纪年“癸酉”）五月十五日，大陆原乡方面安葬十五世祖历铎与官大孺人二位在排楼面上（旁有小字“碍人树下”）。此时距离历铎逝世已经85年，所以这里的“癸酉”应该是重新起金复葬的日期，不是初葬，文中的“官大孺人”应是他在周氏之外的另一位夫人。

四、杨氏先祖墓葬

1. 缵绅

缵绅逝世之后，葬于大溪镇粟仔园。几份族谱中说粟仔园祖坟于道光癸酉年曾经起金复葬重修。只是道光一朝共30年，并无“癸酉”纪年，最近的“癸酉”，一为嘉庆十八年（1813），另一为同治十二年（1873）。根据前述历铎与官大孺人安葬的时间，推测可能是后者。当时海峡两岸同一家族，可能选择同一时间为祖先起金复葬。

2. 友喜

现在的杨氏祖塔旁有一座友喜的石刻墓碑，他可能是缵绅的同乡，也可能是长工，也有说是书童的。他与缵绅共同来台，过世之后，由缵绅主葬于粟仔园。石刻墓碑上写着“清故侄勤善友喜杨府君之墓”，这行字中的“勤善”是他的谥号，旁有“叔杨缵绅”四字，因此友喜在辈分上为十五世。这块墓碑的上下落款分别是“乾隆□六年辛丑岁秋月吉旦重修”与“杨历铎妈厚壹贰叁肆伍等同立石”。乾隆辛丑年为乾隆四十六年（1781）。由于这是重修的时间，因此友喜逝世应更早于这一年代。友喜公墓重修的这一年，缵绅 70 岁，独子历铎 50 岁，而缵绅最小的孙子厚五才 5 岁。

缵绅与友喜的墓都是“起金复葬重修”，可能表示墓葬不曾迁移，现在的祖塔地一开始就是缵绅选定的福地。

3. 十五世历铎夫人周氏

关于十五世历铎夫人周氏的墓葬地点，一份家谱（秋良谱）中收录了两道记录，十分特殊，依时间排列其原文如下：

十五世祖妣周孺人癸酉年八月廿日葬在铜锣圈蛤仔湖。

道光十七年在于九芎林总垦户金广福南兴□出山批系丽生点地主葬（中略）十五世祖妣石碑清显妣谥温惠杨母周孺人墓十月廿日丑□安葬金山面猴厨坑（后略）

前一道记录中的“癸酉”年指的可能是嘉庆十八年，但也可能是海峡两岸杨氏曾经共同为先祖起金的时间，那么就是同治十二年。“铜锣圈蛤仔湖”可能位于现在的龙潭乡高原村，蛤仔湖应已消失，当地仅留有一个类似的旧地名“蛤仔圳”。

后一道记录中的道光十七年即 1837 年，此时距周氏离世已 34 年，距离前项数据的“癸酉”已历 24 年。这次墓葬地点在金山面猴厨坑（现在的宝山乡宝山村，位于新竹市金山面南侧），地可能是向金广福垦户买的。这次应是起金再葬，但不知是原地复葬还是迁葬。“金广福”是清代开发新竹东南山区最重要的垦户，以姜姓为主，现于北埔乡仍存有“金广福公馆”与“姜家天水堂”各一座，它们现在都是重要古迹。

这次主葬由丽生（十七世）担任，他是历铎公的孙子、厚一公的长

子，出生于嘉庆二年（1797）。丽生主葬自己的祖母周氏时41岁，此时父亲厚一、叔厚二均已离世（厚一、厚二分别于1811年、1809年离世）。

关于历铎夫人周太孺人的墓葬，在杨氏的尝簿中还有更晚期且更连续的记载。尝簿中自1919年起一直到1941年止的23年期间，都有一项“前往金山面祭扫”的旅费支出，也许这就是前往祭扫周太孺人的行程。1942年，尝簿支出项目中出现了“周婆太移葬”这一项，1944年农历十月二十日，有“周婆太进金”的支出，1950年又有“周婆太坟新筑”的支出。只是无法确定历铎夫人这次移葬进金地点为何处。

历铎夫人来台后，墓葬地点迁移数次，下述厚一也有数次迁葬，这是否与厚一房子孙的历次迁移有关，或未可知。

厚一逝世于嘉庆十六年（1811），享年51岁。

厚一逝世后28年，于道光十九年（1839）十一月二十八日葬于霄里坡第三口坡下黄枝潭，这次由他的长子丽生主葬，这一年他43岁。

据记录，1923年，厚一的墓起金重修，此时距厚一逝世已历120年左右。这条记录旁还记有“唐山江西应镜辉先生”，他可能是风水方面的主导者。

厚四出生于乾隆三十六年（1771），逝世于道光十七年（1837），享寿67岁。厚四公逝世12年后，于道光二十九年（1849）十一月二十七日葬于粟仔园祖坟左侧。

五、杨氏位于各处的祖塔与公厅（祠堂）①

现在杨氏的共同祖塔位于桃园县大溪镇大汉溪西岸的粟仔园山坡地上，面向大汉溪谷与对岸的大溪镇老街区。这块地在成为杨氏子孙共同缅怀祖先的中心前，原来已至少有缵绅、友喜与厚四等先祖在此奉安。

杨氏的尝簿中记载，1962年农历元月的结算当中，杨氏尝会的支出费用里有一项与建塔有关，可见杨氏族人对于先祖遗骸分散各处、不能集中奉安一事，一定经过很长时间的酝酿，希望能够集中放置。

1963年，在当时管理人水宗（厚五房十九世）与委员新金（厚四房二十一世）等族亲的倡议之下，开始将原有坟墓改建为祖塔，由五大房子孙合资，将溪中大石砌成石砖，兴建成一座可容纳200多个禄位的祖塔。

1973年祖塔首度开塔，数目不详。1983年第二次开塔进金，由当时的管理人运矩（水宗之子）主持，这次有41罐进塔，当时查明塔内有禄位

---

① 这个部分的撰写资料得自田野调查。

222个罐，且禄位已满。

1991年起，祭祀公业提议扩建祖塔，经筹划后，新祖塔随即于1993年农历三月开工，同年农历十月完工，扩建后的新塔可容纳1 500多个禄位。这次建塔工作由族亲运巨（厚五房二十世）、润龙（厚四房二十世）与春辉（厚三房二十一世）共同筹划、设计与监工。新祖塔修建委员会由多位族亲组成，包括当时的管理人运巨、顾问运祥，委员有润龙、春福、秋良、泉春、鸿春、秋诚、澄海、桂权、春辉、永让、国松、永昌、秋贤、运云、鼎春。

缵绅派下杨氏祠堂除南兴庄的公厅之外，尚有数处由派下各房子孙建立的各房公厅与祖先牌位，奉祀各房先祖：

新竹县峨眉乡湖光村十四寮秋仁（厚一房二十二世）宅正厅奉祀厚一房祖先牌位一座，形式为大牌。

台东县池上乡万安村魏厝春振（厚三房二十一世）宅“弘农堂”奉祀厚三房祖先牌位一座，形式为大牌。正厅供桌侧面墙上且挂有缵绅画像赞语一幅。缵绅画像随着子孙脚步迁移到人称“后山”的台东地区，慎终追远，令人感佩。

新竹县芎林乡水坑村水坑秋城（厚四房二十二世）宅奉祀四房牌位一座，形式为大牌。

板桥市胜发（厚五房二十一世）宅奉祀杨氏祖先牌位一座，形式为小牌。

花莲县富里乡石牌村富北玉安（厚四房二十二世）宅奉祀杨氏历代祖先牌位一座，形式为小牌。

南兴粟仔园祖塔为缵绅派下子孙共同缅祖之中心，在粟仔园之外的龙潭，有五座杨氏厚五房子孙建立的祖塔：

在龙潭高尔夫球场内有厚五房十八世的清四与李、古两位夫人的坟茔一座。

至于泉水空则有杨氏厚五房祖塔四座，分别是：

厚五房十八世清连与罗氏传下祖塔，修于1979年。

厚五房十九世立宗与徐氏传下祖塔，修于1974年。

厚五房十九世水宗与翁氏传下祖塔，修于1993年。

厚五房二十世运麟与黄氏祖塔，修于1989年。

此外，同为明诚派下，十四世缵慰公传下上四房最长的君铎与温氏祖塔，也在杨氏泉水空这五座祖塔后方，修于1983年。

除了桃园地区的大溪、龙潭之外，杨氏还有数座祖塔由迁移花东的子

孙建立：

花莲县寿丰乡平和村有杨氏钦荣传下祖塔一座。钦荣公是杨氏厚二房二十世，厚二公的玄孙，钦荣可能是这一系迁移到花莲之起始，时间应在日据时代。墓碑上指出这座祖塔最近一次修葺是在1996年。

花莲县凤林镇有清火传下祖塔一座。清火是杨氏厚三房十八世，他是厚三的孙子，这座祖塔最近一次修筑是在1988年。

花莲县富里乡石牌村有穆宗传下祖塔一座。穆宗是杨氏厚四房十九世，他是厚四的曾孙。穆宗的父亲是十八世清盛，祖父是十七世名生，曾祖父是十六世厚四公。墓碑上表示这座祖塔修于2006年。十七世名生曾与兄弟典地给他人另谋发展，十八世穆宗可能是这一系迁移花莲之始，杨氏来台后部分子孙迁徙频繁，由此可知。

六、杨氏的谥号传统

“谥号”是对于有功德、有伟业的人离世后追加的封号，谥号源起于西周，距今已约31个世纪之久。谥号一来可用以表现过往先祖在世时的评价，子孙也可以用称呼谥号而不直呼名讳的方式，表达对过往先祖的尊敬。客家族群对于祖先的重视继承了此一传统，祖先离世之后，由族中耆老与地方名望人士，依照先祖在世时的表现，给予一个合适的称号。

从现有可见的有限资料可知，缵绅传下杨氏来台之后，仍维持此一优良传统直到十九世，对于杨氏子孙而言，是一份值得重视的文化资产，值得加以了解。

杨氏最近一位拥有谥号的先祖可能是厚五房十九世立宗或徐孺人。

杨氏的谥号充分表现出男性先祖勤奋、努力与女性先祖温柔、慈爱、坚毅持家的特色。表4为缵绅传下杨氏裔孙谥号表：

表4　缵绅传下杨氏裔孙谥号表

序号	先祖	谥号
一	十四世缵绅	笃裕
二	十四世缵绅妣张孺人	顺安
三	十五世历铎	辛勤
四	十五世历铎妣周氏	温惠
五	十五世友喜	勤善
六	十六世厚一	勤睦
七	十六世厚二	纲睦
八	十六世厚二妣杜孺人	勤育
九	十六世厚三	勤直朴睦
十	十六世厚四	纯睦
十一	十七世丽生（厚一长子）	明雅乐贻
十二	十七世奎生（厚二独子）	纯直
十三	十七世巧生（厚五长子）	勤劲
十四	十八世清桂（丽生长子）妣张氏	淑顺
十五	十八世清德（奎生长子）	纯良
十六	十八世清廉（奎生三子）	刚直
十七	十八世清四（荣生四子）	勤毅
十八	十八世清四妣李孺人	勤顺
十九	十八世清四妣古孺人	笃操
二十	十九世立宗（清四长子）	勤刚
二十一	十九世立宗妣徐孺人	慈忍

七、族谱中的返乡之路

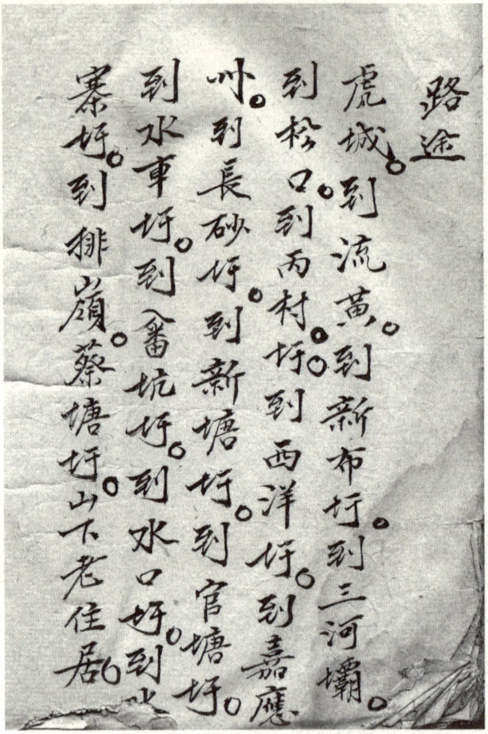
路途
虎城。到流黄。到新布圩。到三河壩。
到松口。到丙村圩。到西洋圩。到嘉應
州。到長砂圩。到新塘圩。到官塘圩。
到水車圩。到畲坑圩。到水口圩。到水
寨圩。到排嶺。蔡塘圩。山下老住居。

图1　杨氏某件家谱中的“路途”资料书影

由杨氏族人编纂的众多族谱中，有一份提供了“路途”资料（图1）。其中地名之古今对照如下：

虎城：汕头的别称；流黄：丰顺县溜隍镇区；三河坝：大埔县三河城区；松口：梅县松口镇区；丙村圩：梅县丙村镇区；西洋圩：梅县西阳镇区；长砂圩：梅江区长沙镇区；新塘圩：梅江区三角镇新塘村；官塘圩：梅县梅南镇官塘村；水车圩：梅县水车镇区；畲坑圩：梅县畲江镇畲坑村；水口圩：兴宁市水口镇区；水寨圩：五华县城水寨镇区；排岭：平南镇（已并入河东镇）联岭村排岭；蔡塘圩：应为苑塘圩之误，可能是河东镇（原平南镇辖）苑塘村；山下：尚未找到，或为坪下之误，应为原平南镇内自然村或居民点（台湾新竹县芎林乡代表杨秋贤先生曾表示祖籍在五华县平南镇坪下）。

这份资料中，相关地名除了新布圩无法找到（合理地点在大埔县高陂镇古野村）与几个快到家的地点外，所描述的地点有一个共同特征：它们都分布在韩江及梅江的主、支流交汇点的水路节点上。杨氏族人从汕头上岸，走韩江与梅江水路之线，到家乡前十里路才开始步行归乡。①

八、从碑碣与相关文物中看杨氏对地区开发与社会事务的贡献

杨氏自缵绅开台以来，勤于开创产业，事业有成之余，对于地方事务也积极参与，不忘回馈乡里。杨氏子孙分布于北台湾多个地区，因而襄助乡里事务的事迹也随之分布于许多地方，以下为显要有迹者：

1. 三角林三元宫与开庄福德祠

桃园县龙潭乡三林村的三角林三元宫是当地住民的信仰中心，缵绅派下杨氏参与了它的建立与变迁。

根据三元宫1972年所立碑记，与开庄福德祠1987年建立的沿革，先民入垦龙潭南侧地区时，为了应付和原住民之间的冲突与疾病问题，在黄庆兴、叶振旺与杨荣生等人的倡议之下，于乾隆三十七年（1772）正月邀请三官大帝、观音佛祖、三山国王与福德正神来庄庇佑。

据三林村耆老游金生叙述，三角林土地垦成后，依照干、坤、天、地、玄、黄、宇、宙等字号配给各户，其中的“宇”字号分配给杨氏先祖荣生。

四位神明来庄初期采分行奉祀方式。其中，福德正神在三林村水头建祠安奉，三山国王奉祀于清水坑（应为龙源路太平段北侧）上公馆王爷屋，观音佛祖安座于细城（应为今大坪村二坪）杨家，三官大帝则由众善信一年一户轮流奉祀。

光绪四年（1878），神尊来庄刚届百年之际，众善信认为三官大帝轮流奉祀冒渎神威，有失虔敬原旨，因而在杨清连、叶庚兴、张澄生等人发起之下，在现址购地建立三界庙堂一座，安奉三官大帝，并推举杨金源、叶茂南、杨发宗等为庙产管理人。

再经百年之后，1972年，三界庙重建，并改名为“三元宫”，以三官大帝为正座，原来的细城观音祀与清水坑三山国王庙也废去，两位神尊来宫成为三元宫副座。

① 这个部分的资料解读与地图绘制得到台湾师范大学地理学系韦烟灶教授的协助，特此致谢。

图2　杨氏族人返乡之路示意图（以嘉庆二十五年之行政区划为准）

三元宫从筹备、建立到变迁，都有杨氏先祖的参与，早期的杨荣生为厚五房十七世先祖，观音祀并入三元宫前是在杨发宗家，他是厚三房十九世先祖，发起三元宫购地之一的杨清连是厚五房十八世先祖，他是荣生公的第三个儿子。

乾隆三十七年，众善信迎接四位神尊来庄时，荣生公其实尚未出生（荣生公出生于1812年，于1877年离世），但他一定十分积极参与神明的祭祀，令后世追述者怀念。①

1772年，明诚派下在台子孙不多，其中，开台祖缵绅在这一年为61岁，上四房已知年纪的君铎公39岁，麟铎公为29岁。他们是否参与了三林村的土地开发，或是否也参加过这几座庙宇建立或神明来庄的过程，现已不可知。至于缵绅的五位孙子，年纪更小，这一年最长的厚一只有12岁。另外，光绪四年众善信为三元宫购地建庙时，发起人之一的清连仅19岁，这一年是荣生离世一年之后，因而他必定十分年轻就热心参与地方事务并贡献卓著，获得后世追念。

2. 芎林乡上山村万善祠

同治二年（1863）六月，芎林地区人士为一座位于今上山村二邻的万善祠建立捐款者碑志，这座万善祠建于咸丰十一年（1861）。

捐款者碑记有额刻“建坟缘碑”，名单中有“杨名生”，可能是厚四房十七世先祖。他的捐款数仅记录为“大元”，在与他同一批名单之前有“题银一元”者，在他之后则有“题银中元”者，所以他的捐款数目可能不到一元，但不知数目多少。②

同治二年时，名生之名已见于芎林地区碑碣文物，但名生兄弟等此时尚未将南兴庄的祖业典与他人，后叙同治九年之典地契或可说明名生等决定进一步在芎林地区创业立基，因而典出大溪祖业以获得资金。

3. 芎林义渡碑

1915年芎林乡建立“菜头寮”与“三崁店”两处义渡，捐款者碑文中有杨阿进捐银十元的记录。阿进即厚四房十九世的进宗。这块石碑现在立于芎林乡芎林村广福宫内。这个义渡有一份田业在芎林乡的上山村，作为渡夫（人力）经费。③

---

① 台湾桃园县龙潭乡三角林三元宫与开庄福德祠庙中碑记。

② 何培夫主编：《台湾地区现存碑碣图志·新竹县市篇》，台北：“中央”图书馆台湾分馆，1998年，第37-38页。

③ 何培夫主编：《台湾地区现存碑碣图志·新竹县市篇》，台北：“中央”图书馆台湾分馆，1998年，第8-9页。

4. 大平红桥

大平红桥位于今三坑村与大平村交界，过去是来往大平与三坑子的重要通道，桥下是打铁坑溪，它是大汉溪的支流之一。这座桥于1923年完工，桥边有一座碑，上有文字指出杨发宗捐献四元建桥，发宗是杨家厚三房十九世先祖。①

5. 峨眉隆圣宫重修碑

1928年，峨眉乡富兴村的隆圣宫重修，这是一座以关圣帝君为主神的庙宇。碑记中有杨礼荣，他是杨氏厚二房二十世，捐银十二元；另一位杨氏子孙为杨阿昂，他是厚一房二十世，捐银二元。捐银记录中有很多上四房“盛”字辈子孙（十九世），缵绅派下子孙显然是与上四房族亲共同开发峨眉地区。②

6. 新修蟠龙崎古道

民国三十六年（1947），蟠龙崎（应为越岭道路）新修，这块额刻“蟠龙崎”的石碑位于大溪镇瑞兴里金仙寺附近，碑中列出义捐者的姓名，名单中有“业主云岫公”，捐银一千元，还有一位“杨丁宗”捐款七百元，这位丁宗推测应为厚一房十九世的登宗。现在龙潭乡大昌路与中正路口附近开设餐厅的鸿春是他的孙子。③

7. 峨眉狮头坪福德祠

2008年，峨眉乡狮头坪福德祠重修，杨氏子孙参与了这次的修筑工程。例如厚二房子孙二十二世杨秋诚、秋宏、增焕等。除了缵绅传下裔孙之外，这座福德祠重修赞助者中也有多位上四房君铎公派下的子孙，例如杨昌能、红贵、邻贵等（皆为君铎派下第五房）。可见明诚派下裔孙在峨眉地区向来共同为地方宗教事务积极奉献，已成为长期传统。④

九、从古文书看杨氏的社会与经济活动

同治九年（1870），杨氏厚四房名生等四位兄弟叔侄为了另行创业，需要资金援助，因而把一块从历铎传下来的土地典给李顺玉兄弟，这件典契的部分原文如下：

---

① 大平红桥资料得自田野调查。

② 何培夫主编：《台湾地区现存碑碣图志·新竹县市篇》，台北：“中央”图书馆台湾分馆，1998年，第120－121页。

③ 何培夫主编：《台湾地区现存碑碣图志·台北市、桃园县篇》，台北：“中央”图书馆台湾分馆，1998年，第234－235页。

④ 田野调查所得。

立起耕尽典水田屋宇园地字人杨名/水/日生同胞、侄清隆等。有承祖父遗下阄分水田一处，坐落土名南兴庄下六张第叁份内，其田东、西、南、北四至界址，在阄书内注明，又带屋宇、风围、竹、木、菜园、禾埕俱壹等项。原带老坡水额东西，西片分汴得水贰寸壹分，通流灌溉，递年供纳大租谷叁石伍斗正。今因乏银别创，兄弟与侄相商，情愿将此水田概行出典与人。先尽问房亲、伯、叔人等不欲，外托中引就，与李顺玉兄弟出首承典。当日三面言定，时值起典尽价佛银叁佰贰拾肆元伍角正。即日，名、生兄弟侄等同中亲收足讫，中间并无债货准折短少等情，其田即日同中踏明四址暨付银主耕管、出贌、收租、纳课。保此业委系承祖父阄分物业，与伯叔人无干，亦无重张典挂他人财务为碍。倘有上手来历不明等情，系田主抵挡，不干银主之事，自典后，田不计租，银不计利，其银限借，不拘年限，银到契还，如无银还，仍照字约而行。（后略）①

从这份契字中可知，杨名生、杨水生与杨日生为了获得另行创业的资金，把历铎遗下来且经由抽签（阄分）分给厚四房的土地、地面建筑物与水源等，以佛银三百二十四元五角的价格典给李顺玉兄弟。这块土地位于“南兴庄下六张第叁份”，这块地每年要纳三石五斗的租谷，典期没有限制，借银归还就可以赎回田地。这次的田业出典，可能是厚四房族亲迁往芎林所需，但详情或未可知。至于这份契字出现的名字与他们在家族中的位置解析如下：

（1）名生、水生、日生是厚四的三个儿子，排十七世，他们是历铎的孙子。

（2）清隆是厚四四男时生的长子，排十八世，因而这一年时生可能已离世。

（3）云生是厚三的次子，排十七世。

（4）典地契中“代笔侄清海”可能是水生的长子清富，他在族谱中有三种名字：石海、海、清富。

（5）这份典地契的“知见人”（文中已略）应玖出生于嘉庆十年（1805），是缵慰的曾孙，排十七世，为上四房之一。

（6）这件典地契的时间是1870年，此时厚四已离世33年。这可能表

① 原件藏于“国立”台湾图书馆，文件的原件大小约为长五十七厘米、宽二十七厘米，文件中标点符号为笔者所加。

示杨氏来台之后，仅传到第三代就开始面临进行其他开发时的财务不足问题。

自南兴庄前往靠近山区的龙潭乡发展的杨氏厚五房子孙，则有向他人购买土地的举动。光绪十一年（1885），杨石庆（厚五房十八世）购买他人无力耕作之退业，这份文件的部分原文如下：

> 立退售山冈埔园工本字人钟庆福、王相华、钟阿福、钟阿苟、钟源兴等。缘垦首叶复成奉谕开辟青山，坐落土名桃涧堡大竹坑等处。当日垦股首各招佃友自备工本，各带器具，一同进山踊跃开辟。今既垦成，内外山场配搭均匀，按作七大股均分。缘福等从七大股中分出五小股，拈定在外山场四十份犁壁山。其界址东至大窝崁眉为界；西至总栅坑坜由上软凹至中凸为界；南至风波亭顶水流转为界；北至山猪堂到炮柜为界。四至界址，同中面踏分明。其埔园每份原带大租银伍角正。兹因乏力耕作，各股相商，情愿将此所分五股之业出退于人，先尽问股伙人等俱各不欲，是以托中引就于杨石庆出首承退。当日同中三面言定，依时值退售工本价银陆拾大元正，经中交于福五股人等亲收足讫。(后略)①

文件中的买主杨石庆原名“清来”，日本人来台之后，忌于“清（朝）”字，因而改名石庆。文件中的大坪、大竹坑，都在今日龙潭乡石门水库西侧河川地上。文件表示，有钟庆福等五个人，以佃农身份在叶复成的土地上开垦，但是无法继续经营，因而杨石庆出面以六十元把这片产业买了下来，这一年石庆为45岁。石庆另于光绪十六年（1890）买地作为祖坟用地，有一份老字据的部分原文如下：

> 立给出山批字人古广美。缘先年自置之业，坐落土名打牛崎、涧窝口两处。兹因杨石庆欲伊界内给出土窨两穴，托中前来相让。当日凭中三面言定，土窨花红银壹拾大元，现交广美亲收足讫。其界土窨两穴，前后共叁丈，左右共叁丈，随同中踏明四界，交于庆任凭开筑，安葬祖坟，两穴永作佳城。葬后任凭庆永远修筑重新，山主不得阻挠，另生枝节。（后略）②

---

① 见台湾大学“台湾历史数字图书馆”。

② 见台湾大学“台湾历史数字图书馆”。

在这份文件中，杨石庆向古广美买了两块地，作为祖坟使用，价格为十元。这两块地位于打牛崎、涧窝口，前者在龙潭乡三林村南侧靠近关西镇的山区，后者应该也在附近。这两块地都是“叁丈”见方，大约是今日的十米见方。

从子孙买地作为祖坟这件事来看，杨氏先祖遗骸集中于南兴庄粟仔园奉安之前，祖塔的分布想必十分广阔，且四处分散。

文件中的“窨”与“印”字同音，有“地室”（名词）或“埋葬”（动词）的意思。

这份古契资料年代为1890年，时石庆50岁。这一年距离石庆之父荣生离世已13年，购地是否即为迁葬自己的父祖，已不可知。

在厚一房方面，有光绪十八年（1892）杨石宗（厚一房十九世）等人阄分家业字书，这份文件的部分原文如下：

立从亲拨定阄分家业字人杨□宗、□发、运火兄弟叔侄人等，窃□张公九世同居，姜家大被同眠，可知兄弟如手足，叔侄本至亲，自当聚处一堂，以遂天伦之乐，况家严在望，岂忍分居而各处。情因蕃昌家□，浩繁难以理办，不得不预为□定之计，是以父子相商，席请族戚到场，禀家□拨定，按作四房均分，其老□坪凑买四股应得有一股之业作为□尝，又□五□田业一所，亦抽出三□为□尝，其屋□水田山岗一□：东至赤柯山顶为界，西至水圳透下合水□为界，南至山圳由上田崁山脚透下小沥中直透上赤柯山顶为界，北至横田□路屈转山脚□□安□田崁透上山圳屈转田小沥透上赤柯山凸为界；又南片茶园水田山埔一□，东至□□□□崁眉透下横田□为界，西至龙岗透下竹脚由茶园□脚透下山水圳为界，南至龙岗天小流□为界，北至山水圳为界；又西片□□牌山埔一□：东至黄家祖坟透下山圳为界，西至泉水□为界，南至□山脚水圳为界，北至□祖山毗连为界。此三□抽出为燕（按：应为“蒸”）尝以外，作为四房均分□□界北又抽出正身公□一间、牛栏一间、禾埕、□园等项，俱为公业。又抽出为□尝之业，系归父新为饮食殡葬之需，即日焚香告祖□□□定自□分□□各管各业，不得争长竞短，但愿各勤其志，各创其业，而房□富贵世□荣□也恐□会现□立□□四抵□出元亨利员（按：应为“贞”）四□为□，各执一纸永□石宗□□字二号其水田山埔：东至赤何（按：应为“柯”）坪龙顶天水流内为界，西至山圳透下□转横□□为□□公□毗连为界，南至山脚田崁透上山圳由上水沥□转小沥透上赤柯山凸顶为界，北至中心龙顶由□透下坡塘尾由坡□下山圳为界。原带山泉、坡塘、圳水，通流灌

溉。又带右片横屋三间，并灶下连厕一间，又带右片猪栏一间，有一半之额，此以上之业，俱归亨字号石宗掌管，收租纳课，永为己业，立批。

即日批明：亨字号界内坡塘一口，系利亨利员（按：应为“贞”）三房公共之□，其坡塘倘□被□其修理整作一切费用□亨利贞三房均出，立批。

又批明：利一号界内山尾，抽出坡位一口，亦系亨利贞三房公共□作其坡水，亦三房共相灌溉，立批。

可批明：每年大租钱粮，系四房各一股□尝一股□五股均□其家中大小俱一物件亦系四房面点均分，立批。

在场：宗叔元集、清超（按：可能为“赵”）、煌集

在场□定：父亲清葛（按：应为“万”）

在场□：叔□阿添　依□代笔人：阿兴

光绪十八年岁次壬辰十一月　日　立

□亲□定□分家业定杨石宗、杨金宗、□发、运□[①]

这份老字据里出现的先祖中，石宗是缵绅传下的厚一房十九世，金宗是石宗的弟弟，运火则是石宗的长子。“阿添”不知是否为十九世的添宗，添宗是石宗的堂兄弟。“阿兴”的身份不明。“父亲清万”是石宗的父亲，杨家第十八世，他是丽生的次子，也是厚一公的第二位孙子、缵绅的玄孙。父亲在世即进行分家，应不算多见，文件中已显示这是由于家中人丁浩繁，不得已之举措。

文件中有三位“宗叔”在场，分别是“元集”，他是君铎传下三房十八世；“煌集”是君铎传下二房十八世；“清赵”则是厚一房传下十八世，他是厚一的第三位孙子。

这份阄书缺漏字甚多，想要完整解读并不容易，甚至可能出现误读，但大致可以看出，阄书说明的是杨家长房（厚一房）在峨眉赤柯山地区析分家产的情况，包括部分作为祖先祭祀公业用的土地与石宗个人分得的产业、其范围与共同应尽的责任等。这份阄书应仅为其中之一份，为石宗所持有。

十、结论

客家学是一门跨学科的学科，客家学的知识可能来自人类学、社会学、历史学、政治经济学、语言学、田野调查、深度访谈、口述历史、叙

① 见台湾大学“台湾历史数字图书馆”。

事分析、文化论述、社会记忆、解构与建构的思考，以及族群想象、族群边界等理论思维。①

客家族杨氏对于家族传承的重视，表现在后裔对于家谱的传抄与保存。明诚传下的来台裔孙中，百年来已有传抄之家谱十数件。这多件家谱中，有些致力于完整搜集杨氏族人的名录与概况，为家族团结与追本溯源贡献心力。有些家谱虽然只传抄其中一系，但感激与告慰先祖，盼望更新世代继续发扬先祖光辉的期待，仍然以十分明显的笔触表现在泛黄甚至破损的纸上。

除了家谱之外，各种老字据与碑碣、文物中的记录，表现出家族人物对于地方事务的参与，以及族内外之社会经济活动，相较于家谱的静态展现而言，透过老字据与碑碣文物之调查与研究，更能表现族中人物动态活动的那一面。相较于其他族群的相关研究，客家族群特色将更能清楚表现。

参考文献

一、族谱（若无出版数据则依照记录截止时间由远而近排列）

1. 不著撰人（杨春辉提供）：《台湾竹堑宵里南兴庄杨氏族谱》，出版资料不详，写本，资料年代至十六世。

2. 不著撰人，杨礼坤志（杨秋良提供）：《台湾竹堑宵里南兴庄杨氏族谱》，出版资料不详，写本，资料年代至二十世。

3. 杨戊妹修：《明诚公派下杨氏家谱》，出版资料不详，资料年代至1963年。

4. 杨运巨、杨运火、杨运云编：《杨氏缵绅派下宗谱名录》，出版资料不详，刊本，1971年作编后记。

5. 杨瑞米：《明诚杨公派下族谱》，出版资料不详，写本，1975年纂修。

6. 杨梅贵纂修：《族谱杨明诚派下家谱》，出版资料不详，写本，资料年代至1976年。

7. 不著撰人：《杨氏缵绅支裔宗谱》，出版资料不详，1976年记事。

8. 杨春福抄：《广东长乐来台杨缵绅派下宗谱》，写本，资料年代至1980年。

① 张维安：《台湾客家研究现况与客家学发展的思考》，载邱荣举：《2006国际客家学研讨会论文集》，台北：台湾大学国际客家学会，2006年，第339－354页。

9. 庄吴玉图主编：《杨氏大族谱》，新竹：新竹县杨姓宗亲会，1982 年。

10. 五华县杨氏修谱委员会：《五华杨氏族谱》，出版地不详，五华县杨氏修谱委员会，1998 年。

11. 不著撰人，杨珍集（十八世）序：《杨氏族谱》，出版资料不详，1999 年。

12. 不著撰人：《杨家峨眉老谱》（谱名由编纂小组自订），出版资料不详，最晚的记录时间为 2000 年。

13. 杨钦盛主编：《弘农堂杨氏（四房）族谱（稿件）》，出版资料不详。

14. 杨胜发主编：《弘农堂十六世厚五公族谱》，出版资料不详，2005 年。

15. 不著撰人：《祭祀公业杨缵绅管理委员会管理组织规约暨第五届派下员通讯名册》，出版资料不详，2008 年。

二、古文资料（依年代排列，若无年代数据则依照记录截止时间由远而近排列）

1. 同治九年杨名生、水生、日生同侄清隆典地契，“国立”台湾图书馆收藏。

2. 光绪十一年杨石庆（厚五房十八世）购买他人无力耕作之退业文件，台湾大学“台湾历史数字图书馆”。

3. 光绪十六年杨石庆（厚五房十八世）买地作为祖坟用地字据，台湾大学“台湾历史数字图书馆”。

4. 光绪十八年杨石宗（厚一房十九世）等人阄分家业字书，台湾大学“台湾历史数字图书馆”。

5. 不著撰人（杨绍廉提供）：《南兴庄杨缵绅祖尝历年祭祖与收支记录》，资料年代至 1962 年。

三、一般资料

1. 丁和隆、李宝娟：《论客家族谱的价值及其利用》，《龙岩师专学报》2000 年第 18 卷第 1 期。

2. 尹章义：《〈台湾鉴湖张氏族谱〉写作的构想与经过》，载联合报文化基金会国学文献馆编：《第三届亚洲族谱学术研讨会会议记录》，1987 年。

3. 何培夫主编：《台湾地区现存碑碣图志·台北市、桃园县篇》，台北："中央"图书馆台湾分馆，1998 年。

4. 何培夫主编：《台湾地区现存碑碣图志·新竹县市篇》，台北："中央"图书馆台湾分馆，1998 年。

5. 周建新：《走向历史的田野：客家地区碑刻、族谱与文书的历史人类学研究》，《赣南师范学院学报》2009 年第 1 期。

6. 周建新：《客家族谱中的风水书写与文化解读》，《赣南师范学院学报》2009 年第 1 期。

7. 陈瑛珣、刘宏伟：《开台祖先崇拜与家族意识确立——以台湾中部客家移民族谱为据》，《赣南师范学院学报》2008 年第 2 期。

8. 曾晓林：《客家族谱与社会文化行为控制——以石城温氏族谱为例的法人类学思考》，《赣南师范学院学报》2007 年第 5 期。

9. 张维安：《台湾客家研究现况与客家学发展的思考》，载邱荣举：《2006 国际客家学研讨会论文集》，台北：台湾大学国际客家学会，2006 年。

后　记

与传统学科相比较，客家学是一门新兴的学科。最早全面阐述客家问题者是徐旭曾，嘉庆乙亥年（1815），他在丰湖书院讲述了客家的名称、渊源、分布与特点等问题，由其学生记录下来，辑为《丰湖杂记》，后收入《徐氏族谱》中。其后，黄遵宪等人也关注到客家历史与文化问题，如其在同治五年（1866）写的诗中提到“中原有旧族，迁徙名客人；过江入八闽，展转来海滨。俭啬唐魏风，盖犹三代民；就中妇女劳，尤见风俗纯”。其后有多首诗涉及客家源流问题，因此有学者认为黄遵宪对客家进行了开创性的研究，标志着客家研究的发端。①

1933 年罗香林所撰《客家研究导论》的出版，标志着客家学的基本确立，客家概念得以传播与拓展，客家问题得到更多的关注，从而开启了客家学研究的新时代。但 20 世纪 50 年代以来，客家学研究因社会历史因素受到影响，几乎中断。20 世纪 80 年代以后客家学重新崛起，逐渐成为“显学”，得到历史学、人类学、民俗学、社会学、文学、语言学、建筑学、地理学与音乐学等诸多学科背景学者的青睐，成为一门研究内容丰富、研究方法多样的交叉性学科，罗香林的客家学构想走向学术实践。

20 世纪 80 年代末，华东师范大学客家研究中心主任吴泽教授提出构建客家学的倡议，并系统地阐述了构建客家学、进行客家学研究应持的科学方法：第一，要把客家民系纳入汉民族共同体之中，要把客家人纳入中华民族的大家庭中，要从民族的共同性中去领悟、把握民系的个性，然后再从民系的个性中去丰富和加深对民族共同性的认识；第二，要把客家问题纳入整个世界史的框架中，尤其应该把海外客家问题纳入华侨、华人史的框架中，客家学研究必须面向世界，必须把海外客家人放到世界历史的进程中，放到华侨、华人创业史的历程中来深入解剖、仔细分析；第三，

---

① 张应斌认为：在客家研究上，“黄遵宪具有开创性的意义”，“率先开始了客家文化研究”。“他不仅启动了粤东的客家研究，而且还带动了闽赣的客家研究。”参见张应斌：《客家研究的起源——从宋湘、黄遵宪到罗香林》，载肖文评主编：《罗香林研究》，广州：华南理工大学出版社，2008 年，第 80 - 83 页。

要注意把对客家民系的总体研究与对不同地区客家人的个别研究结合起来，不可以偏概全，也不该只见森林，应该注意对各地区客家人的个别的、具体的研究，然后再把这个别的、具体的结论加以提炼、抽绎，上升为对客家民系总体特征的认识。他进而建议客家学的学科建设应从如下几方面入手：一是从民族学的角度研究客家民系的形成（包括南迁）；二是从中国社会史的角度来研究客家民系的发展过程及其演变；三是从中国国情学的角度分析当代客家民系的社会生活、经济状况、人口分布、文化习俗等；四是搜集与整理客家资料。①

在吴泽教授发表此篇具有高瞻远瞩之论作的前后，一些较早关注客家或具有研究客家文化便利的高校相继成立了相关研究机构。地处梅州的嘉应学院客家研究院就是这些机构之一。从梅州迁到外地的客家人遍及世界各地，梅州是许多海内外客家人的原乡，被誉为“世界客都”。早在1989年“嘉应大学客家文化研究室”就成立了，1990年在此基础上成立了“客家研究所”。2006年嘉应学院与梅州市人民政府联合搭建更高的平台，以客家研究所为依托，整合校内外各学科相关研究力量，组建成立了“嘉应学院客家研究院”与“梅州市客家研究院”，此后研究院一直为梅州市社会、经济发展和文化传承、保护与繁荣，以及为构建客家学而努力。

作为一个较早设立，受到学校、地方政府与广东省众多机构支持的研究机构，嘉应学院客家研究院已逐渐成为海内外学术界公认的客家研究重镇之一，多年来在客家学术研究、学术交流、平台搭建、资料收集、成果出版等方面做了大量的工作。因此，嘉应学院客家研究院被多个省级部门评定或批准为研究基地，如2006年被广东省社会科学界联合会批准为“广东省客家学研究基地”；2007年被广东省教育厅批准为“广东省普通高校人文社会科学省市共建重点研究基地”；2012年被中共广东省委宣传部、广东省社会科学院评为“广东地方特色文化研究基地——广东省客家文化研究基地”；2013年被广东省文化厅评定为“广东省非物质文化遗产研究基地”；2014年被广东省教育厅批准为“粤台客家文化传承与发展协同创新中心”。基地与中心的评定与批准背后，反映的正是广东省各相关机构对嘉应学院客家研究院工作的肯定。

回顾嘉应学院客家研究院这些年的发展与研究历程，我们的工作始终没有脱离吴泽教授在《建立客家学刍议》中所倡导的议题，研究内容从客

① 吴泽：《建立客家学刍议》，载吴泽主编：《客家学研究》（第2辑），上海：上海人民出版社，1990年。

家社会历史、民俗文化扩展到客家经济、建筑、文学、工艺、美术、音乐、体育等；研究区域也逐渐扩大，从粤东客家地区扩展到港台，关注粤东客家人对台湾开发与发展建设的贡献，而后又整合全校的力量建设研究创新团队，并争取到中央财政支持地方高校发展专项资金，研究队伍迈出国门，调查世界各地客家华侨华人的历史与现状，研究客家民系及其文化的发展与演变。在研究的同时，我们也非常注重搜寻资料，收集了大量海内外客家族谱、契约、碑记、侨批、侨刊、会馆资料、民间宗教科仪本等民间文献，建设客家文献资料库，并发现与征集了许多客家人生产、生活与民俗活动的实物资料建设与充实客家文物展馆。此外，我们每年还举办客家文化研习营活动，加强与海内外客家青年的联系，加深他们对客家文化的认识；举办各类国内或国际性的客家学术会议，为海内外客家学者搭建交流平台，推进客家学研究的深入与加快客家学学科建设的步伐。

近年来，由于客家学研究受到海内外学者们的重视，不同专业背景的学者投身于客家学研究中，陆续发表与出版了大批富有学术价值的研究论文与学术著作。在客家学研究成果积淀日益丰厚、客家学研究日益受到社会各界重视的当下，总结以往研究成果，形成客家学学科理论和方法，构建客家学学科体系，成为目前客家学界非常紧迫而又十分重要的任务。

“客家文化多样性与客家学理论体系建构国际学术研讨会”的召开，正是客家研究院为推动其体系建构而举办的。是次会议于 2012 年 12 月 7 日至 10 日在梅州召开，由嘉应学院客家研究院、中国人类学民族学研究会客家学专业委员会承办，参会者包括来自美国、英国、日本、马来西亚、新加坡和国内 80 多所高校、研究机构与文史部门的 150 余名学者，收到会议论文 100 余篇。与会学者就“客家学研究理论建构”“客家文化多样性研究”“交叉学科领域内的客家研究”“客家移民及海外客家文化研究”等专题进行了深入研讨，引起学界的热烈反响。会后，一些会议论文在相关学术刊物陆续发表，引起客家学界的广泛关注。

由于种种原因，本书一直没有正式出版。2015 年 1 月，我们申报的“客家学学科建设”课题得到广东省创新强校“教育科研重大项目”立项，使我们有机会重新审视 3 年前召开的“客家文化多样性与客家学理论体系建构国际学术研讨会”会议论文集出版事宜。经课题组成员商议，决定以“客家文化多样性与客家学学科理论体系建构研究”为题，从 100 余篇参会论文中甄选出 22 篇相关论文汇编成本书出版。这些论文大致反映了当前海内外客家学研究的现状及学术前沿，具有重要的学术价值。本书的出版既是对多年来关心和支持我院客家研究的朋友的交代，同时也作为本课题研究的前期成果。我们深知，要建设成熟的客家学学科，还有很长的一段路要走，我们愿意与客家学界的同仁们一起努力。

借此机会，我们要特别感谢中共广东省委宣传部、广东省教育厅、广东省文化厅、广东省社科院与社科联、梅州市委市政府与嘉应学院的领导们一直以来对嘉应学院客家研究院的关心和大力支持！感谢客家研究院的同事们多年来在客家学研究中的刻苦耕耘与举办学术活动、编辑《客家研究辑刊》及其他诸多杂务中的无私奉献！最后，我们要诚挚感谢暨南大学出版社李艺、颜彦等为编辑本书付出了许多辛勤的劳动；尤其是本丛书主编，容忍我们因俗务缠身而将校对稿时间一拖再拖。在此，向以上机构的领导与老师们表示衷心感谢！

钟晋兰

2017 年 2 月 19 日于嘉园